***ACCESO GRATIS** a la Lectura en la Nube*

Para visualizar el libro electrónico en la nube de lectura envíe junto a su nombre y apellidos una fotografía del código de barras situado en la contraportada del libro y otra del ticket de compra a la dirección:

ebooktirant@tirant.com

En un máximo de 72 horas laborales le enviaremos el código de acceso con sus instrucciones.

La visualización del libro en **NUBE DE LECTURA** excluye los usos bibliotecarios y públicos que puedan poner el archivo electrónico a disposición de una comunidad de lectores. Se permite tan solo un uso individual y privado

EL JUICIO DE AMPARO EN MATERIA ADMINISTRATIVA

EL JUICIO DE AMPARO EN MATERIA ADMINISTRATIVA

OMAR FRANCISCO VILLAGRÁN HERNÁNDEZ

tirant lo blanch
México, 2024

© EDITA: TIRANT LO BLANCH
DISTRIBUYE: TIRANT LO BLANCH MÉXICO
Av. Tamaulipas 150, Oficina 502
Hipódromo, Cuauhtémoc
CP 06100, Ciudad de México
Telf: +52 1 55 65502317
infomex@tirant.com
www.tirant.com/mex/
www.tirant.es
ISBN: 978-84-1169-238-0
MAQUETA: Disset Ediciones

Agradecimientos

Con mucho Cariño para a mi hija Natalia Mariel Villagrán Aguirre, en el inicio de su educación secundaria, como ejemplo y reconocimiento a su dedicación y esfuerzo académico.

Para mi madre Julia Rosa Hernández Fierro, en agradecimiento por su constante apoyo.

Para todos los estudiosos del derecho administrativo y el juicio de amparo, esperando sea de su agrado, la manera de abordar este medio de defesa, junto a la materia administrativa.

Índice

Abreviaturas

- Constitución Política de los Estados Unidos Mexicanos.

CPEUM.

- Ley de Amparo.

LA.

- Ley Orgánica del Tribunal Federal de Justicia Administrativa.

LOTFJA.

- Ley Federal de Transparencia y Acceso a la Información Pública Gubernamental.

LFTAIPG.

- Ley General de Responsabilidades Administrativas.

LGRA

- Ley Federal de Responsabilidades Administrativas de los Servidores Públicos.

LFRASP.

- Ley Federal de Responsabilidades de los Servidores Públicos.

LFRSP.

- Código Federal de Procedimientos Civiles.

CFPC.

- Ley Federal de lo Contencioso Administrativo.

LFCA.

- Ley Federal de Procedimiento Administrativo.

LFPA.

Prólogo

La relevancia actual de los manuales analíticos cobra singular valor, especialmente en la segunda década del presente siglo, ya que en nuestro país experimentamos la "constitucionalización" del sistema jurídico. Esto es así, ya que ahora el método de "reserva de la constitución" lucha por ocupar su sitio frente al tradicional principio de reserva de ley y es ahora cuando, precisamente, el equilibrador constitucional debe erigirse como guardián independiente frente a los dos restantes. Por ello el papel del Control para la protección de los derechos humanos, ya sea vía constitucional o convencional, ya sea concentrado o difuso, ocupa de medios específicos como las controversias constitucionales, acciones de inconstitucionalidad y amparo directo e indirecto. Es precisamente en este último medio, que la presente obra, se adentra a desmenuzar las diversas figuras que constituyen la materia más socorrida y/o utilizada en el amparo como lo es la materia administrativa, efectivamente en ésta se analiza la posible violación a derechos humanos provocada por normas generales administrativas que son las más abundantes en nuestro ordenamiento jurídico, actos u omisiones que materializan la función administrativa a través del acto administrativo desplegado por todos los poderes, en especial y lógicamente más abundantes en el Poder Ejecutivo en todos los niveles de gobierno, así como los demás órganos constitucionales autónomos y demás entes reguladores del Estado.

Con este propósito, el lector encontrará esta obra de suma utilidad, ya que pone sobre la mesa las partes o figuras operativas del amparo en materia administrativa, lo cual *per se* es una empresa loable dada su magnitud, aunque muchas de ellas experimentan una evolución jurisprudencial que a la fecha se debate en nuestra Suprema Corte de Justicia de la Nación, por lo que de suyo resultaría imposible por el momento y dada la "juventud" de nuestra Ley de Amparo, disponer de un aparato conceptual definitivo o bien llamada "doctrina judicial", así que a lo largo de la lectura se dispondrá de figuras basales tales como los tipos de interés o legitimación procesal que exige el amparo administrativo, la nueva concepción del carácter de autoridad que puede recaer en particulares, las partes en el juicio, terceros perjudicados o interesados, terceristas y terceros extraños a juicio, las exigencias al rendir informe justificado en materia administrativa, el tratamiento frente al derecho de petición y negativas fictas en materia administrativa, ampliación de demanda, el denominado "acto reclamado destacado", amparo adhesivo, revisión adhesiva, recursos en el amparo e incidentes, así como los métodos de conformación jurisprudencial, los criterios jurisprudenciales de actualidad y por último los delitos en que pueden incurrir las autoridades responsables.

Suma a esta obra, la cita de diversos autores especializados y la exposición que en sede histórica se hace del amparo y en especial su evolución en la materia administrativa, que facilita la comprensión operativa del estudiante o profesionista haciendo de este conocimiento que nos comparte el autor, en términos pedagógicos, significativo.

DR. SINUHÉ REYES SANCHEZ

Introducción

La presente Investigación tiene como objetivo el realizar un análisis a fondo de la figura del juicio de amparo en México, a la luz de la legislación vigente, dando un recorrido por sus antecedentes históricos en el marco nacional e internacional, así como sus figuras afines.

Debido a las reformas sufridas en los últimos años a la regulación del presente ordenamiento en México, esta investigación plantea analizar puntualmente todas sus características como una figura de protección constitucional y de legalidad abarcando su naturaleza jurídica, y sus antecedentes históricos en el ámbito nacional e internacional.

Por otra parte, se analiza puntualmente su fundamentación constitucional, su regulación actual en la ley, analizando lo correspondiente a los tratados internacionales, y derechos humamos; realizado lo anterior y dejando claro que se trata de una Investigación analítica del juicio de amparo; procederemos a entrar de lleno a la materia de la presente la cual se enfoca en el derecho administrativo; es decir el amparo en la vía administrativa.

Tratando de precisar con claridad cuáles son los alcances del juicio de amparo en esta materia, autoridades emisoras de los actos, resoluciones que pueden ser combatidas por este medio de defensa, las violaciones a derechos humanos, tratados internacionales, garantías constitucionales y por normas generales es decir no únicamente leyes, incluyendo reglamentos, tratados, acuerdos, y circulares.

Sin perder de vista la importancia de desglosar la figura del juicio de amparo administrativo dado su nivel de tecnificación, situación jurídica que hace cada vez más compleja su promoción y trámite.

Analizando las figuras del amparo directo e indirecto, así como sus recursos, finalizando con un análisis puntual de criterios sostenidos por nuestro Máximo Tribunal en la materia.

Es importante señalara que se abarcan temas novedosos como el juicio de amparo con relación al impuesto sobre propiedad inmobiliaria, tercero extraño llamado a juicio, derecho de petición involucrando la negativa ficta, y el acto reclamado destacado.

Con lo anterior se pretende en el desarrollo de la presente investigación jurídica el poder lograr desarticular cado uno de los componentes de esta figura jurídica desde todas sus perspectivas -a juicio del autor-, incluyendo la práctica y ejercicio de este medio de defensa constitucional en la materia administrativa.

Pasando por todos los enfoques que esta permite, quienes se encuentran facultados para interponerlo, los esquemas, actos previstos para los tres niveles de gobierno y los tres poderes de la unión; enfocándonos de manera más directa en la defensa del particular contra los actos o resoluciones emitidos por estos en su contra, y entre las propias autoridades.

Es importante señalar que, debido a su alto nivel de tecnificación, con el transcurso del tiempo en opinión de algunos investigadores se ha dificultado su acceso y trámite, por lo cual analizaremos los motivos que generan estas opiniones.

La investigación se realizó atreves del método documental, de manera analítica, desarrollándose a partir de fuentes documentales de carácter doctrinal, legislativo y jurisprudencial.

I. El Juicio de Amparo

La palabra amparar emana del latín y significa proteger, favorecer, defender. Acogerse al favor o protección de algo.[1]

La Ley de Amparo en su artículo 1 establece:

> "El juicio de amparo tiene por objeto resolver toda controversia que se suscite:
>
> I. *Por normas generales, actos u omisiones de autoridad que violen los derechos humanos reconocidos y las garantías otorgadas para su protección por la Constitución Política de los Estados Unidos Mexicanos, así como por los tratados internacionales de los que el Estado Mexicano sea parte;*
>
> II. *Por normas generales, actos u omisiones de la autoridad federal que vulneren o restrinjan la soberanía de los Estados o la esfera de competencias del Distrito Federal, siempre y cuando se violen los derechos humanos reconocidos y las garantías otorgadas para su protección por la Constitución Política de los Estados Unidos Mexicanos; y*
>
> III. *Por normas generales, actos u omisiones de las autoridades de los Estados o del Distrito Federal -ahora Ciudad de México-, que invadan la esfera de competencia de la autoridad federal, siempre y cuando se violen los derechos humanos reconocidos y las garantías otorgadas por la Constitución Política de los Estados Unidos Mexicanos.*
>
> *El amparo protege a las personas frente a normas generales, actos u omisiones por parte de los poderes públicos o de particulares en los casos señalados en la presente Ley."*[2]

El amparo se configuro como un instrumento procesal para ser conocido por los Tribunales Federales y en última instancia, la Suprema Corte de Justicia de la Nación, contra leyes o actos de cualquier autoridad que violaran los derechos individuales de carácter fundamental, o contra leyes o actos de autoridad que invadieran la autonomía de los Estados o viceversa pero siempre que una garantía individual fuera conculcada.

La Constitución es el objeto de la tutela que el amparo brinda al gobernado. De esto se deduce que el juicio de amparo tiene una doble

---

1 Ricardo de la Luz Félix Tapia, Juicio de Amparo, Doctrina, Ley, Práctica y Jurisprudencia, Editorial Porrúa, México 2006, p.3.

2 Ley de Amparo, Artículo 1.

finalidad: En primer lugar, preservar la Constitución Política y, en segundo salvaguarda la esfera jurídica del gobernado contra todo acto de poder público.

El amparo cumple cinco funciones:

- Tutelar la Libertad Personal.
- Combatir Leyes Inconstitucionales.
- Ser un Medio de Impugnación de Sentencias Judiciales.
- Reclamar Actos y Resoluciones de la Administración.
- Proteger los Derechos Sociales de los Campesinos Sometidos al Régimen de Reforma Agraria.

Por mi parte me permito incluir los tratados internacionales suscritos por los Estados Unidos Mexicanos y los derechos humanos reconocidos.

Cundo el amparo protege a los quejosos contra leyes que velan las garantías individuales, se le concibe como amparo contra leyes.

En caso de que se promueva para proteger contra actos violatorios de las garantías se le denomina amparo garantías.

Si es intentado con la inexacta y definitiva aplicación de la ley en caso concreto, se está en presencia de un amparo cesación o amparo recurso, por último, si este interpone por la existencia de las invasiones reciprocas de las soberanía federal o estatal, se le conocerá como amparo-soberanía o amparo por invasión de esferas.

El Amparo Puede ser Directo o Indirecto.

El amparo directo o recurso de inconstitucionalidad aun cuando constituya un control concreto de constitucionalidad, funciona más bien como un recurso de casación o de última instancia, por su parte el amparo indirecto se acerca a lo que en la doctrina denominan "acción concreta de inconstitucionalidad".[3]

Me permito incluir las siguientes definiciones para una mejor comprensión del contenido de la definición, previo a abordar las definicio-

3 Cfr. Las Garantías Individuales Parte General, 2ª Edición Poder Judicial de la Federación, Suprema Corte de Justicia de la Nación, México 2010, pp. 89 – 93.

nes y conceptos otorgados al juicio de amparo por varios académicos y estudiosos de la materia.

- Garantías Otorgadas para su Protección por la Constitución Política de los Estados Unidos Mexicanos:

La palabra garantía provienen de garante entre sus acepciones destacan "efecto de afianzar lo estipulado", y "cosa que asegura o protege contra algún riesgo o necesidad" las nociones de afianzamiento, aseguramiento y protección son indisociables del concepto de garantías individuales. Puede decirse que las garantías individuales son "derechos públicos subjetivos consignados a favor de todo habitante de la república que dan a sus titulares la potestad de exigirlos jurídicamente a través de la verdadera garantía de los derechos públicos fundamentales del hombre que la Constitución Política de los Estados Unidos Mexicanos consigna, esto es, la acción constitucional de amparo.

El hecho de que el artículo 1 ° constitucional señale que en los Estados Unidos Mexicanos todo individuo gozara de las garantías que otorga la Constitución significa que los derechos que todo ser humano tiene son perfectamente reconocidos, pero su efectividad depende de que sean garantizados mediante normas de rango supremo, de modo que las autoridades del Estado deban someterse a lo estipulado por ellas.

- Tratados Internacionales:

La Convención de Viena sobre el derecho de los tratados de 1969 señala, en el inciso "a.2.": *"Se entiende por tratado un acuerdo internacional celebrado por escrito entre estados y regidos por el derecho internacional ya consté en un instrumento único o en dos o más instrumentos conexos y cualquiera que sea su denominación particular"*. [4]

Cabe advertir que la definición, se elaboró para los efectos de la Convención de Viena, lo que quiere decir que pueden existir otro tipo de acuerdos que, sin quedar cubiertos por la definición, se consideran

---

4 Https://www.oas.org/36ag/espanol/doc_referencia/Convencion_Viena.pdf

tratados internacionales, esto ocurre con los acuerdos que celebran las organizaciones internacionales. [5]

- Derechos Humanos:

Se puede entender a los derechos humanos en un sentido amplio a un conjunto de facultades prerrogativas, libertades y pretensiones de carácter civil, político, económico, social y cultural; incluidos los recursos y mecanismos de garantías de todos ellos que se reconocen al ser humano, considerado individual y colectivamente.[6]

La noción de los derechos humanos es en gran parte, producto de la historia y de la civilización y por ende sujeta a evolución y modificación.[7]

Es de señalar que el juicio de amparo es capaz de producir el resultado para el que ha sido concebido, es decir, debe ser un medio de defensa que puede conducir a un análisis por parte de un Tribunal Competente para determinar si ha habido o no una violación a los derechos humanos y, en su caso, proporcionar una reparación.

En este sentido, el juicio de amparo constituye un recurso judicial efectivo para impugnar la inconstitucionalidad, o incluso la convencionalidad, de una disposición de observancia general, pues permite al órgano jurisdiccional de amparo emprender un análisis para establecer si ha habido o no una violación a los derechos humanos de los solicitantes y, en su caso, proporcionar una reparación, lo que se advierte de los artículos 1, fracción I, 5, fracción I, párrafo primero, 77 y 107, fracción I, de la Ley de Amparo. Ahora bien, en cuanto a la idoneidad y la razonabilidad del juicio de amparo, la Corte Interamericana reconoció que la existencia y aplicación de causas de admisibilidad de un recurso o un medio de impugnación resultan perfectamente compatibles con el texto de la Convención Americana sobre Derechos Humanos, en el entendido de que la efectividad del recurso intentado, se predica cuando una vez cumplidos los requisitos de procedibilidad, el órgano judicial evalúa sus méritos y entonces analiza el fondo de la cuestión efectivamente planteada.

---

5 Cfr. Diccionario Jurídico Mexicano, Instituto de Investigaciones Jurídicas, UNAM, México 2007, p.3754.

6 Cfr. Ibídem., p. 1268.

7 Cfr. Ibídem., p. 1269.

En esa misma tesitura, esta Suprema Corte de Justicia de la Nación ha señalado que la circunstancia de que en el orden jurídico interno se fijen requisitos formales o presupuestos necesarios para que las autoridades de amparo analicen el fondo de los planteamientos propuestos por las partes no constituye, en sí misma, una violación al derecho fundamental a un recurso judicial efectivo; pues dichos requisitos son indispensables y obligatorios para la prosecución y respeto de los derechos de seguridad jurídica y funcionalidad que garantizan el acceso al recurso judicial efectivo.[8]

Por su parte y analizando las conceptuaciones del juicio de amparo tenemos las siguientes:

De acuerdo con Ferrer Mac- Gregor "*La acción de amparo es un derecho público subjetivo de naturaleza constitucional, dirigido hacia el estado y frente al propio estado cuyo objetivo se circunscribe a la restitución en el pleno goce de las garantías individuales violadas o en su respeto por su inminente alteración, o en la anulación en el caso particular del acto que invada la esfera de la competencia de la autoridad federal de los estados o del distrito federal(Ahora Ciudad de México).*"[9]

Armando Ostos Luzuriaga, define al amparo como: "*Un sistema de control, por órgano jurisdiccional, y por vía de acción, de la inviolabilidad de la Constitución y de la aplicación correcta de las leyes secundarias.*"[10]

Rubén Chávez del Castillo, indica que: "*El juicio de amparo es un juicio constitucional, que se inicia por la acción que ejercita cualquier persona ante los tribunales de la federación en contra de la ley o acto*

---

8 Cfr. RECURSO JUDICIAL EFECTIVO. EL JUICIO DE AMPARO CUMPLE CON LAS CARACTERÍSTICAS DE EFICACIA E IDONEIDAD A LA LUZ DEL ARTÍCULO 25 DE LA CONVENCIÓN AMERICANA SOBRE DERECHOS HUMANOS. Décima Época Núm. de Registro: 2010984; Instancia: Segunda Sala Jurisprudencia, Fuente: Gaceta del Semanario Judicial de la Federación; Libro 27, febrero de 2016, Tomo I Materia(s): Constitucional; Tesis: 2a./J. 12/2016 (10a.) Página: 763.

9 Humberto Enrique Ruiz Torres, Diccionario del Juicio de Amparo, Editorial Oxford México 2010, pp.1-2.

10 Armando Ostos Luzuriaga, Curso de Garantías y Amparo, Apuntes de las Cátedras Impartidas en la Escuela Libre de Derecho, Suprema Corte de Justicia de la Nación 2016.

de autoridad, en las hipótesis previstas en el artículo 103 constitucional, que considere violatorio de sus garantías individuales , teniendo por objeto la declaración de inconstitucionalidad de dichos actos o ley invalidándose o molificándose en relación con quien lo promueve, restituyéndolo en el pleno goce de esas garantías violadas.[11]"

Para Rodolfo Campos Montejo el juicio de amparo es: "*Una institución procesal de rango constitucional que tienen por objeto: 1. Tutelar la Constitución. 2. Proteger los derechos fundamentales de los gobernados. Y en virtud de lo anterior se dice que el amparo es un medio con control constitucional. El amparo es una acción cuyo titular es el agraviado, y que se rige por las reglas o principios, algunos de los cuales tienen excepciones, tendiendo a la índole del quejoso al acto reclamado.*[12]"

Ignacio Vallarta definía el juicio de amparo como: "*El proceso legal para recuperar sumariamente cualquiera de los derechos del hombre consignados en la Constitución y atacados por una autoridad de cualquier categoría que sea, o para eximirse de la obediencia de una ley o mandato de una autoridad que ha invadido la esfera federal o local respectivamente.*"[13]

Ricardo de la Luz Félix Tapia en relación al concepto del juicio de amparo, nos indica: "*Que es un proceso que tiene como finalidad brindar protección, y que puede ejercitar o emprender cualquier ciudadano ante los tribunales federales contra actos de autoridad que le restrinjan o vulneren garantías, o causen agravio en su esfera jurídica y que considere arbitrario o contrario a una ley o a la Constitución, teniendo por objeto nulificar dicho acto ilegal.*"

Burgoa Orihuela, por su parte opina que: "*El amparo es un juicio o proceso que se inicia por la acción que ejercita cualquier gobernado ante los órganos jurisdiccionales federales contra todo acto de autoridad (latu sensu) que le causen un agravio en su esfera jurídica y que considera contrario a la Constitución teniendo por objeto invalidar*

---

11 Raúl Chávez del Castillo, Juicio de Amparo, Editorial Porrúa, México 2006, p.21.

12 Rodolfo Campos Montejo, Editorial Bosch, México 2014, p.13.

13 Ignacio Vallarta, El Juicio de Amparo y El Writ of Habeas Corpus, Editorial Porrúa, México 1975, p.39.

dicho acto o despojarlo de su eficiencia por su inconstitucionalidad o ilegalidad en el caso concreto que lo origine."[14]

En la opinión de Fix Zamudio el juicio de amparo: "*Es un Instrumento procesal específico para la protección de los derechos constitucionales de la persona humana, primeramente, los de carácter individual y con posterioridad, también los de dimensión social.*" [15]

Para Manuel Espinoza Barragán: "*Es una institución jurídica que tramita y resuelve por los órganos jurisdiccionales locales, a instancia del gobernado que considera que un acto de autoridad afecta su esfera jurídica por ser contrario a las garantías que en su favor consagrar a la Constitución después de haber agotado contra él los medios de defensa ordinarios, con el objeto de que el mismo deje insubsistente y sin efecto contra el caso especial sobre el que versa la demanda, y se le mantenga o restituya en el goce de la garantía que estima infringida.*"[16]

Por último en la opinión de Vicente del Arenal Rodríguez el juicio de amparo es "*Un institución jurídica por la que una persona fisca o moral denominada quejoso, ejercita el derecho de acción, ante un órgano jurisdiccional federal o local, para reclamar de un órgano del estado, federal, local o municipal denominado autoridad responsable, un acto o una ley, que el citado quejoso estima vulnera sus garantías individuales o el régimen de distribución competencial entre federación y estados, para que se restituya o mantenga en el goce de sus presuntos derechos, después de agotar los medios de impugnación ordinarios.*"[17]

---

14 Ignacio Burgoa Orihuela, El Juicio de Amparo, Porrúa, 14ª. Ed., México, 1979, p.177.

15 Héctor Fix Zamudio, Ensayos sobre Derecho de Amparo, UNAM, 1ª. Ed., México, 1993, p.20.

16 Manuel Bernardo Espinoza Barragán, Juicio de Amparo, colección de textos Jurídicos Universitarios, Oxford, México 2002, p. 32.

17 Vicente Roberto Arenal Rodríguez, La Técnica en el Juicio de Amparo, Flores Editores, México 2015., p.2.

I.1. NATURALEZA JURÍDICA

En la opinión de Campos Montejo la naturaleza jurídica del amparo la encontramos en los siguientes instrumentos normativos:

- Artículos 103 y 107 constitucionales.
- La Ley de Amparo.
- Código Federal de Procedimientos Civiles Supletoriamente aplicado a la Ley de Amparo (párrafo segundo del artículo 2° de la Ley de Amparo).
- Ley Orgánica del Poder Judicial Federal.[18]

Para Luis Bazdrech la naturaleza y contenido intrínseco del juicio de amparo se resume en un procedimiento judicial propiamente dicho, y entraña una verdadera contención entre la persona agraviada que lo promueve y la autoridad que dicho pormovente considera que a el afecta o trata de afectar sus derechos garantizados en la Constitución; el agraviado asume el papel de actor en la controversia y la autoridad designada como responsable interviene como demandada; la materia de la controversia es el acto concreto o la omisión de autoridad que el interesado considera lesivo de sus garantías individuales; y la decisión incumbe, en única o en última instancia, a los Tribunales Judiciales Federales.[19]

Raúl Chávez del Castillo cuando abarca a la naturaleza jurídica del juicio de amparo, realiza una distinción entre el amparo indirecto y el amparo directo. Señalando que el amparo indirecto promovido ante el Juez de Distrito se entiende que es un juicio, toda vez que se inicia con demanda, siguiéndose todos los actos procesales que culminan con sentencia. Sin embargo en el juicio de amparo directo se ha entendido como recurso, en que tiene a todas las características de este, donde el Tribunal de Amparo se convierte aparentemente en un Tribunal Revisor porque ejerce el control de legalidad, ya que analiza las violaciones

---

18 Cfr. Rodolfo Campos Montejo, Op.Cit., p.13.

19 Cfr. Luis Bazdrech, El Juicio de Amparo, Curso General, Editorial Trillas, México 2014, p.18.

que eventualmente se pudiesen haber cometido a las leyes ordinarias en el transcurso de un proceso o en la resolución final.[20]

Lo anterior carece de relevancia [desde el punto de vista practico (mas sin embargo la distinción en cuanto al procedimiento es importante hacerla notar)], porque tal y como lo hemos visto la Constitución Federal, la Ley de Amparo y la Ley Orgánica del Poder Judicial de la Federación le otorgan la categoría de juicio.[21]

Es de señalar que estamos dejando de lado los tratados internacionales de los que nuestro país forma parte por lo que en regulación en ley más adelante se realiza una breve inclusión de todos los tratados en derechos humanos y otras materias de las que forma parte México, y que pueden ser recurridos a través del juicio de amparo en caso de violación a lo establecido en los mismos.

Por otra parte, es importante señalar que no existen verdades que determinen de manera definitiva las estructuras de lenguaje con el que trabaja el juicio de amparo.

Y es que, en contraposición a las percepciones positivistas que reducen la acción explicativa del sistema jurídico de forma imparcial y unitaria, sale a relucir la apertura hermenéutica que emplean los juristas para tejer comprensiones discrepantes en torno al derecho. El juicio de amparo no se exime de esta postura hermenéutica que permanentemente viene a contribuir y reconstruir contenidos.

Se hace sentir, por tanto, en cada acto interpretativo del juicio de amparo, ciertas líneas de comprensión que pueden tornarse garantistas o anti-garantistas pues el amparo al centrar su labor de protección hacia los derechos fundamentales del gobernado, estipula los alcances de estos últimos y bosqueja los contornos del poder del Estado.[22]

---

20 Cfr. Raúl Chávez del Castillo, Derecho Procesal de Amparo, Editorial Porrúa, México 2004, p.8.

21 Cfr. Ibíd.

22 Cfr. Julio Cesar Medina Rodríguez, Introducción a la Filosofía del Juicio de Amparo, Publicaciones Administrativas, Contables y Jurídicas, S.A. de C.V., p.21.

I.1.1. Antecedentes Históricos

Ha sido objeto de verdadera controversia el origen de nuestro juicio de amparo, ya que los tratadistas en la materia formulan diversas referencias en cuanto a sus antecedentes históricos externos.

Antecedentes Romanos:

Interdicto Denominado "homine libero".- Como causa principal defendía la libertad y consistía en que ninguna persona podía retener hombres libres, concluyendo con una resolución que se daba a favor del hombre libre, cuando otra persona en particular realizaba una coacción sobre aquel, resolución que pronunciaba el pretor.

Es la intercesión que era un procedimiento protector de la persona frente a las arbitrariedades del poder público, con la existencia de la parte agraviada, autoridad responsable, materia de la queja, términos para interponerlo, casos de improcedencia, efectos de la procedencia de dicha figura, e igualmente la suplencia en a deficiencia de la queja.[23]

Antecedentes Españoles:

Fuero de Aragón.–Ordenamiento en el cual se enumeran los derechos fundamentales de que gozaban los gobernados y se ordenaba que los mismos deberían de ser cumplidos y respetados.

Creándose los procesos forales en que la justica mayor intervenía siendo estos los siguientes:

- **Aprensión.**–Secuestro de bienes inmuebles hasta quien se decidiera sobre el verdadero poseedor de los mismos.
- **Inventario.**–Determinar quién tiene el derecho de posesión de bienes muebles.
- **Manifestación de Personas.**–Se demandaba por quien preso o detenido sin proceso o por Juez Incompetente, recurría a la justicia contra la fuerza de quien era víctima.
- **Firma o de Jurisfirma.**- La justica podía avocarse al conocimiento de cualquier causa incoada ante otro tribunal garantizando los efectos de la condena impuesta por éste de los que recurrían a su asistencia.[24]

---

23 Cfr. Raúl Chávez del Castillo, Op.Cit., pp. 7-8.
24 Cfr. Ibídem., p.8-9.

Fuero de Vizcaya.- Creado en el año de 1452, cuya característica más importante era la consagración de los derechos que los ciudadanos respetando la autoridad del mismo, pero sin que los efectos de las leyes o actos que se emitieron pudiesen consumarse en razón de ese proceso.

Fuero Real.- Constituido por cinco libros, establece la facultad exclusiva del Rey para expedir leyes, pero siempre subordinado a los parámetros fijados por el naturalismo, estando atribuida a él la administración de justicia. Empero, dentro del libro quinto se contempla el derecho de todo ciudadano, que era afectado en un juicio, de interponer el recuro de alzada.

Institución de Obedézcase y no se Cumpla.– Significaba que se respetaba la orden del Rey, pero no era acatada, evitando los efectos que hubiera podido acatar de haberse concretado la resolución del soberano.

Recurso de Fuerza.– Era una acción que debía ejercitar la persona que había resultado condenada en un juicio, debiéndose presentar ante el monarca y sus Tribunales, procediendo contra derechos procesales en el juicio, o resoluciones contrarias a los leyes.[25]

Antecedentes Ingleses:

En Inglaterra se generó el writ of habeas corpus, mismo que nace en el año 1679, derivado de la carta magna inglesa "comon law", este constituye un antecedente directo del juicio de amparo en México, cuyo objetivo constituía proteger la libertad personal, contra la suspensión arbitraria.

Estos derechos se establecen en defensa de la libertad del hombre contra actos ilegales tanto de particulares como de autoridades.

Antecedentes Franceses:

Por su parte Francia establece el recurso de casación, que constituye un antecedente del juicio de amparo, como un medio de impugnación por virtud del cual se combatía la ilegalidad de las sentencias definitivas de ulterior grado que dictara en los juicios penales y civiles pudiéndose impugnar tanto las violaciones que cometieron durante

---

[25] Cfr. Ibídem., pp.8 –10.

el procedimiento como los errores de derecho en que incurriera la autoridad en la sentencia definitiva.[26]

Antecedentes de Estados Unidos de América:

El Writ of hábeas corpus estadunidense es un instrumento local regido por las leyes estatales y de cuyo conocimiento deben abocarse los organismos jurisdiccionales de cada entidad federativa.

Atendiendo situaciones en donde se ataca a la libertad física de una persona; no obstante en Estados Unidos existe el judicial review, que se integra por distintos writs que se hacen valer dentro de diversos procesos, y se asemeja a nuestra institución de amparo.

Writ of certiorari.- Es un recurso extraordinario que se interpone ante el superior, a efecto de que este se cerciore de que el procedimiento estuvo apegado a derecho.

Writ of injuction.- Se define como un mandamiento de un Tribunal de Equidad, a efecto de que se suspenda la ejecución de una acto ilícito realizado por un particular o por una autoridad, aplicable solo en materia civil y que únicamente puede ser utilizado cuando no existe ningún recurso; que tiene los mismos efectos que nuestra suspensión del acto reclamado.

Writ of mandamus.- Un recurso extraordinario por virtud del cual el superior ordena a su inferior sobre la ejecución de una acto que este tiene la obligación de realizar.[27]

Antecedentes del Juicio de Amparo en México:

- Constitución Federal de 1824.
- Leyes Constitucionales de 1836.
- Constitución de Yucatán de 1841.
- Acta de Reforma de 1847.
- Constitución de 1857.[28]

---

26 Cfr. Ibídem., pp.10-11.

27 Cfr. Ibídem., p.11.

28 Ricardo de la Luz Félix Tapia, Op.Cit. P.9.

En la Constitución de 1917 y en las reformas a la Ley de Amparo Reglamentaria de los Artículos 103 y 107 de la Constitución Política de los Estados Unidos Mexicanos.

La Constitución de Apatzingán, es el primer documento constitucional en el que encontramos consagradas las más elementales garantías para el gobernado dicho documento fue formulado en plena lucha por nuestra independencia, sin que establecerá algún medio que permitiera al gobernado hacerle frente al poder público.

El origen del juicio de amparo nombrado Institución Protectora del Imperio y Supremacía Constitucional y del Respeto a la Esfera Jurídica de los Gobernados por pate de las autoridades es del año de 1840 en que el jurista oriundo de Yucatán Manuel Crescencio García Rejón y Alcalá lo ideo.

Este es un antecedente del origen del nombre del medio de tutela constitucional al que se ha designado también con el nombre de juicio de garantías, en virtud de que a través del mismo se pretende conseguir la observancia de las garantías individuales que estipula la Carta Magna dentro de todos los actos que emanen de una autoridad del Estado.[29]

Hasta la fecha han existido dos proyectos y siete Leyes de Amparo, el que se dice fue el primer proyecto elaborado por Vicente Romero, leído en la Cámara de Diputados el 3 de febrero de 1849, con ocho artículos y el que puede ser el segundo proyecto de José Urbano Fonseca, de febrero de1852, con quince artículos y las siete leyes que son las siguientes:

- Ley Orgánica de los Artículos 101 y 102 de la Constitución Federal de 30 de noviembre de 1861, con treinta y cuatro artículos.
- Ley de Amparo de 20 de enero de 1869, con treinta y un artículos.
- Ley de Amparo de 14 de diciembre de 1882, con ochenta y tres artículos.
- Código Federal de Procedimientos de 6 de octubre de 1897, con ciento cuatro artículos.

---

[29] Cfr. Ibíd.

- Código Federal de Procedimientos Civiles de 26 de diciembre de 1908, con treinta y cinco artículos.
- Ley Reglamentaria de los Artículos 103 y 104 de la Constitución de18 de octubre de 1919, con ciento treinta y cinco artículos.[30]
- La del 10 de enero de 1936, la cual teóricamente sigue en vigor, aunque con infinidad de reformas ulteriores.[31]

Y como ya lo hemos mencionado la nueva Ley de Amparo del 15 de febrero del 2011, que resulta ser la octava Ley de Amparo, con 271 artículos, publicada en el Diario Oficial de la Federación el día dos de abril de 2013, y en vigor a partir del día siguiente.[32]

Antecedentes del Amparo en Materia Administrativa:

En relación a los antecedentes del amparo administrativo en específico, podemos señalar que este se inicia con la expedición de la Ley de Amparo de 18 de octubre de 1919, la primera bajo la vigencia de la Constitución actual, ya que el artículo 107 de la Carta Federal de 1917, debido a la influencia indubitable del pensamiento el ilustre jurista mexicano Emilio Rabasa, estableció un doble procedimiento, que subsiste hasta nuestro días es decir el llamado amparo de una sola instancia, contra sentencias definitivas pronunciadas por los Tribunales Judiciales y de doble instancia cuando se trate de otros tipos de actos, entre ellos los de carácter administrativo.

Otro aspecto importante de la citada Ley de Amparo de 1919 fue la regulación del llamado "recurso de súplica", introducido por el artículo 104, fracción I, de la Carta Federal de 1917, que influyo posteriormente en la creación del recurso de revisión fiscal. En tal virtud y de acuerdo con este ordenamiento las controversias administrativas asumían una triple modalidad: En primer lugar, cuando se impugnaba de manera inmediata los actos y resoluciones de la administración activa, debía plantearse en amparo de doble instancia, la primera ante los Jueces de Distrito y la segunda ante el Tribunal Pleno de la Su-

---

30 Cfr. Vicente Roberto del Arenal Martínez, La Técnica en el Juicio de Amparo, Editorial Flores, México 2015, pp. 8-9.

31 José Luis Soberanes Fernández, Historia del Derecho Mexicano, Editorial Porrúa México 2003, p.211.

32 Cfr. Vicente Roberto del Arenal Martínez, Óp. Cit., pp. 8-9.

prema Corte de Justicia, por conducto del llamado "recursos de revisión", pero ahora a instancia de parte afectada (por lo que en realidad se configura una apelación).[33]

En segundo término, se planteaba la impugnación de las sentencias judiciales definitivas que resolvieran controversias administrativas, en principio debían combatirse en amparo de una sola instancia también ante la Suprema Corte de Justicia, pero cuando la parte inconforme era la autoridad administrativa, esta última solo podría acudir al recurso de súplica, ya que la jurisprudencia le impedía la posibilidad de interponer el juicio de amparo, todo lo cual configuraba un sistema excesivamente complicado.

Pero aun dentro de este segundo periodo se observa una trasformación paulatina, debido a los cambios experimentados en la Justicia Administrativa Mexicana, pudiendo señalarse por una parte, la creación de tres salas de la Suprema Corte de Justicia de la Nación, para conocer a las diversas materias en el juicio de amparo, según la reforma constitucional del 20 de agosto de 1928, y a una de estas salas, la segunda se le atribuyeron las controversias administrativas, en los tres sectores mencionados en los dos párrafos anteriores, es decir, en amparo de una sola instancia; el segundo grado en el amparo de doble instancia; y el recurso de súplica en materia administrativa pero al poco tiempo se suprimo el citado recurso de súplica según decreto publicado el día 18 de enero de 1934, lo que concedió con la paulatina desaparición de los juicios ordinarios de oposición.[34]

Por otra parte dentro de este periodo de transformación de la justicia administrativa, se expedientaron conjuntamente, el 30 de diciembre de 1935, la Ley de Amparo y la Ley Orgánica del Poder Judicial de la Federación que entraron en vigor el 10 de enero de 1936. Y pocos meses más tarde en agosto de 1936 se promulgó la Ley de Justicia Fiscal que creo el Tribunal Fiscal de la Federación, de acuerdo con los citados ordenamientos y en virtud de la suspensión de los juicios de oposición y del recursos e suplica, las controversias administrati-

---

33 Cfr. El Amparo Mexicano En Materia Administrativa y la Revisión Fiscal, pp.319-322. [Https://archivos.juridicas.unam.mx/www/bjv/libros/2/911/12.pdf, biblioteca jurídica virtual de la UNAM].

34 Cfr. Ibíd.

vas podían plantearse ya sea de manera inmediata ante los Jueces de Amparo, o bien si eran de la competencia del citado Tribual Fiscal, primero ante dicho organismo y sus fallos, se combatían solo por los particulares afectados ante los propios Tribunales de Amparo, pero con la circunstancia, de que en cualquiera de los supuestos, el procedimiento era de doble instancia: El primero ante los Jueces de Distrito y el segundo ante la Segunda Sala de la Suprema Corte de Justicia de la Nación ya que las sentencias del propio Tribunal Fiscal se consideraron como actos administrativos, en los términos del artículo 114, fracción II, de la Ley de Amparo.

El señalamiento de la doble función del amparo en materia administrativa influyó decisivamente en las reformas constitucionales y legales que entraron en vigor en octubre de 1968, las cuales además de constitucionalizar los Tribunales Administrativos, establecieron la distinción entre ambos tipos de amparo administrativo separándolos en su tramitación, de manera que se conservó el doble procedimiento para la impugnación de los actos y resoluciones de la administración activa, pero se introdujo el amparo de una sola instancia contra las sentencias pronunciadas por los Tribunales Administrativos, a los cuales se reconoció su carácter plenamente jurisdiccional.

Esta es la situación actual ya que el ordenamiento en vigor regula dos grandes sectores del derecho de amparo en materia administrativa, el primero puede considerarse como sustitutivo de un “proceso contencioso administrativo”, pues se integra con la impugnación inmediata ante los Tribunales de Amparo, atreves de un procedimiento de doble instancia, de los actos y resoluciones de la administración activa; y el segundo está constituido por el juicio de amparo de una sola instancia contra las sentencias de los Tribunales Administrativos y puede considerarse como un recurso de cesación administrativa.[35]

Como un punto final podemos dividir la historia del amparo administrativo en cuatro periodos:

I. Desde el establecimiento definitivo del procedimiento de amparo a 1919.

---

35 Cfr. El Amparo Mexicano En Materia Administrativa y la Revisión Fiscal, pp.319-322. [Https://archivos.juridicas.unam.mx/www/bjv/libros/2/911/12.pdf, biblioteca jurídica virtual de la UNAM].

II. La segunda etapa Inicia con la Ley de Amparo de 18 de octubre de 1919 que crea el recurso de súplica en favor de las autoridades administrativas, para impugnar ante la SCJN las decisiones de los Tribunales Federales que desfavorecían a la administración.

III. El tercer periodo del amparo administrativo está marcado por la reforma al texto del artículo 104 de la Constitución (y el artículo 114 de la Ley de Amparo) cuyo objetivo era establecer una separación entre los dos sectores del amparo administrativo, a fin de instrumentar dos procedimientos (amparo indirecto y amparo directo).

IV. La cuarta etapa se caracteriza por dos fenómenos: En primer lugar debemos de centrar nuestra atención en la creación de nuevos Tribunales Administrativos en las entidades federativas y en el Distrito Federal (ahora la ciudad de México), tal y como lo hemos visto en el capítulo precedente (principalmente en los últimos quince años) y de los Tribunales Agrarios (en 1992), que dieron como resultado una disminución en la interposición del amparo indirecto para combatir los actos de autoridades administrativas locales o federales, y un incremento en el uso del amparo en una sola instancia para combatir las resoluciones definitivas dictadas por los órganos de jurisdicción administrativa.[36]

I.1.2. Regulación Constitucional

La regulación constitucional se establece en los artículos 103 y 107 constitucionales tal y como señalamos anteriormente, empezaremos puntualizando el análisis entrando de lleno al estudio del contenido de los preceptos legales aludidos:

El artículo 103 constitucional establece y fija la competencia en materia de los Tribunales Federales (derivado de una interpretación sistemática de ambos preceptos), a lo largo del contenido de tres frac-

---

36 Cfr. El Amparo Administrativo, Los Controles Externos, pp. 215 -218. [Https://archivos.juridicas.unam.mx/www/bjv/libros/7/3397/10.pdf, B J V biblioteca jurídica virtual de la UNAM].

ciones, señalando que estos son los responsables de la atención y resolución de las siguientes controversias generadas por:

- Normas generales.
- Actos u omisiones de la autoridad que violen los derechos humanos reconocidos y las garantías otorgadas para su protección por esta Constitución.
- Tratados internacionales de los que el Estado Mexicano sea parte.
- Actos de la autoridad federal que vulneren o restrinjan la soberanía de los Estados o la autonomía de la Ciudad de México.
- Por normas generales o actos de las autoridades de las Entidades Federativas que invadan la esfera de competencia de la autoridad federal.[37]

Este numeral establece la procedencia del juicio de amparo.

De lo señalado podemos ver que el texto constitucional anterior a la reforma indicaba que el juicio de amparo solamente era procedente contra leyes o actos, circunstancia que carecía de vigencia práctica pues fue rebasada a través de criterios jurisprudenciales admitiendo el amparo contra ciertos tipo de omisiones, por lo que con la reforma se previó el juicio de amparo como medio de protección contra normas generales, actos u omisiones que violen los derechos humanos reconocidos y las garantías otorgadas por la Constitución, así como los tratados internacionales de que el Estado Mexicano sea parte.[38]

Con esta redefinición del objeto del juicio de amparo se evidencio el valor como garantía de protección de los derechos humanos, de acuerdo con la reforma del 10 de junio de 2011.[39]

Es de referir en relación con el precepto constitucional referido anteriormente - 103 - que una persona que válidamente interponga la impugnación constitucional de una ley en sede judicial debe hacerse

[37] Cfr. CPEUM, Artículo 103.

[38] Cfr. Mónica Cristina Sánchez Valverde, Regulación del Juicio de Amparo a través de los Acuerdos Emitidos por el Poder Judicial de la Federación, Editorial Tirant lo Blanch, México 2014, p.43.

[39] Ibíd.

tres preguntas para determinar si cuenta con interés legítimo para hacerlo:

¿Qué puede servir de parámetro de control constitucional? ¿Quién puede acudir a combatirla en sede de control judicial? y ¿Cuándo puede hacerlo? Estas tres respuestas están en la Constitución.

El artículo 133 establece que la integridad de la Constitución es norma jurídica, la que se constituye el criterio de validez de todo acto de producción normativa, por lo que, por regla general, cualquier fragmento constitucional puede servir de parámetro de control.

En segundo lugar, el artículo 103, fracción I, establece que puede acudir al juicio quien, al menos, acredite interés legítimo. [40]

De esta manera el precepto aludido se relaciona directamente con el artículo 107 constitucional, estableciendo que las controversias de que habla el artículo 103 de esta Constitución, con excepción de aquellas en materia electoral, se sujetarán a los procedimientos que determine la ley reglamentaria.

- **Procedimiento del Juicio de Amparo.**

Se seguirá siempre a instancia de parte agraviada. Teniendo ese carácter quien aduce ser titular de un derecho o de un interés legítimo individual o colectivo, siempre que alegue que el acto reclamado viola los derechos reconocidos por esta Constitución y con ello se afecte su esfera jurídica, ya sea de manera directa o en virtud de su especial situación frente al orden jurídico.

Tratándose de actos o resoluciones provenientes de Tribunales Judiciales, Administrativos o del Trabajo, el quejoso deberá aducir ser titular de un derecho subjetivo que se afecte de manera personal y directa.

Las sentencias que se pronuncien en los juicios de amparo sólo se ocuparán de los quejosos que lo hubieren solicitado, limitándose a

---

[40] Cfr. INTERÉS LEGÍTIMO EN EL JUICIO DE AMPARO. PARA DETERMINAR SI SE ACREDITA, DEBE RESPONDERSE A LAS PREGUNTAS ¿QUÉ? ¿QUIÉN? Y ¿CUÁNDO?. Décima Época, Núm. de Registro: 2009197; Instancia: Primera Sala, Tesis Aislada, Fuente: Gaceta del Semanario Judicial de la Federación, Libro 18, Mayo de 2015, Tomo I, Materia(s): Común, Tesis: 1a. CLXXXIII/2015 (10a.), Página: 444.

ampararlos y protegerlos, si procediere, en el caso especial sobre el que verse la demanda.[41]

Cuando en los juicios de amparo indirecto en revisión se resuelva la inconstitucionalidad de una norma general por segunda ocasión consecutiva, la Suprema Corte de Justicia de la Nación lo informará a la autoridad emisora correspondiente.

- **Establecimiento de Jurisprudencia y Procedimiento de su Difusión.**

Cuando los órganos del Poder Judicial de la Federación establezcan jurisprudencia por reiteración en la cual se determine la inconstitucionalidad de una norma general, la Suprema Corte de Justicia de la Nación lo notificará a la autoridad emisora.

Transcurrido el plazo de 90 días naturales sin que se supere el problema de inconstitucionalidad, la Suprema Corte de Justicia de la Nación emitirá, siempre que fuere aprobada por una mayoría de cuando menos ocho votos, la declaratoria general de inconstitucionalidad, en la cual se fijarán sus alcances y condiciones en los términos de la ley reglamentaria.

Lo dispuesto en los dos párrafos anteriores no será aplicable a normas generales en materia tributaria.

- **Suplencia en la Deficiencia de la Queja.**

En el juicio de amparo deberá suplirse la deficiencia de los conceptos de violación o agravios de acuerdo con lo que disponga la ley reglamentaria.

Cuando se reclamen actos que tengan o puedan tener como consecuencia privar de la propiedad o de la posesión y disfrute de sus tierras, aguas, pastos y montes a los ejidos o a los núcleos de población que de hecho o por derecho guarden el estado comunal, o a los ejidatarios o comuneros, deberán recabarse de oficio todas aquellas pruebas que puedan beneficiar a las entidades o individuos mencionados y acordarse las diligencias que se estimen necesarias para precisar sus derechos agrarios, así como la naturaleza y efectos de los actos reclamados.

---

[41] Cfr. CPEUM, Artículo 107.

En los juicios a que se refiere el párrafo anterior no procederán, en perjuicio de los núcleos ejidales o comunales, o de los ejidatarios o comuneros, el sobreseimiento por inactividad procesal ni la caducidad de la instancia, pero uno y otra sí podrán decretarse en su beneficio. Cuando se reclamen actos que afecten los derechos colectivos del núcleo tampoco procederán desistimiento ni el consentimiento expreso de los propios actos, salvo que el primero sea acordado por la Asamblea General o el segundo emane de ésta.

- **Procedencia y Procedimiento contra Tribunales Judiciales, Administrativos y del Trabajo.**

Cuando se reclamen actos de Tribunales Judiciales, Administrativos o del Trabajo, el amparo sólo procederá en los casos siguientes:[42]

a) Contra sentencias definitivas, laudos y resoluciones que pongan fin al juicio, ya sea que la violación se cometa en ellos o que, cometida durante el procedimiento, afecte las defensas del quejoso trascendiendo al resultado del fallo. En relación con el amparo al que se refiere este inciso y la fracción V de este artículo, el Tribunal Colegiado de Circuito deberá decidir respecto de todas las violaciones procesales que se hicieron valer y aquéllas que, cuando proceda, advierta en suplencia de la queja, y fijará los términos precisos en que deberá pronunciarse la nueva resolución.

b) Si las violaciones procesales no se invocaron en un primer amparo, ni el Tribunal Colegiado correspondiente las hizo valer de oficio en los casos en que proceda la suplencia de la queja, no podrán ser materia de concepto de violación, ni de estudio oficioso en juicio de amparo posterior.

La parte que haya obtenido sentencia favorable y la que tenga interés jurídico en que subsista el acto reclamado, podrá presentar amparo en forma adhesiva al que promueva cualquiera de las partes que intervinieron en el juicio del que emana el acto reclamado. La ley determinará la forma y términos en que deberá promoverse.

---

42 Cfr. CPEUM, Artículo 107.

En este supuesto para la procedencia del juicio deberán agotarse previamente los recursos ordinarios que se establezcan en la ley de la materia, por virtud de los cuales aquellas sentencias definitivas, laudos y resoluciones puedan ser modificados o revocados, salvo el caso en que la ley permita la renuncia de los recursos.

Al reclamarse la sentencia definitiva, laudo o resolución que ponga fin al juicio, deberán hacerse valer las violaciones a las leyes del procedimiento, siempre y cuando el quejoso las haya impugnado durante la tramitación del juicio mediante el recurso o medio de defensa que, en su caso, señale la ley ordinaria respectiva.

Este requisito no será exigible en amparos contra actos que afecten derechos de menores o incapaces, al estado civil, o al orden o estabilidad de la familia, ni en los de naturaleza penal promovidos por el sentenciado.

c) Contra actos en juicio cuya ejecución sea de imposible reparación, fuera de juicio o después de concluido, una vez agotados los recursos que en su caso procedan.
d) Contra actos que afecten a personas extrañas al juicio.

- **Precisión en Materia Administrativa.**

En materia administrativa el amparo procede, además, contra actos u omisiones que provengan de autoridades distintas de los Tribunales Judiciales, Administrativos o del Trabajo, y que causen agravio no reparable mediante algún medio de defensa legal.

Será necesario agotar estos medios de defensa siempre que conforme a las mismas leyes se suspendan los efectos de dichos actos de oficio o mediante la interposición del juicio, recurso o medio de defensa legal que haga valer el agraviado, con los mismos alcances que los que prevé la ley reglamentaria y sin exigir mayores requisitos para conceder la suspensión definitiva, ni plazo mayor que el que establece para el otorgamiento de la suspensión provisional, independientemente de que el acto en sí mismo considerado sea o no susceptible de ser suspendido de acuerdo con dicha ley.[43]

---

[43] Cfr. CPEUM, Artículo 107.

No existe obligación de agotar tales recursos o medios de defensa si el acto reclamado carece de fundamentación o cuando sólo se aleguen violaciones directas a esta Constitución.

- **Ante Quien Interponer el Amparo Directo.**

El amparo contra sentencias definitivas, laudos o resoluciones que pongan fin al juicio se promoverá ante el Tribunal Colegiado de Circuito competente de conformidad con la ley, en los casos siguientes:

- **En Materia Penal.**

Contra resoluciones definitivas dictadas por Tribunales Judiciales, sean éstos Federales, del Orden Común o Militares.

- **En Materia Administrativa.**

Cuando se reclamen por particulares sentencias definitivas y resoluciones que ponen fin al juicio dictadas por Tribunales Administrativos o Judiciales, no reparables por algún recurso, juicio o medio ordinario de defensa legal.

- **En Materia Civil.**

Cuando se reclamen sentencias definitivas dictadas en juicios del orden federal o en juicios mercantiles, sea federal o local la autoridad que dicte el fallo, o en juicios del orden común. En los juicios civiles del orden federal las sentencias podrán ser reclamadas en amparo por cualquiera de las partes, incluso por la Federación, en defensa de sus intereses patrimoniales.

- **En Materia Laboral.**

Cuando se reclamen laudos dictados por las Juntas Locales o la Federal de Conciliación y Arbitraje, o por el Tribunal Federal de Conciliación y Arbitraje de los Trabajadores al Servicio del Estado.

- **Competencia de la Suprema Corte de Justicia de la Nación.**

La Suprema Corte de Justicia, de oficio o a petición fundada del correspondiente Tribunal Colegiado de Circuito, del Fiscal General de la República, en los asuntos en que el Ministerio Público de la Federación sea parte, o del Ejecutivo Federal, por conducto del Consejero Jurídico del Gobierno, podrá conocer de los amparos directos que por su interés y trascendencia que así lo ameriten.

En los casos a que se refiere el punto anterior, la ley reglamentaria señalará el procedimiento, los términos a que deberán someterse los Tribunales Colegiados de Circuito y en su caso, la Suprema Corte de Justicia de la Nación para dictar sus resoluciones.[44]

- **Amparo Contra Actos u Omisiones.**

El amparo contra actos u omisiones en juicio, fuera o después de concluido, o que afecten a personas extrañas, contra normas generales o contra actos u omisiones de autoridad administrativa, se interpondrá ante el Juez de Distrito bajo cuya jurisdicción se encuentre el lugar en que el acto reclamado se ejecute o trate de ejecutarse, y su tramitación se limitará al informe de la autoridad, a una audiencia para la que se citará en el mismo auto en el que se mande pedir el informe recibiéndose las pruebas que las partes interesadas ofrezcan y oirán los alegatos, pronunciándose en la misma audiencia la sentencia.

- **Amparo Directo en Revisión y Amparo en Revisión.**

Contra las sentencias que pronuncien en amparo los Jueces de Distrito procede revisión. De ella conocerá la Suprema Corte de Justicia:

a) Cuando habiéndose impugnado en la demanda de amparo normas generales por estimarlas directamente violatorias de esta Constitución, subsista en el recurso el problema de constitucionalidad.
b) Cuando se trate de los casos comprendidos en las fracciones II y III del artículo 103 de esta Constitución.

La Suprema Corte de Justicia, de oficio o a petición fundada del correspondiente Tribunal Colegiado de Circuito, del Fiscal General de la República, en los asuntos en que el Ministerio Público de la Federación sea parte, o del Ejecutivo Federal, por conducto del Consejero Jurídico del Gobierno, podrá conocer de los amparos en revisión, que por su interés y trascendencia así lo ameriten.

---

44 Cfr. Ibíd.

En los casos no previstos en los párrafos anteriores, conocerán de la revisión los Tribunales Colegiados de Circuito y sus sentencias no admitirán recurso alguno.

En materia de amparo directo procede el recurso de revisión en contra de las sentencias que resuelvan sobre la constitucionalidad de normas generales, establezcan la interpretación directa de un precepto de esta Constitución u omitan decidir sobre tales cuestiones cuando hubieren sido planteadas, siempre que fijen un criterio de importancia y trascendencia, según lo disponga la Suprema Corte de Justicia de la Nación, en cumplimiento de los Acuerdos Generales del Pleno. La materia del recurso se limitará a la decisión de las cuestiones propiamente constitucionales, sin poder comprender otras.

- **Suspensión.**

Los actos reclamados podrán ser objeto de suspensión en los casos y mediante las condiciones que determine la ley reglamentaria, para lo cual el órgano jurisdiccional de amparo, cuando la naturaleza del acto lo permita, deberá realizar un análisis ponderado de la apariencia del buen derecho y del interés social.[45]

Dicha suspensión deberá otorgarse respecto de las sentencias definitivas en materia penal al comunicarse la promoción del amparo, y en las materias civil, mercantil y administrativa, mediante garantía que dé el quejoso para responder de los daños y perjuicios que tal suspensión pudiere ocasionar al tercero interesado.

La suspensión quedará sin efecto si éste último da contragarantía para asegurar la reposición de las cosas al estado que guardaban si se concediese el amparo y a pagar los daños y perjuicios consiguientes.

- **Lugar y Medios de Presentación.**

La demanda de amparo directo se presentará ante la autoridad responsable, la cual decidirá sobre la suspensión. En los demás casos la demanda se presentará ante los Juzgados de Distrito los cuales resolverán sobre la suspensión, o ante los Tribunales de las Entidades Federativas en los casos que la ley lo autorice.

---

45 Cfr. CPEUM, Artículo 107.

La violación de las garantías de los artículos 16, 19 y 20 se reclamará ante el superior del Tribunal que la cometa, o ante el Juez de Distrito que corresponda, pudiéndose recurrir, en uno y otro caso, las resoluciones que se pronuncien, en los términos prescritos y referidos anteriormente.

Si el Juez de Distrito no residieren en el mismo lugar en que reside la autoridad responsable, la ley determinará el Juez o Tribunal ante el que se ha de presentar el escrito de amparo, el que podrá suspender provisionalmente el acto reclamado, en los casos y términos que la misma ley establezca.

- **Contradicción de Tesis.**

En el caso de que los Tribunales Colegiados de un mismo Circuito sustenten tesis contradictorias en los juicios de amparo de su competencia, el Fiscal General de la República, en asuntos en materia penal y procesal penal, así como los relacionados con el ámbito de sus funciones, los mencionados Tribunales y sus integrantes, los Jueces de Distrito, las partes en los asuntos que los motivaron o el Ejecutivo Federal, por conducto del Consejero Jurídico del Gobierno, podrán denunciar la contradicción ante el Pleno del Circuito correspondiente, a fin de que decida la tesis que debe prevalecer como jurisprudencia.

Cuando los Plenos de Circuito de distintos Circuitos, los Plenos de Circuito en materia especializada de un mismo Circuito o los Tribunales Colegiados de un mismo Circuito con diferente especialización sustenten tesis contradictorias al resolver las contradicciones o los asuntos de su competencia, según corresponda, los Ministros de la Suprema Corte de Justicia de la Nación, los mismos Plenos de Circuito, así como los órganos a que se refiere el párrafo anterior, podrán denunciar la contradicción ante la Suprema Corte de Justicia, con el objeto de que el Pleno o la Sala respectiva, decida la tesis que deberá prevalecer.[46]

Estando en el supuesto de las Salas de la Suprema Corte de Justicia de la Nación sustenten tesis contradictorias en los juicios de amparo cuyo conocimiento les competa, los Ministros, los Tribunales

---

46 Cfr. Ibíd.

Colegiados de Circuito y sus integrantes, los Jueces de Distrito, el Fiscal General de la República, en asuntos en materia penal y procesal penal, así como los relacionados con el ámbito de sus funciones, el Ejecutivo Federal, por conducto del Consejero Jurídico del Gobierno, o las partes en los asuntos que las motivaron, podrán denunciar la contradicción ante el Pleno de la Suprema Corte, conforme a la ley reglamentaria, para que éste resuelva la contradicción.

Las resoluciones que pronuncien el Pleno o las Salas de la Suprema Corte de Justicia, así como los Plenos de Circuito conforme a los párrafos anteriores, sólo tendrán el efecto de fijar la jurisprudencia y no afectarán las situaciones jurídicas concretas derivadas de las sentencias dictadas en los juicios en que hubiese ocurrido la contradicción.

- **Representación Social.**

El Fiscal General de la República o el Agente del Ministerio Público de la Federación que al efecto designe, será parte en todos los juicios de amparo en los que el acto reclamado provenga de procedimientos del orden penal y aquéllos que determine la ley.

- **Cumplimiento de las Sentencias de Amparo.**

Si la autoridad incumple la sentencia que concedió el amparo, pero dicho incumplimiento es justificado, la Suprema Corte de Justicia de la Nación, de acuerdo con el procedimiento previsto por la ley reglamentaria, otorgará un plazo razonable para que proceda a su cumplimiento, plazo que podrá ampliarse a solicitud de la autoridad. Cuando sea injustificado o hubiera transcurrido el plazo sin que se hubiese cumplido, procederá a separar de su cargo al titular de la autoridad responsable y a consignarlo ante el Juez de Distrito. Las mismas providencias se tomarán respecto del superior jerárquico de la autoridad responsable si hubiese incurrido en responsabilidad, así como de los titulares que, habiendo ocupado con anterioridad el cargo de la autoridad responsable, hubieran incumplido la ejecutoria.

Si concedido el amparo, se repitiera el acto reclamado, la Suprema Corte de Justicia de la Nación, de acuerdo con el procedimiento establecido por la ley reglamentaria, procederá a separar de su cargo al titular de la autoridad responsable, y dará vista al Ministerio Público Federal, salvo que no hubiera actuado dolosamente y deje sin efectos el acto repetido antes de que sea emitida la resolución de la Suprema Corte de Justicia de la Nación.

El cumplimiento sustituto de las sentencias de amparo podrá ser solicitado por el quejoso al órgano jurisdiccional, o decretado de oficio por la Suprema Corte de Justicia de la Nación, cuando la ejecución de la sentencia afecte a la sociedad en mayor proporción a los beneficios que pudiera obtener el quejoso, o cuando, por las circunstancias del caso, sea imposible o desproporcionadamente gravoso restituir la situación que imperaba antes de la violación. El incidente tendrá por efecto que la ejecutoria se dé por cumplida mediante el pago de daños y perjuicios al quejoso. Las partes en el juicio podrán acordar el cumplimiento sustituto mediante convenio sancionado ante el propio órgano jurisdiccional.[47]

No podrá archivarse juicio de amparo alguno, sin que se haya cumplido la sentencia que concedió la protección constitucional.

La autoridad responsable que desobedezca un auto de suspensión o que, ante tal medida, admita por mala fe o negligencia fianza o contrafianza que resulte ilusoria o insuficiente, será sancionada penalmente.[48]

Es importante señalar en relación a lo anterior algunos de los puntos sostenidos por nuestro Máximo Tribunal en sus criterios más recientes en relación a la interpretación individual y sistemática de los preceptos constitucionales recién analizados.

Estas tienen como común denominador la preocupación constitucional de delimitar el poder de revisión judicial de las leyes conforme al principio de división de poderes, para que sólo sea activable cuando esta función sea necesaria para resolver una controversia real, que involucre la suerte de un interés con relevancia jurídica de una persona, de acuerdo a un parámetro jurídico, ya que aquellos actos o afectaciones hipotéticas o condicionadas a un acto contingente pueden ser resueltos por los poderes políticos con legitimidad democrática.

Luego, la determinación de no reconocer interés legítimo a la parte quejosa para impugnar una norma legal que no le afecta en el mo-

---

[47] Cfr. CPEUM, Artículo 107.
[48] Ibíd.

mento actual no constituye una restricción indebida al poder de control constitucional de las leyes, sino el cumplimiento al principio de división de poderes que ordena al Poder Judicial.[49]

A consideración de la Suprema Corte de Justicia de la Nación, el párrafo primero de la fracción I del artículo 107 de la Constitución Política de los Estados Unidos Mexicanos, establece que tratándose de la procedencia del amparo indirecto -en los supuestos en que no se combatan actos o resoluciones de Tribunales-, quien comparezca a un juicio deberá ubicarse en alguno de los siguientes dos supuestos:

(I) Ser titular de un derecho subjetivo, es decir, alegar una afectación inmediata y directa en la esfera jurídica, producida en virtud de tal titularidad.

(II) En caso de que no se cuente con tal interés, la Constitución ahora establece la posibilidad de solamente aducir un interés legítimo, que será suficiente para comparecer en el juicio. Dicho interés legítimo se refiere a la existencia de un vínculo entre ciertos derechos fundamentales y una persona que comparece en el proceso, sin que dicha persona requiera de una facultad otorgada expresamente por el orden jurídico, esto es, la persona que cuenta con ese interés se encuentra en aptitud de expresar un agravio diferenciado al resto de los demás integrantes de la sociedad, al tratarse de un interés cualificado, actual, real y jurídicamente relevante, de tal forma que la anulación del acto que se reclama produce un beneficio o efecto positivo en su esfera jurídica, ya sea actual o futuro pero cierto. [50]

---

49 Cfr. INTERÉS LEGÍTIMO EN EL JUICIO DE AMPARO. PARA DETERMINAR SI SE ACREDITA, DEBE RESPONDERSE A LAS PREGUNTAS ¿QUÉ? ¿QUIÉN? Y ¿CUÁNDO?. Décima Época, Núm. de Registro: 2009197; Instancia: Primera Sala, Tesis Aislada, Fuente: Gaceta del Semanario Judicial de la Federación, Libro 18, Mayo de 2015, Tomo I, Materia(s): Común, Tesis: 1a. CLXXXIII/2015 (10a.), Página: 444.

50 Cfr. INTERÉS LEGÍTIMO. CONTENIDO Y ALCANCE PARA EFECTOS DE LA PROCEDENCIA DEL JUICIO DE AMPARO (INTERPRETACIÓN DEL ARTÍCULO 107, FRACCIÓN I, DE LA CONSTITUCIÓN POLÍTICA DE LOS ESTADOS UNIDOS MEXICANOS). Décima Época; Núm. de Registro: 2007921; Instancia: Pleno Jurisprudencia, Fuente: Gaceta del Semanario Judicial de la Federación, Libro 12, Noviembre de 2014, Tomo I Materia(s): Común, Tesis P./J. 50/2014 (10a.) Página: 60.

Para que exista un interés legítimo, se requiere de la existencia de una afectación en cierta esfera jurídica -no exclusivamente en una cuestión patrimonial-, apreciada bajo un parámetro de razonabilidad, y no sólo como una simple posibilidad, esto es, una lógica que debe guardar el vínculo entre la persona y la afectación aducida, ante lo cual, una eventual sentencia de protección constitucional implicaría la obtención de un beneficio determinado, el que no puede ser lejanamente derivado, sino resultado inmediato de la resolución que en su caso llegue a dictarse.

El interés legítimo consiste en una categoría diferenciada y más amplia que el interés jurídico, pero tampoco se trata del interés genérico de la sociedad como ocurre con el interés simple, esto es, no se trata de la generalización de una acción popular, sino del acceso a los Tribunales competentes ante posibles lesiones jurídicas a intereses jurídicamente relevantes y por ende, protegidos.

En esta lógica, mediante el interés legítimo, el demandante se encuentra en una situación jurídica identificable, surgida por una relación específica con el objeto de la pretensión que aduce, ya sea por una circunstancia personal o por una regulación sectorial o grupal, por lo que si bien en una situación jurídica concreta pueden concurrir el interés colectivo o difuso y el interés legítimo, lo cierto es que tal asociación no es absoluta e indefectible; pues es factible que un juzgador se encuentre con un caso en el cual exista un interés legítimo individual en virtud de que, la afectación o posición especial frente al ordenamiento jurídico, sea una situación no sólo compartida por un grupo formalmente identificable, sino que redunde también en una persona determinada que no pertenezca a dicho grupo. Incluso, podría darse el supuesto de que la afectación redunde de forma exclusiva en la esfera jurídica de una persona determinada, en razón de sus circunstancias específicas.

En suma, debido a su configuración normativa, la categorización de todas las posibles situaciones y supuestos del interés legítimo, deberá ser producto de la labor cotidiana de los diversos juzgadores de amparo al aplicar dicha figura jurídica, ello a la luz de los lineamientos emitidos por la SCJN, debiendo interpretarse acorde a la naturaleza y funciones del juicio de amparo, esto es, buscando la mayor protección de los derechos fundamentales de las personas.[51]

Del artículo 107 constitucional se desprenden los fundamentos o principios constitucionales que rigen el juicio de amparo, desde su acción tramitación o procedimiento, hasta las sentencias que en el mismo se dicten.

En la doctrina se le llama principios del amparo a un grupo de instituciones procesales, establecidas en los artículos 103 y 107 constitucionales y en la ley secundaria que sirve de base o fundamento al ejercicio de la acción de amparo y a la sentencia que en él se dicte.

Los principios del amparo son las bases esenciales o de mayor trascendencia que regulan la estructura y sustanciación de este medio de control constitucional. A estos fundamentos se les denomina principios fundamentales.

Los principios fundamentales del artículo 107 constitucional son:

- Instancia de parte agraviada.
- Existencia de agravio personal y directo.
- Definitividad.
- Prosecución o tramitación judicial.
- Relatividad de sentencias.
- Estricto derecho.
- Suplencia de la queja deficiente.[52]

I.1.3. Regulación en Ley

El juicio de amparo es una de las instituciones de mayor trascendencia en el derecho mexicano, el amparo, al que se considera el sistema más eficaz de autocontrol de la Supremacía de la Constitución.

La regulación en ley comprende características, los principios y los aspectos particulares del juicio constitucional, es decir todo lo que se

51 Cfr. Ibíd.
52 Rodolfo Campos Montejo, Op.Cit., p.15.

debe de conocer debidamente regulado para la tramitación del juicio en todas y cada una de sus hipótesis.

Se comparte la opinión de Tena Suck e Italo Morales Saldaña, en el sentido de que estimamos que el derecho es un instrumento de la justicia, no un fin en sí mismo.

Es un medio para lograr el bienestar social, si consideramos que el hombre como sujeto filosófico requiere valores esenciales, como la libertad y la seguridad jurídica, para lograr válidamente sus propósitos.

Entendiendo que la misma se enfoca en que los derechos esenciales del individuo deben de estar limitados por los de sus congéneres. Por tanto, es necesario que hay una norma jurídica que regule con justica y equidad las relaciones de la vida en sociedad; ante su inobservancia, es indispensable que la autoridad pueda imponerla obligatoriamente.

Nuestro sistema de derecho o legalidad se sustenta en la Supremacía Constitucional, que no es si no expresión de la soberanía nacional. La Constitución establece, en favor del gobernado, las garantías individuales, las bases de protección o tutela de los derechos fundamentales y la división de poderes. Si estas son vulneradas, es necesario que se restaure el orden constitucional mediante el juicio de amparo, también llamado juicio de garantías.[53]

El juicio de amparo se estructura y se fundamenta tanto en la Constitución como en su propia ley reglamentaria, asi mismo, de manera considerable, en la jurisprudencia de la Suprema Corte de Justicia de la Nación.

Como sabemos constituye un sistema de defensa jurídica o control constitucional por parte del órgano jurisdiccional. Por la vía de la acción, ampara al gobernado contra actos arbitrarios de la autoridad.

El juicio de amparo es el instrumento esencial de defensa de los derechos fundamentales y de las garantías que nuestra Constitución Política reconoce a toda persona. Es también, por lo tanto, la institución de mayor relevancia en el sistema jurisdiccional mexicano; tanto, que las formalidades esenciales de su procedimiento son referente

---

53 Cfr. Rafael Tena Suck, Hugo Italo Morales Saldaña, El Juicio de Amparo en Materia Laboral, Editorial Oxford, México 2002, p.XI, XII, XIII.

indispensable para la organización de la estructura judicial federal en nuestro país.

En palabras de Guillermo Blackstone "Es regla general e indisputable, que donde quiera que hay un derecho legal, también hay defensa de ese derecho mediante juicio o acción siempre que el derecho es invadido" y agrega que "Es un principio fijo e invariable [...] que todo derecho cuando se fija, tiene que tener un recurso y que toda injuria debe tener su remedio".[54]

Históricamente el juicio de amparo se ha constituido como el instrumento de control de constitucionalidad más importante dentro de nuestro sistema jurídico. En la actualidad, es el medio para cuestionar la constitucionalidad de la actuación de toda autoridad del Estado. Es al mismo tiempo, el mecanismo más eficaz que tienen los gobernados para evitar o corregir los abusos o equivocaciones del poder público que lesionan o vulneran los derechos fundamentales de las personas reconocidos en la Constitución Política de los Estados Unidos Mexicanos.

En ese sentido, el juicio de amparo tiene por objeto específico hacer real y eficaz la autolimitación del ejercicio de la autoridad por parte de los Órganos del Estado.[55]

La estructura de la ley si divide en cinco títulos quedando y regulado lo siguiente:

EL TÍTULO PRIMERO denominado "Reglas Generales", estará integrado por once capítulos cuya denominación es la siguiente:

- Capítulo I "Disposiciones Fundamentales".
- Capitulo II "Capacidad y Personería".
- Capítulo III "Plazos".
- Capítulo IV "Notificaciones".
- Capítulo V "Competencia", al cual pertenecen la Sección Primera "Reglas de Competencia" y la Sección Segunda "Conflictos Competenciales".

---

54 Https://www.sitios.scjn.gob.mx/leyAmparo/sites/default/files/2.%20Iniciativa%20de%2022%20sep%202011_0.pdf. Iniciativa de 22 de septiembre de 2011.

55 Https://www.sitios.scjn.gob.mx/leyAmparo/sites/default/files/1.%20Iniciativa%2015%20feb%202011.pdf; iniciativa 15 de feb de 2011.

- Capítulo VI "Impedimentos, Excusas y Recusaciones";
- Capítulo VII "Improcedencia".
- Capítulo VIII "Sobreseimiento".
- Capitulo IX "Incidentes", al cual pertenecen la Sección Primera "Nulidad de Notificaciones" y la Sección Segunda "Reposición de Constancia de Autos".
- Capítulo X "Sentencias"[56].
- Capítulo XI "Medios de Impugnación", integrado por la Sección Primera "Recurso de Revisión", la Sección Segunda "Recurso de Queja" y la Sección Tercera "Recurso de Reclamación".

El TÍTULO SEGUNDO que lleva por rubro "De los Procedimientos de Amparo" se integra por dos capítulos:

- Capítulo I "El Amparo Indirecto" al cual pertenecen la Sección Primera "Procedencia y Demanda", la Sección Segunda "Substanciación" y la Sección Tercera "Suspensión del Acto Reclamado", que a su vez se integra por la Primera Parte "Reglas Generales" y Segunda Parte "En Materia Penal".
- Capítulo II "El Amparo Directo" está integrado por la Sección Primera "Procedencia", la Sección Segunda "Demanda", la Sección Tercera "Substanciación" y la Sección Cuarta "Suspensión del Acto reclamado".

El TÍTULO TERCERO denominado "Cumplimiento y Ejecución" se integra por siete capítulos:

- Capítulo I "Cumplimiento e Inejecución".
- Capítulo II "Repetición del Acto Reclamado".
- Capítulo III "Recurso de Inconformidad".
- Capítulo IV "Incidente de Cumplimiento Sustituto".
- Capítulo V "Incidente por Exceso o Defecto en el Cumplimiento de la Suspensión".

---

[56] https://www.diputados.gob.mx/LeyesBiblio/pdf/LAmp.pdf, consulta realizada 26/05/2023.

- Capítulo VI "Denuncia por Incumplimiento de la Declaratoria General de Inconstitucionalidad".
- Capítulo VII "Disposiciones Complementarias"[57].

El TÍTULO CUARTO que lleva por rubro "Jurisprudencia y Declaración General de Inconstitucionalidad" se integra por seis capítulos:

- Capítulo I "Disposiciones Generales".
- Capítulo II "Jurisprudencia por Precedentes Obligatorios".
- Capítulo III "Jurisprudencia por Reiteración".
- Capítulo IV "Jurisprudencia por Contradicción de Criterios".
- Capítulo V "Interrupción de la Jurisprudencia".
- Capítulo VI "Declaratoria General de Inconstitucionalidad".

El TÍTULO QUINTO denominado "Medidas Disciplinarias y de Apremio, Responsabilidades, Sanciones y Delitos" se integra por tres capítulos:

- Capítulo I "Medidas Disciplinarias y de Apremio".
- Capítulo II "Responsabilidades y Sanciones".
- Capitulo III "Delitos". [58]

I.1.4. Reformas a la Ley Orgánica del Poder Judicial Federal, Estructura Actual

La nueva Ley orgánica del poder judicial federal fue publicada en el Diario Oficial de la Federación el 7 de junio de 2021, incluye una declaratoria de invalidez de artículo transitorio por Sentencia de la SCJN.

La importancia a juicio del suscrito en el análisis de la figura del juicio de amparo, radica en el conocimiento del poder encargado de realizar su tramitación en todas sus instancias, mas importante el cambio d dominación y ajustes estructurales de la autoridades juris-

---

57 Ibíd.

58 https://www.diputados.gob.mx/LeyesBiblio/pdf/LAmp.pdf, consulta realizada 26/05/2023.

diccionales competentes para el conocimiento del mismo, esto en relación al cambio de denominación y funciones de los llamados Tribunales Unitarios de Circuito que pasara a ser Tribunales de Apelación de acuerdo a la a ley que desglosamos en estructura en el cuerpo del presenté.

Por lo anterior entre muchas otras cuestiones se recomienda al lector tener presente el contenido de la nueva Ley Orgánica del Poder Judicial Federal.

La estructura de la ley se divide en cinco títulos quedando y regulado lo siguiente:

Titulo Primero–Del Poder Judicial De La Federación

- Capitulo Único–De los Órganos del Poder Judicial de la Federación

Título Segundo De La Suprema Corte De Justicia De La Nación[59]

- Capítulo I–De Su Integración y Funcionamiento.
- Capitulo II–Del Pleno.
- Sección 1a.–De su Integración y Funcionamiento.
- Sección 2a.–De sus Atribuciones.
- Capitulo III–Del Presidente de la Suprema Corte de Justicia.
- Capitulo IV–De las Salas.
- Sección 1a.–De su Integración y Funcionamiento.
- Sección 2a.–De sus Atribuciones.
- Sección 3a.–De los Presidentes de las Salas.

De los Tribunales Colegiados de Apelación, Tribunales Colegiados de Circuito y de los plenos regionales

- Capítulo I–Disposiciones comunes.
- Capitulo II–De los Tribunales Colegiados de apelación.
- Capitulo III–De los Tribunales Colegiados de circuito

---

[59] Ley Orgánica Del Poder Judicial De La Federación, Texto Vigente, Nueva Ley publicada en el Diario Oficial de la Federación el 7 de junio de 2021.

- Capítulo IV–De los plenos regionales.
- Sección 1a.–De su Integración y Funcionamiento.
- Sección 2a.–De sus Atribuciones.

Titulo Cuarto–De los Juzgados de Distrito

- Capítulo I–De su Integración y Funcionamiento.
- Capítulo II–De sus Atribuciones.

Titulo Quinto–De los centros de Justicia Penal
Titulo Sexto–Consejo de la Judicatura Federal

- Capítulo I– Del Consejo de la Judicatura Federal
- Sección 1a.–De su Integración y Funcionamiento[60]
- Sección 2a.–De las Comisiones.
- Sección 3a.–De sus Atribuciones.
- Sección 4a.–De su Presidente o Presidenta.
- Sección 5a.–Del Secretariado Ejecutivo.
- Capitulo II–Órganos Auxiliares.
- Sección 1a.–Disposiciones Generales.
- Sección 2a.–De la Visitaduría Judicial .
- Sección 3a.–De la Unidad General de Investigación de Responsabilidades Administrativas.
- Sección 4a.–De la Unidad de Peritos Judiciales

Titulo Séptimo–De la Responsabilidad Administrativa.

- Capítulo I–De las Contralorías de los Órganos del Poder Judicial de la Federación.
- Capítulo II–De las Faltas Administrativas.
- Capítulo III–Declaración Patrimonial.
- Capítulo IV– Del Procedimiento de Responsabilidad Administrativa
- Capítulo V– De las Sanciones

---

60 https://www.diputados.gob.mx/LeyesBiblio/pdf/LOPJF.pdf; consulta realizada 26/05/2023.

Título Octavo–De la Facultad de Atracción en las Controversias Ordinarias

- Capítulo Único

Titulo Noveno–De las Disposiciones Generales

- Capítulo I–De la División Territorial.
- Capitulo II–De los Impedimentos.
- Capitulo III–De la Protesta Constitucional.
- Capitulo IV–De las Actuaciones Judiciales.
- Capítulo V–De las Vacaciones y Días Inhábiles.
- Capítulo VI–De las Licencias.
- Capítulo VII–De la Jurisprudencia.
- Capítulo VIII– Del Personal del Poder Judicial de la Federación.

Titulo Décimo–Del Tribunal Electoral del Poder Judicial de la Federación[61]

- Capítulo I–De su Integración y Funcionamiento.
- Capítulo II–De la Sala Superior.
- Sección 1a.–De su Integración y Funcionamiento.
- Sección 2a.–De sus Atribuciones.
- Capítulo III–Del Presidente o Presidenta del Tribunal Electoral.
- Capitulo IV–De las Salas Regionales.
- Sección 1a.–De su Integración y Funcionamiento.
- Sección 2a.–De sus Atribuciones.
- Sección 3a.–De sus Presidentes o Presidentas.
- Capítulo V–De las Magistradas y Magistrados Electorales.
- Sección 1a.–Del Procedimiento para su Elección.
- Sección 2a.–De sus Atribuciones.

---

61 https://www.diputados.gob.mx/LeyesBiblio/pdf/LOPJF.pdf; consulta realizada 26/05/2023.

- Capítulo VI–De la Secretaria o el Secretario General de Acuerdos y Subsecretario General de Acuerdos.
- Sección 1a.–De su Integración y Funcionamiento en la Sala Superior.
- Capitulo VII–De las Secretarias o los Secretarios Generales de Sala Regional.
- Sección 1a.–De su Integración y Funcionamiento en las Salas Regionales.
- Sección 2a.–De sus Atribuciones.
- Capitulo VIII–De la Comisión de Administración.
- Sección 1a.–De su Integración y Funcionamiento.
- Sección 2a.–De las Atribuciones de la Comisión de Administración.
- Sección 3a.–De su Presidente o Presidenta.
- Sección 4a.–De los Órganos Auxiliares.
- Capitulo IX–Disposiciones Especiales.
- Sección 1a. De los Requisitos para Ocupar el Cargo.
- Sección 2a.–De las Responsabilidades, Impedimentos y Excusas.
- Sección 3a.–De las Vacaciones, Días Inhábiles, Renuncias, Ausencias y Licencias.
- Sección 4a.–De las Actuaciones Judiciales y del Archivo Jurisdiccional.[62]
- Sección 5a.–De la Jurisprudencia.
- Sección 6a.–De las Denuncias de Contradicción de Tesis del Tribunal Electoral.
- Sección 7a.–De la Protesta Constitucional.
- Sección 8a.–Del Personal del Tribunal Electoral.

Título Décimo Primero–Del Fondo de Apoyo a la Administración De Justicia

- Capítulo I–De la Organización.

---

62 https://www.diputados.gob.mx/LeyesBiblio/pdf/LOPJF.pdf; consulta realizada 26/05/2023.

- Capitulo II–De la Integración.
- Capitulo III–De la Administración y Operación.
- Capitulo IV–Del Destino.
- Transitorios.[63]

I.1.5. Tratados Internacionales y Regulación en Materia de Derechos Humanos

Tratados internacionales suscritos por México en materia de derechos humanos:

- Declaración Universal de los Derechos Humanos.
- Declaración Americana de los Deberes y Derechos del Hombre.
- Pacto Internacional de Derechos Civiles y Políticos.
- Pacto Internacional de Derechos Económicos Sociales y Culturales.
- Convención Americana Sobre Derechos Humanos.[64]

Tratados internacionales de los que el Estado Mexicano es parte; y/o en los que se reconocen derechos humanos, se dividen en las siguientes clasificaciones, Siendo 210 de ellos, según los registros de la Suprema Corte de Justicia de la Nación, mismos teniendo la siguiente clasificación:

- De Carácter General.
- Asilo.
- Derecho Internacional Humanitario.
- Personas con Discapacidad.
- Discriminación Racial.
- Educación y Cultura.
- Esclavitud.
- Extradición.

---

63 Ibíd.

64 Cfr. Juan Antonio Diez Quintana, Nueva Ley de Amparo Comentada. Publicaciones Administrativas Contables Jurídicas, S.A. de C.V., pp. 247-324.

- Genocidio.
- Medio Ambiente.
- Menores.
- Migración y Nacionalidad.
- Minorías y Pueblos Indígenas.
- Mujeres.
- Penal Internacional.
- Refugiados.
- Salud.
- Tortura.
- Trabajo.

La información contenida en la presente publicación electrónica forma parte del acervo bajo el resguardo de la Suprema Corte de Justicia de la Nación.[65]

Es importante referir que de conformidad con el artículo 31, nu meral 1, de la Convención de Viena, un tratado internacional debe interpretarse de buena fe conforme al sentido corriente que haya de atribuirse a los términos del tratado en el contexto de éstos y teniendo en cuenta su objeto y fin.

Así, la interpretación de buena fe de los tratados se concentra en su texto mismo y enfatiza en el significado de las palabras empleadas, esto es, se basa en su propio texto por considerarlo como la expresión auténtica de la interpretación de las partes, por lo que el punto de partida y el objeto de la interpretación es dilucidar el sentido del texto, no investigar *ab initio* la intención de las partes.

Por lo que cuando el significado natural y ordinario de las palabras está claro, un tratado deberá interpretarse de buena fe conforme al sentido corriente que haya de atribuirse a los términos del tratado en el contexto de éstos y teniendo en cuenta su objeto y fin, por lo que no hay por qué recurrir a otros medios o principios de interpretación. [66]

---

65 Http://www2.scjn.gob.mx/red/constitucion/, consultado el día 23 de Julio de 2016.

66 Cfr. TRATADOS INTERNACIONALES. SU INTERPRETACIÓN DEBE SER CONFORME AL TEXTO DE LOS MISMOS CUANDO EL SENTIDO DE LAS

Derechos Humanos:

El 10 de junio de 2011, se publicó en el diario oficial de la federación una importante reforma constitucional en materia de Derechos Humanos, con el propósito de armonizar el Marco Constitucional Mexicano en el derecho internacional de los derechos humanos.

Dicha reforma marca la apertura de nuestro derecho interno a los tratados internacionales, incorporando en el artículo 1° de nuestra norma suprema los principios, pautas, normativas y obligaciones que en el ámbito internacional, tienen la autoridades del Estado frente a los derechos de las apersonas; en consecuencia se otorga rango constitucional a los derechos reconocidos en los tratados internacionales de los que el Estado Mexicano es parte.[67]

En virtud de que el fundamento de los derechos humanos constituye la dignidad humana, pues por razón de su intrínseca naturaleza todo ser humano debe de gozar de una serie de libertades y prerrogativas que le permitan vivir como tal y alcanzar su pleno desarrollo, la titularidad de los derechos humanos se extiende enteramente al género humano. Por ello, los Estados, con independencia de sus sistema político, económico y social, deben reconocerlos, respetarlos, protegerlos y garantizarlos.[68]

Conceptos:

Los derechos entendidos como las facultades otorgadas o reconocidas por las normas del derecho objetivo, son producto del hombre y, por ello, se dice que todos los derechos son humanos.

Mas es importante señalar que el término "derechos humanos" se emplea para diferenciar una especie particular de derechos, aquellos que son inherentes al hombre, y que, en cada momento histórico, concretan las exigencias de la dignidad, la libertad, y la igualdad humana,

---

PALABRAS SEA CLARO Y VAYAN DE ACUERDO A SU OBJETO Y FIN. Décima Época Núm. de Registro: 2009868, Instancia: Primera Sala Tesis Aislada, Fuente: Gaceta del Semanario Judicial de la Federación, Libro 22, Septiembre de 2015, Tomo I Materia(s): Constitucional Tesis: 1a. CCLX/2015 (10a.), Página: 324.

67 Cfr. Suprema Corte de Justicia de la Nación, Derechos Humanos Parte General, México 2016, p.VII.

68 Ibídem., p. IX.

las cuales deben ser reconocidas positivamente por los ordenamientos jurídicos a nivel nacional e internacional.

Por lo que solo aquellos que son indispensables para que el ser humano logre su pleno desarrollo, tanto como personal como social, son los que pueden considerarse derechos humanos.[69]

Truyol y Serra manifiestan que *"Son derechos que el hombre posee por el hecho de ser hombre, por su propia naturaleza y dignidad; derechos que le son inherentes y que, lejos de nacer de una concesión de la sociedad política, han de ser por esta consagrados y garantizados."*[70]

Para Santos Azuela los derechos humanos representan *"Los poderes facultades, libertades y prerrogativas fundamentales del hombre.....que se encuentran fuera de la esfera de la acción creativa y restricta del estado, esto es, que constituyen una esfera jurídica intocable para la acción represora o coactiva de las autoridades."*[71]

La Suprema Corte de Justicia de la Nación, en la obra derechos humanos parte general define que es posible conceptuarlos bajo el siguiente concepto:

"Prerrogativas mínimas que todo miembro de la especie humana, por su propia naturaleza, debe gozar, y cuyo respeto y observancia deben ser garantizados por el estado en todo tiempo y lugar, pues a través de ellas se concretan las exigencias de la dignidad humana."[72]

Desintegrando el siguiente elemento del concepto de mérito:

- Son prerrogativas.
- Se trata de derechos mínimos del ser humano.
- Todo ser humano por su condición de tal, es titular de ellos.
- Su respeto y observancia debe de ser garantizaos por el Estado.
- Concretan las exigencias de la dignidad humana.[73]

En el Derecho Interno Mexicano, los derechos humanos se encuentran regulados en los artículos 1 al 35 constitucional es y el 123.[74]

---

69 Cfr. Ibídem., p. 1.
70 Cfr. Ibídem., p. 3.
71 Cfr. Ibíd.
72 Cfr. Ibídem., p. 5.
73 Cfr. Ibídem., pp. 5–6.
74 Cfr. Ibídem., p. 6.

En el derecho internacional, las personas gozan de los derechos previstos en la norma suprema, como en aquellos que se reconocen en los instrumentos internacionales de los que el Estado Mexicano es parte, derechos que a raíz de la reforma de mérito adquieren rango constitucional y, por ende el mismo valor en cuanto a efectos y vinculatoriedad que los previstos en la Ley Fundamental.[75]

Por último, es importante señalar los principios rectores de los derechos humanos:

- Universalidad.
- Interdependencia.
- Indivisibilidad.
- Progresividad.[76]

Características:

- Inherentes a la persona.
- No discriminatorios.
- Incondicionales.
- Preexistentes.
- Trasnacionales.
- Inalienables.
- Irrenunciables.
- Imprescriptibles.
- Irreversibles.
- No pueden restringirse arbitrariamente.
- Protegen al hombre como una persona fisica, pero también como miembro de una persona jurídica.
- Su estructura normativa típica no es la propia de las reglas.
- Limitan el ejercicio del poder público.
- Son límites a la autonomía de la voluntad.[77]

---

[75] Cfr. Ibídem., pp. 16 – 18.
[76] Cfr. Ibídem., pp. 36 – 46.
[77] Cfr. Ibídem., pp. 47 – 52.

Calificación:

- Por su evolución.
- Por su objeto y contenido.
- Desde el punto de vista de los intereses que salvaguardan.
- En atención a los sujetos que son titulares de ellos.[78]

I.1.6. Precisión de la Materia Administrativa o Derecho Administrativo

Es importante señalar que la administración pública aparece desde que el hombre se organiza en sociedades, más o menos complejas en las que distingue la presencia de una autoridad, que subordina y rige actividades del resto del grupo y que se encarga de proveer la satisfacción de las necesidades colectivas fundamentales.

Se relacionan la existencia de estructuras administrativas en sociedades como el antiguo Egipto, en donde, bajo el régimen de Ramsés, existía un manual de organización y gobierno. En Grecia y en Roma también existieron estructuras administrativas.

Por lo que se refiere a México, en la época prc-colombina los pueblos más avanzados que ocupaban el territorio actual de México, contaban con una estructura administrativa, a la que habría de superponer la administración colonial.

Durante esta época la administración estaba bajo el mando del Virrey, que ejercía, a nombre de la corona española, además de la función administrativa, funciones gubernamentales, militares, jurisdiccionales, legislativas y religiosas de la más grande importancia.

Al lado del Virrey se encontraba la real audiencia, que coadyuvaba con este en el ejercicio de la función administrativa, además de vigilar y controlar la acción del Virrey. A nivel central peninsular participaban en la administración colonial, el Rey, sus secretarios y el consejo de indias. Finalmente existían administraciones locales a dos niveles:

---

78 Cfr. Ibídem., pp. 53 – 60.

- Provincial y Distrital: En las que participaban los gobernadores de reinos y provincias, al igual que los corregidores y los alcaldes mayores.
- Local: En la que intervenían los cabildos y sus oficiales.[79]

Al consumarse la independencia nacional, el Emperador Iturbide organiza la administración pública en cuatro grandes Secretarias de Estado:

- Relaciones Exteriores e Internas.
- Justicia y Negocios Eclesiásticos.
- Marina.
- Hacienda.

Al triunfo de la revolución mexicana y bajo el imperio de la Constitución de 1917, el Estado Mexicano adoptara un régimen claramente intervencionista y se compromete a proteger y promover las condiciones de vida de la población.

Este esquema constitucional impondrá a la administración pública, encabezada por el Presidente de la República un papel de importancia fundamental en la atención de necesidades sociales.[80]

Actualmente en México como Estado Federal, el poder público se distribuye para su ejercicio en tres órganos de gobierno, los cuales como sabemos son el Poder Ejecutivo, Legislativo y Judicial.

El funcionamiento del primero se despliega a través de numerosos organismos que, tanto en el ámbito federal como local, ejecutan actos destinados a mantener el orden y el bien común.

La complejidad orgánica y funcional de la administración pública en México ha dado lugar al derecho administrativo, disciplina que comprende el conjunto de normas jurídicas que regulan las relaciones establecidas entre el Estado y los particulares.

Sin embargo esta materia no solo implica aspectos sustantivos, pues cuando se generan conflictos motivados por la intervención esta-

---

79 Cfr. Diccionario Jurídico Mexicano, Instituto de Investigaciones Jurídicas, UNAM, Editorial Porrúa, México 2007., p.126

80 Cfr.Ibíd.

tal en aspectos de la vida social, lo procedente es dirimirlos mediante procedimientos específicos previstos por la legislación.

Estas circunstancias dan pie para actualizar el imperativo consignado en el artículo 17 constitucional, en su segundo párrafo relativo a que los Tribunales de la Federación estarán expeditos para impartir justicita pronta, completa, gratuita e imparcial.

Se cuida además el mantenimiento del estado de derecho, que sería impensable en una sociedad carente del respeto debido entre gobernantes y gobernados.[81]

Es de señalar que desde la particular opinión del suscrito esta definición de derecho administrativo o la forma de abordarlo en la obra literaria señalada, resulta limitada e insuficiente; ya que el derecho administrativo envuelve tanto a la Administración Pública Federal (Poder Ejecutivo) como al Poder Legislativo en su organización y funcionamiento interno, así como para los particulares y en materia de responsabilidades administrativas, lo mismo pasa con el Poder Judicial Federal; lo anterior se repite hacia las entidades administrativas, los Poderes Legislativos Locales, y su respectivo Poder Judicial, así como en su caso a los Municipios y a los órganos políticos desconcentrados de la administración del gobierno del D.F. (Ahora ciudad de México).

El concepto de derecho administrativo ha sido a lo largo de la historia bastante discutido pero sobre todo pareciera que no se ha logrado identificar plenamente el elemento esencial que de alguna manera permita arribar a una definición universal de derecho administrativo.

El derecho administrativo ha sido una de las ramas del derecho que más resistencia ha presentado para adquirir una concepción universal.

Así se han presentado distintas escuelas, aún en un mismo país y con autores contemporáneos que han discutido respecto de la esencia de esta disciplina, sin llegar a identificarla; no obstante se han formado distintas descripciones del objetó de esta rama.[82]

---

81 Cfr. Manual del Justiciable, Materia Administrativa, Suprema Corte de Justicia de la Nación, Poder Judicial de la Federación, México 2010, pp.5–6.

82 Luis José Béjar Rivera, Derecho Administrativo, Perspectivas Contemporáneas, "El Concepto de Derecho Administrativo", p.110.

Desafortunadamente se ha confundido la función administrativa con derecho administrativo, la función como tal son los medios para la realización de los fines estatales, por lo que nos enfocaremos a definir el derecho administrativo dejando de lado el concepto antes señalado de la función.[83]

Históricamente el derecho administrativo siempre se ha identificado al derecho de la administración pública, el derecho del poder público, y el derecho de la cosa pública; dándole una atribución a la administración pública de persona moral o jurídica aunque de un régimen especial de derecho público.[84]

Para Rodríguez–Arana Muñoz:

> *"La garantía del interés general es la principal tarea del Estado y, por ello, el derecho administrativo ha de tener presente esta realidad y adecuarse, institucionalmente, a los nuevos tiempos, pues, de lo contrario perderá la ocasión para cumplir la función que lo justifica, cual es la mejor ordenación y gestión de la actividad con arreglo a la justicia."*[85]

Así el derecho administrativo se puede entender como una bascula entre el poder público y el interés general, y aunque en esencia fue con la idea que surgió el derecho administrativo en el pensamiento rousseauniano, a lo largo de la sistemática iuspositivista decimonónica se fue perdiendo, solidificando al *status quo* del Estado, y el principio de control de poder se convierte en una verdadera reconstrucción del poder público.[86]

Las principales concepciones de derecho administrativo se han distinguido en dos grandes rubros: Los conceptos subjetivistas y los conceptos objetivistas.

Los primeros se caracterizan por centrar el concepto de derecho administrativo en los sujetos de la relación jurídico administrativa, es decir administración pública (Poder Ejecutivo, Estado o Gobierno, según distintos autores y momentos históricos), y sus formas de desenvolvimiento.

---

83 Ibídem., p.98.

84 Ibídem., p.101.

85 Jaime Rodríguez Arna Muñoz, tomado de Luis José Béjar Rivera, Derecho Administrativo, Perspectivas Contemporáneas, "El Concepto de Derecho Administrativo", p.107.

86 Luis José Béjar Rivera, Óp. Cit., p.108.

Los conceptos objetivistas se han identificado precisamente en la relación jurídico administrativa, es decir en las relaciones de derecho público que surgen en tres, el Poder Ejecutivo (administración pública o incluso los poderes públicos y su actividad administrativa) y los particulares, así como con los otros entes públicos.[87]

Tal como señala Béjar Rivera "*El fin último del derecho administrativo radica en la tutela del interés personal, en su dimensión colectiva, es decir el bien común, que constituye la finalidad misma del estado.*"[88]

Por último, mucho se puede decir al respecto del bien común, y más aún respectó de su concreción en el derecho administrativo , que algunos autores españoles han identificado con la promoción o tutela de los derechos fundamentales, máxime a la luz de las nuevas tendencias que nos ha presentado el derecho constitucional, íntimamente vinculado a una disciplina, pues como lo señala la frase atribuida al maestro alemán Frosthoff: "*El Derecho Administrativo es el Derecho Constitucional Aplicado*".[89]

Las variadas y múltiples tareas que realiza la administración pueden clasificarse en formales jurídicas de:

a) Derecho público (tales como las concesiones o licencias).

b) Derecho privado como la adquisición de bienes para una dependencia.

O actuaciones materiales de carácter informal como la recolección de basura, y el mantenimiento de la vía pública.

A su vez las formas jurídicas de la actividad administrativa pueden dar lugar, esencialmente, a tres grandes categorías de actos:

a) Normas.

b) Actos o resoluciones.

c) Contratos.[90]

---

87 Ibídem., p.110.

88 Ibídem., p.111.

89 Ibíd.

90 Jean Claude Tron Petit, Gabriel Ortiz Reyes, la Nulidad de los Actos Administrativos, Editorial Porrúa, México 2007, p.9.

Es decir, la actuación puede ser:

- Jurídica o formal.

1. Derecho público:

    a. Norma o disposición.
    b. Acto o resolución administrativa.

2. Derecho privado:

    a. Contrato.[91]
    b. Material e informal.

Y así que la complejidad del que hacer de la administración pública de lugar a prácticas propias y típicas tanto de derecho privado, de naturaleza y con patologías peculiares, según se aprecian a continuación:

Actividad administrativa:

- Acto de autoridad: a) Imperio, b) Ilegal.
- Servicio público o Gestión: a) Deficiente, b) Anormal, C) Irregular.
- Meros actos administrativos y de particulares[92].

Otras clasificaciones importantes en cuanto al torno de la sustancia y objetivos de actuar de la administración son los siguientes:

Acción de la administración:

- Activa.
- Consultiva.
- Control.[93]

---

91 Ibíd.
92 Ibídem., p.10.
93 Ibíd.

Acción de la administración activa:

- Policía.
- Prestacional, servicios públicos.
- Regulatoria.
- Fomento a la actividad privada.
- Cuasi Judicial (sancionadora y arbitral).[94]

Principios legales que rigen la administración:
Eficiencia:

- Economía.
- Celeridad.

Resultados:

- Eficacia.

Seguridad:

- Legalidad.
- Publicidad.
- Buena fe.[95]

No quisiera extender mucho la concepción de la materia administrativa más sin embargo consideró que es de suma importancia en el tema de investigación ya que el juicio de amparo en esta materia va a ir dirigido contra los actos o resoluciones emitidas por el poder público, entendiendo a este como toda autoridad de carácter estatal, que genera o infrinja las garantías individuales, derechos humanos y los tratados internacionales de los que el Estado Mexicano sea parte.

Entendiendo a mi juicio los actos o resoluciones emitidas por los tres niveles de gobierno en la materia, así como los tres poderes de la unión, siempre y cuando se adecuen a las hipótesis de procedibilidad en la materia de estudio.

---

94 Ibíd.
95 Ibíd., p. 17.

Actos u omisiones de la autoridad federal que vulneren o restrinjan la soberanía de los Estados y actos u omisiones de las autoridades de los Estados o del Distrito Federal (ahora Ciudad de México), que invadan la esfera de competencia de la autoridad federal.

Ya que como bien señala la propia ley, el amparo protege a las personas frente a normas generales, actos u omisiones por parte de los poderes públicos o de particulares en los casos señalados en la misma.

Por lo que considero de suma importancia atender los criterios para definir el Derecho Administrativo:

- Legalista.
- Criterio del Poder Ejecutivo.
- Criterio de Relaciones Jurídicas.
- Criterio de Servicios Públicos.
- Criterio de la Actividad Total del Estado.
- Criterio de los Servidores Públicos y de la Protección Jurisdiccional de los Administrados.
- Criterio de Órganos de Aplicación.[96]

Podemos concluir que el derecho administrativo es en sí, la rama del derecho público que consagra reglas sometidas a la ley y al derecho, con el fin de que la administración pública tutele el interés personal, y su dimensión colectiva, es decir el bien, el bien común, y en concordancia en todo momento no solo con la tutela pero además con la promoción de los derechos fundamentales, así pues el derecho administrativo no solo atiende a las normas, pues tampoco es sano abandonar el derecho del legalidad, pues finalmente la actuación administrativa debe estar sometida a un conjunto mínimo de normas, pero tampoco es admisible la sumisión ciega a la ley, pues el derecho pretende valores más altos, consagrados en los principios generales y en los derechos fundamentales como valores metajurdicos o metalegles.[97]

---

96 Cfr. Luis José Béjar Rivera, Óp. Cit., pp. 98 – 101.

97 Cfr. Ibídem., p.108.

Me parece importante complementar lo anterior con los siguientes conceptos y datos dados por Adolf Merkl, en relación a la administración y al derecho administrativo:

> *"Se entiende por administración, en su sentido más amplio, toda actividad humana planificada para alcanzar determinados fines humanos."*[98]
>
> *"Como administración en sentido restringido se sobreentiende generalmente la actividad total del estado para alcanzar sus fines. Con la inclusión de la nota Estado o del estado, se ofrece por vez primera un concepto jurídico de administración."*[99]
>
> *"La función estatal administrativa ha prestado su nombre a un domino parcial del orden jurídico: El derecho administrativo. Parece que para una ciencia cuyo objeto es el derecho administrativo, el primer problema ha de ser el concepto de derecho administrativo. El concepto de derecho administrativo está constituido patentemente por el concepto de derecho y por el concepto de administración."*[100]
>
> *"Los objetos posibles y empíricamente reales de las ciencias administrativas, son la policía administrativa, el derecho administrativo y la practica administrativa."*[101]

Por una parte hace referencia a los siguientes puntos en cuanto a las formas de actividad de la administración:

- Actos Administrativos.
- El Acto Administrativo Defectuoso.
- La Cosa Juzgada en los Actos Administrativos.
- El Procedimiento Administrativo.[102]

Las actividades de la administración las subdivide en las ramas administrativas, la policía, la potestad sancionadora de la administración, y la ejecutoriedad administrativa.[103]

---

98 Adolf Merkl, Teoría General del Derecho Administrativo, Ediciones Coyoacán, México 2014, p.16.

99 Ibídem., p.17.

100 Ibídem., p.112.

101 Ibídem., p. 123.

102 Cfr. Ibídem., pp. 239 -286.

103 Cfr. Ibídem., pp. 303 – 371.

La organización administrativa se subdivide en los órganos administrativos, los sistemas de organización administrativa, administración y forma del Estado y la auto administración.[104]

No menos importante y como un comentario final en la precisión general de la materia administrativa Serra Rojas refiere que *"La administración pública es un elemento imprescindible de la vida social en todos los tiempos"*[105]; *Jellinek afirmo: "Que el estado podrá existir sin leyes, ni jueces, pero no sin policía y servicios administrativos."*[106]

I.1.7. Alcances en Cuanto a Competencia de Derecho Administrativo, Autoridades Emisoras de Actos y Resoluciones Definitivas Combatibles en el Juicio de Amparo

En materia administrativa el amparo procede, además de todos los supuestos analizados, contra actos y omisiones que provengan de autoridades distintas de los Tribunales Judiciales, Administrativos o del Trabajo, y que causen agravio no reparable mediante algún medio de defensa legal. Ya sea del Ejecutivo Federal, Estatal o Municipal, así como de los tres poderes integrantes de la unión, siempre y cuando se adecuen a los esquemas de procedibilidad. Sin dejar de lado los órganos autónomos.

Dentro de la justica administrativa para dar un entendimiento claro de lo que podemos abatir en esta vía, en mi opinión es de suma importancia entrar de manera objetiva al estudio del acto administrativo.

El acto administrativo es la manifestación unilateral de la voluntad de un órgano administrativo competente, encaminada a crear, reconocer, modificar, transmitir, declarar o extinguir derechos o obligaciones.

Como ejemplos de los actos administrativos se pueden mencionar los permisos, las licencias, las autorizaciones, las clausuras, las certificaciones, las expropiaciones, y los registros, etcétera.[107]

---

104 Cfr. Ibídem., pp. 383 -445.

105 Andrés Serra Rojas, Derecho Administrativo, Editorial Porrúa, México 2006, p. 138.

106 Jellinek tomado de Andrés Serra Rojas, Derecho Administrativo, Editorial Porrúa, México 2006, p. 138.

107 Cfr. Manual del Justiciable, Materia Administrativa, Suprema Corte de Justicia de la Nación, Poder Judicial de la Federación, México 2010, p.21.

Entrando un poco más a fondo podemos entender que el acto administrativo no es un fin en sí mismo, sino uno de los medios institucionales conferidos a la administración para llevar acabo las políticas, programas, proyectos y fines de la Constitución y ley, que establecen o atribuyen al Estado.

En parangón con el principio bíblico que establece: "El sábado es para el hombre y no el hombre para el sábado" pude decirse que el acto administrativo es un medio para atender al interés social confinado a la administración, es así que *la ratio y principia essendi* del acto debe responder a valores, necesidades y principios que la comunidad exige y secundariamente, del gobierno.[108]

Existen varios contextos, géneros, contenido y modalidades de los actos que lleva la administración, tales como:

Actos:

- Administrativos
- Políticos y de Gobierno.

Actos Administrativos:

- Normativos.
- No Normativos:
- Unilaterales.- Ordinarios, Resoluciones, y Consensuales.
- Contratos.[109]

Las funciones que realiza la administración pueden corresponder las propias de una autoridad o en un régimen semejante al de los particulares, de lo cual dependerá la calidad y naturaleza de sus actos, que puede ser:

Acto:

- Administrativo o de Imperio.
- Gestión.

---

108 Cfr. Jean Claude Tron Petit, Gabriel Ortiz Reyes, la Nulidad de los Actos Administrativos, Editorial Porrúa, México 2007, p.63.

109 Cfr.Ibídem., p.64.

- Mero Acto: Derecho público o Derecho Privado.[110]

En la doctrina francesa la clasificación del acto administrativo es la siguiente:

Acto:

- Regla o Reglamento.
- Individual o Resolución (Decisión).
- Condición.[111]

Por su parte la legislación aplicable establece los elementos y requisitos del acto administrativo la Ley Federal de Procedimiento Administrativo establece los siguientes;

- Ser expedido por órgano competente, a través de servidor público, y en caso de que dicho órgano fuere colegiado, reúna las formalidades de la ley o decreto para emitirlo.
- Tener un objeto que pueda ser materia del mismo; determinado o determinable; preciso en cuanto a las circunstancias de tiempo y lugar, y previsto por la ley.
- Cumplir con la finalidad de interés público regulado por las normas en que se concreta, sin que puedan perseguirse otros fines distintos.
- Hacer constar por escrito y con la firma autógrafa de la autoridad que lo expida, salvo en aquellos casos en que la ley autorice otra forma de expedición.
- Estar fundado y motivado.
- Ser expedido sujetándose a las disposiciones relativas al procedimiento administrativo previstas en esta ley.
- Ser expedido sin que medie error sobre el objeto, causa o motivo, o sobre el fin del acto.
- Ser expedido sin que medie dolo o violencia en su emisión;
- Mencionar el órgano del cual emana.

---

110 Cfr. Ibíd.

111 Cfr. Ibíd.

- Ser expedido sin que medie error respecto a la referencia específica de identificación del expediente, documentos o nombre completo de las personas.
- Ser expedido señalando lugar y fecha de emisión.
- Tratándose de actos administrativos deban notificarse deberá hacerse mención de la oficina en que se encuentra y puede ser consultado el expediente respectivo.
- Tratándose de actos administrativos recurribles deberá hacerse mención de los recursos que procedan.
- Ser expedido decidiendo expresamente todos los puntos propuestos por las partes o establecidos por la ley. [112]

Es importante señalar que los actos administrativos de carácter general, tales como reglamentos, decretos, acuerdos, normas oficiales mexicanas, circulares y formatos, así como los lineamientos, criterios, metodologías, instructivos, directivas, reglas, manuales, disposiciones que tengan por objeto establecer obligaciones específicas cuando no existan condiciones de competencia y cualesquiera de naturaleza análoga a los actos anteriores, que expidan las dependencias y organismos descentralizados de la Administración Pública Federal, deberán publicarse en el Diario Oficial de la Federación para que produzcan efectos jurídicos.[113]

Teniendo múltiples efectos, pero este sería en relación con los particulares y efectos en relación o respecto de la administración pública.

En relación con los a particulares, los efectos del acto administrativo son la creación, modificación, transmisión, declaración o extinción de derechos y obligaciones.

Respecto al órgano administrativo, los efectos del acto administrativo consten en la realización misma de la actividad encomendada al Órgano de la Administración Pública Federal, Estatal, Local, o Interno de los Poderes Judicial o Legislativo.

---

112 Cfr. Ley Federal de Procedimiento Administrativo, Artículo 3. https://www.diputados.gob.mx/LeyesBiblio/pdf/112_180518.pdf; consulta realizada el 30 de mayo del 2023.

113 Cfr. Ibíd.

La Extinción del Acto Administrativo:

- Cumplimiento de su Finalidad.
- Expiración del Plazo.
- Cuando la Formación del Acto Administrativo esté Sujeto a una Condición o Término Suspensivo y éste no se Realiza Dentro del Plazo Señalado en el Propio Acto.
- Acaecimiento de una Condición Resolutoria.
- Renuncia del Interesado, Cuando el Acto Hubiere Sido Dictado en Exclusivo Beneficio de Éste y no sea en Perjuicio del Interés Público.
- Por Revocación, Cuando así lo Exija el Interés Público, de acuerdo con la Ley de la Materia.[114]

Los actos administrativos se emiten según un procedimiento administrativo, que vendría a ser el conjunto de formalidades y actos que, de manera directa o indirecta, determinan los requisitos que preceden al acto administrativo, para que este sea válido y cumpla con un fin específico.

La regulación de este procedimiento no está unificada. Depende de la materia de que se trate, por ejemplo tanto la Ley Federal de Procedimiento Administrativo como el Código Fiscal de la Federación prevén procedimientos de este tipo.[115]

Otro de los ejemplos son las responsabilidades administrativas de los servidores públicos, en cuanto que la sanción, recurrible de manera optativa a través de lo previsto en legislación de la materia y posteriormente le juicio de amparo directo.

Para una mejor comprensión es importante establecer otras clasificaciones de los tipos de acto administrativo.

Actos Administrativos:

- Norma.

114 Cfr. Ley Federal de Procedimiento Administrativo, Artículo 11. https://www.diputados.gob.mx/LeyesBiblio/pdf/112_180518.pdf; consulta realizada el día 30 de mayo del año 2023.

115 Cfr. Manual del Justiciable en Materia Administrativa, p.27.

- Actos Administrativos Unilaterales.- En ciertos casos hay colaboración del destinatario.
- Contratos.- Actos de gestión privada, sujetos a régimen especial y hasta exorbitante, tales como las licitaciones, contratos de obra pública y recisiones administrativas.[116]

Acto Administrativo:

- Otorga Derechos.- Acto declarativo de derechos.
- Impone Sanción o Carga.- Acto de gravamen.[117]

Actos Administrativos:

- Favorables / Desfavorables.

Efectos:

- Generales.
- Individuales.[118]

Actos Administrativos:

- Configurador.
- Declarativo.[119]

En materia de amparo podemos señalar que este opera en las competencias federal, estatal y municipal, contra cualquier acto de autoridad o resolución en los términos previstos dentro de la materia administrativa y los requisitos de procedibilidad previamente establecidos en el juicio de amparo. Ya sea en vía indirecta o en vía directa.

Estos son recurribles en la vía prevista por cada una de las leyes especiales en la materia, y posteriormente, ante el Tribunal Administrativo Local cuando se trata de actos emitidos de la administración pública local, en su caso; así como ante el Tribunal Federal de Justicia Fiscal y Administrativa – Ahora Tribunal Federal de Justicia Admi-

---

116 Cfr. Óp. Cit., Jean Claude Tron Petit, Gabriel Ortiz Reyes, p.117.
117 Cfr. Ibíd.
118 Cfr. Ibíd.
119 Cfr. Ibíd.

nistrativa- , las resoluciones cuando no admitan recurso previo en la ley de la materia, o atendiendo al principio de definitividad podrán ser recurridas a través del juicio de amparo directo administrativo, después de agotadas las instancias correspondientes.

El juicio de amparo indirecto procede contra cualquier acto que se emita de manera ilegal dentro del procedimiento administrativo para la emisión o creación de un acto administrativos, o que nos genere un perjuicio como particulares o dentro del proceso de la administración interna del organismo público que se refiera.

Este puede ser emitido por cualquiera de las autoridades señaladas anteriormente y contra este procede el juicio de amparo indirecto en matería administrativa, incluyendo órganos constitucionales autónomos.

Es importante señalar que los actos administrativos pueden ser impugnados no solo a través de recursos administrativos o frente a la instancia contenciosa administrativa si no también y lo que es de nuestro interés a través del juicio de amparo que como hemos visto deriva de los artículos 103 y 107 constitucionales.

En efecto la defensa jurídica de los derechos humanos, cuando estos se ven afectados por algún acto administrativo en concreto, son susceptibles de ser defendidos ante los Tribunales de la Federación.

Como hemos visto anteriormente esta forma de defensa a través del juicio de amparo viene a significar la forma más amplia y protectora con que cuentan los gobernados para combatir el actuar ilegal y arbitrario de las autoridades.[120]

En efecto en este proceso constitucional el acto reclamado no lo es directamente el acto administrativo motivo del conflicto si no, por lo contrario, lo es la sentencia o resolución dictada en un juicio previo, pero con la absoluta relación con el acto original de la controversia, por lo cual , el examen de este último también puede ser realizado por el órgano de control constitucional, en vista de los argumentos que le fueron planteados a la nueva autoridad responsable, bajo la forma de conceptos de anulación del acto administrativo originalmente impugnado.[121]

---

120 Cfr. Alberto Pérez Dayán, Teoría General del Acto Administrativo, Editorial Porrúa México 2014, p.207.

121 Cfr. Ibíd.

Así sea aislado el acto administrativo, conexo con una sentencia o resolución que ponga fin al juicio, los Tribunales de la Federación serán competentes para conocer, por el Juez de Distrito, o por el Tribunal Colegiado de Circuito, de toda acción constitucional de amparo, como vía de control del actuar administrativo en relación con la observancia de los derechos públicos subjetivos otorgados a los gobernados y elevados a la calidad de garantías individuales por la Constitución Federal.[122]

Ningún otro medio de control del acto administrativo es tan completo y eficaz como lo es el control concentrado de la constitucionalidad de los actos de autoridad que tienen por atribución el Poder Judicial de la Federación, función que desarrolla a través del más útil sistema jurídico, con el objetivo de tutelar los derechos y libertades de los gobernados que es indudablemente, el juicio de amparo.[123]

- **Autoridades Emisoras de Actos y Resoluciones Definitivas Combatibles en el Juicio de Amparo**

Se considera de suma importancia antes que nada el definir el concepto de autoridad, y de las que son sujetas de juicio de amparo, en especial del amparo administrativo materia del presente.

La palabra autoridad del latín *auctoritas –atis*: "prestigio", "garantía", ascendencia, potestad de autor: "hacedor", "autor", "creador"; a su vez de *augeo, ere*: realizar o conducir" significa dentro del lenguaje ordinario: Estima, ascendencia, influencia, fuerza, o poder de algo o de alguno, "prerrogativa", "potestad", "facultad."

Los usos jurídicos de "autoridad" reflejan esa complicada polivalencia.

La polisemia y la carga emotiva del vocablo "autoridad" proviene de su antecesor latino *aucotritas*, el cual pertenece al patrimonio lingüístico de la roma arcaica impregnando de connotaciones místicas y carismáticas que ha pervivido hasta nuestros días.

El significado jurídico relevante de la noción de autoridad presupone la idea de una investidura, la noción de autoridad jurídica figura, así alrededor del concepto de facultad, la cual indica el po-

122 Cfr. Ibídem., p.208
123 Cfr. Ibíd.

der o capacidad de un individuo para modificar la situación jurídica existente. El concepto jurídico de autoridad indica que alguien está facultado jurídicamente para realizar un acto valido, presupone la posesión de una capacidad o potestad para modificar válidamente la situación jurídica de los demás.[124]

El derecho reclama la autoridad para regular toda forma de comportamiento; reclama autoridad para prohibir, permitir o imponer condiciones a la actividad de otras instituciones sociales. El derecho manifiesta su autoridad prescribiendo o legitimando las actividades de las demás instituciones sociales.

Autoridad pública.

Puede entenderse por autoridad pública:

- El poder público en sí mismo o fuerza pública.
- El funcionario que en representación de un órgano publico ejerce dicho poder o fuerza.
- El órgano estatal a quien la ley atribuye poder o fuerza.

Las dos primeras acepciones se aplican a los tres poderes del Estado.

Autoridad para el derecho administrativo es la persona física, el trabajador del Estado dotado de poder público por la ley. El ordinario es quien representa el órgano administrativo, pero puede no serlo y estar envestido de ese poder.

En rigor los funcionarios públicos siempre están dotados de autoridad; es decir, están provistos de poder público, de poder de decisión y ejecución. Pueden, si la ley los autoriza, trasladar parte de esa autoridad a otros funcionarios y empleados públicos a través de un acto de delegación de facultades, en forma temporal o indefinida.[125]

En el juicio de amparo se maneja un concepto de autoridad muy amplio lo que se explica por la función social protectora que significa frente al poder público.

Según Ignacio Burgoa *"Aquellos órganos estatales de facto o de jure, con facultades de decisión o ejecución, cuyo ejercicio engendra*

---

124 Cfr. Diccionario Jurídico Mexicano, Instituto De Investigaciones Jurídicas, UNAM, Editorial Porrúa, México 2007, pp.338 -340.

125 Cfr. Ibíd.

la creación, modificación o extinción de situaciones generales o particulares, de hecho jurídicas o bien produce una alteración o afectación de ellas de manera imperativa unilateral o correctiva."[126]

A veces el juicio de amparo constituye su propio derecho administrativo.

Autoridad Responsable.

Como tal debe entenderse la persona u organismo que legalmente o de hecho dispone de fuerza pública para imponer sus determinaciones y que afecta a través de un acto o una disposición legislativa la esfera de los gobernados (Modificaciones en ley)[127].

- **La Administración Pública Federal, Poder Legislativo y Judicial**

La Oficina de la Presidencia de la República, las Secretarías de Estado, la Consejería Jurídica del Ejecutivo Federal y los Órganos Reguladores Coordinados integran la Administración Pública Centralizada.

Los organismos descentralizados, las empresas de participación estatal, las instituciones nacionales de crédito, las organizaciones auxiliares nacionales de crédito, las instituciones nacionales de seguros y de fianzas y los fideicomisos, componen la administración pública paraestatal.

En el ejercicio de sus atribuciones y para el despacho de los negocios del orden administrativo encomendados al Poder Ejecutivo de la Unión, habrá las siguientes dependencias de la Administración Pública Centralizada:

- Secretarías de Estado.
- Consejería Jurídica.
- Órganos Reguladores Coordinados en Materia Energética a que hace referencia el artículo 28, párrafo octavo de la Constitución.

---

126 Cfr. Ibídem., p. 340.
127 Cfr. Ibídem., pp.338 -340.

El Poder Ejecutivo de la Unión se auxiliará y contará en los términos de las disposiciones legales correspondientes, con el apoyo de las siguientes entidades de la administración pública paraestatal:

- Organismos Descentralizados.
- Empresas de Participación Estatal, Instituciones Nacionales de Crédito, Organizaciones Auxiliares Nacionales de Crédito e Instituciones Nacionales de Seguros y de Fianzas.
- Fideicomisos.[128]

Para el despacho de los asuntos del orden administrativo, el Poder Ejecutivo de la Unión contará con las siguientes dependencias:

- Secretaría de Gobernación.
- Secretaría de Relaciones Exteriores.
- Secretaría de la Defensa Nacional.
- Secretaría de Marina.
- Secretaría de Seguridad y Protección Ciudadana.
- Secretaría de Hacienda y Crédito Público.
- Secretaría de Bienestar.
- Secretaría de Medio Ambiente y Recursos Naturales.
- Secretaría de Energía.
- Secretaría de Economía.
- Secretaría de Agricultura y Desarrollo Rural.
- Secretaría de Infraestructura, Comunicaciones y Transportes.
- Secretaría de la Función Pública.
- Secretaría de Educación Pública.
- Secretaría de Salud.
- Secretaría del Trabajo y Previsión Social.
- Secretaría de Desarrollo Agrario, Territorial y Urbano.
- Secretaría de Cultura.

---

128 Cfr. Ley Orgánica de la Administración Pública Federal, Artículos 1 -3. https://www.diputados.gob.mx/LeyesBiblio/pdf/LOAPF.pdf, consultado el día 30 de mayo del año 2023.

- Secretaría de Turismo.
- Consejería Jurídica del Ejecutivo Federal.[129]

Son organismos descentralizados, las entidades creadas por ley o decreto del Congreso de la Unión o por decreto del Poder Ejecutivo Federal, con personalidad jurídica y patrimonio propio, cualquiera que sea la estructura legal que adopten.

Son empresas de participación estatal mayoritaria las siguientes:

- Las sociedades nacionales de crédito constituidas en los términos de su legislación específica.
- Las sociedades de cualquier otra naturaleza incluyendo las organizaciones auxiliares nacionales de crédito, así como las instituciones nacionales de seguros y fianzas, en que se satisfagan alguno o varios de los siguientes requisitos:

    - Que el Gobierno Federal o una o más entidades paraestatales, conjunta o separadamente, aporten sean propietarios de más del 50% del capital social.
    - Que en la constitución de su capital se hagan figurar títulos representativos de capital social de serie especial que sólo puedan ser suscritas por el Gobierno Federal
    - Que al Gobierno Federal corresponda la facultad de nombrar a la mayoría de los miembros del órgano de gobierno o su equivalente, o bien designar al presidente o director general, o cuando tenga facultades para vetar los acuerdos del propio órgano de gobierno.

- Se asimilan a las empresas de participación estatal mayoritaria, las sociedades civiles así como las asociaciones civiles en las que la mayoría de los asociados sean dependencias o entidades de la Administración Pública Federal o Servidores Públicos Federales que par-

---

[129] Cfr. Ley Orgánica de la Administración Pública Federal, Artículo 26. https://www.diputados.gob.mx/LeyesBiblio/pdf/LOAPF.pdf, consultado el día 30 de mayo del año 2023.

ticipen en razón de sus cargos o alguna o varias de ellas se obliguen a realizar o realicen las aportaciones económicas preponderantes.[130]

Así como los llamados organismos desconcentrados que carecen de patrimonio propio a diferencia de los organismos descentralizados, estos se originaron de la desconcentración de funciones de las secretarias de estado, creando organismos públicos desconcentrados de cada una de ellas; pero que también emiten actos administrativos como todos los señalados anteriormente, y resoluciones en esta materia, propias a combatirse en su momento a través del amparo indirecto y el amparo directo.

Es de señalar que por lo que hace a los poder legislativo y judicial estos a su vez emiten actos administrativos y resoluciones a procedimientos administrativos que son combatibles a través del juicio de amparo en cualquier de sus vías; más adelante analizaremos de manera más puntual donde pueden darse estos supuestos en estos dos poderes.

Me permito señalar algunos criterios importantes en materia de amparo administrativo sostenidos en contra de actos emitidos por los tres poderes de la Unión:

Gobierno Federal.

- **Comisión Federal de Electricidad.**

En el caso de Comisión Federal de Electricidad, los criterios emitidos por la Segunda Sala de la Suprema Corte de Justicia de la Nación, se evidencia que si bien el contrato de suministro de energía eléctrica celebrado por la Comisión Federal de Electricidad y los usuarios de ese servicio es de carácter comercial o mercantil, sin que esto implique que otros actos que se atribuyan a funcionarios de esa empresa productiva del Estado no puedan tener una naturaleza administrativa. Esta situación a mi juicio se da en cualquier órgano y orden de gobierno integrante de los tres poderes de la unión y de los tres niveles de gobierno.

---

130 Cfr.Ibíd.

Lo anterior, porque acorde a los estudios recientes, realizados por el Máximo Tribunal del país, se debe analizar la naturaleza jurídica de cada acto reclamado, para desentrañar sus propias características, así como el marco normativo que lo rige, a fin de resolver casuísticamente si se trata de uno de materia mercantil, que evidencie una relación de coordinación entre particulares; o en su caso, si corresponde a uno de naturaleza administrativa.

Entrando en materia la competencia para conocer del juicio de amparo promovido por violación al derecho de petición vinculado con una solicitud colectiva que no se relaciona directamente con las obligaciones y derechos que nacen de un contrato de suministro de energía eléctrica, sino con aspectos sociales, colectivos y sectoriales de la industria eléctrica nacional, derivados de la aplicación del Estatuto Orgánico de la Comisión Federal de Electricidad, de la ley de la Comisión Federal de Electricidad y de la Ley de la Industria Eléctrica, esto es, que se encuentran enfocados con el nuevo paradigma del sistema eléctrico nacional y con la transmisión y distribución de energía eléctrica en zonas marginadas del país, la competencia se surte a favor de un Juzgado de Distrito en Materia Administrativa, ya que no se cuestiona algún derecho u obligación derivada de ese acto jurídico, para que se considere dentro de la materia mercantil, pues, inclusive, ni siquiera existe controversia entre dichas partes, requisitos indispensables para que los órganos competentes en esa materia deban conocer de esos conflictos.[131]

A su vez, debe considerarse que sólo en cuanto al derecho de petición, son competentes para conocer los Juzgados Federales Especializados en Materia Administrativa, sin perjuicio de que la respuesta que en su momento se dé en cumplimiento a ese derecho fundamental sea atendida en el fondo del asunto, tomando en consideración la vía

---

131 Época: Décima Época, Registro: 2012538, Instancia: Plenos de Circuito, Tipo de Tesis: Jurisprudencia, Fuente: Semanario Judicial de la Federación, Publicación: viernes 09 de septiembre de 2016 10:18 h, Materia(s): (Común), Tesis: PC.I.A. J/85 A (10a.), COMPETENCIA PARA CONOCER DEL JUICIO DE AMPARO INDIRECTO PROMOVIDO POR VIOLACIÓN AL DERECHO DE PETICIÓN RELACIONADO CON UNA SOLICITUD COLECTIVA VINCULADA CON ASPECTOS SOCIALES, COLECTIVOS Y SECTORIALES DE LA INDUSTRIA ELÉCTRICA NACIONAL. SE SURTE A FAVOR DE UN JUEZ DE DISTRITO EN MATERIA ADMINISTRATIVA.

de impugnación y la materia que correspondan en cuanto a la información solicitada.[132]

- **Derecho de petición, ejercido por cualquier particular a gobierno en sus tres poderes y tres niveles.**

A su vez, debe considerarse que sólo en cuanto al derecho de petición, son competentes para conocer los Juzgados Federales Especializados en Materia Administrativa, sin perjuicio de que la respuesta que en su momento se dé en cumplimiento a ese derecho fundamental sea atendida en el fondo del asunto, tomando en consideración la vía de impugnación y la materia que correspondan en cuanto a la información solicitada.

- **La Comisión Federal de Competencia Económica y del Instituto Federal de Telecomunicaciones.**

La reforma constitucional en materia de telecomunicaciones y competencia económica, encara la situación de falta de regulación en los sectores de las telecomunicaciones y la radiodifusión, ocasionada por abusos del sistema de justicia en que diversos agentes incurrieron, lo cual permitió frenar o retardar medidas que buscaban evitar prácticas anticompetitivas e incentivar el procedimiento de competencia, con claro deterioro en la eficacia y definitividad de las decisiones de los Órganos Constitucionales Autónomos.

Así, para privilegiar los intereses sociales y nacionales sobre los particulares, se estimó adecuado establecer en el precepto constitucional referido, que las normas generales, actos y omisiones de la Comisión Federal de Competencia Económica y del Instituto Federal de Telecomunicaciones únicamente pueden impugnarse mediante el juicio de amparo indirecto, en el cual, ya no puede hacerse uso de la suspensión, con la finalidad, por una parte, de establecer como mecanismo defensivo la revisión judicial respecto de los actos de esos órganos y, por otra, no dejar disponible la medida cautelar utilizada anteriormente para generar la dilación y la ineficacia de la función regulatoria.

---

132 Ibíd.

Cabe señalar que la iniciativa de la reforma constitucional indicada, incluyó las conclusiones del estudio que a petición del Gobierno Mexicano realizó en 2012 la Organización para la Cooperación y el Desarrollo Económicos (OCDE), sobre políticas y regulación de telecomunicaciones en México. Adicionalmente, con base en el dictamen de las Comisiones Unidas de Puntos Constitucionales; de Comunicaciones y Transportes, de Radio, Televisión y Cinematografía y de Estudios Legislativos, con la opinión de las de Gobernación y de Justicia de la Cámara de Senadores, respecto de la minuta con proyecto de Decreto por el que se reforman y adicionan diversas disposiciones de los artículos 6, 7, 27, 28, 73, 78, 94 y 105 de la Constitución Política de los Estados Unidos Mexicanos, en materia de telecomunicaciones, se incorporó un matiz a la regla mencionada, consistente en que solamente cuando la Comisión Federal de Competencia Económica, en ejercicio de sus facultades sustantivas, imponga, con el carácter de sanciones, multas o la desincorporación de activos, derechos, partes sociales o acciones, que pudiesen causar un daño irreparable al agente económico, esto es, con el fin de disuadir la comisión de prácticas anticompetitivas que llegasen a afectar la competencia o el proceso de libre concurrencia, éstas se ejecutarán hasta que se resuelva el juicio de amparo que, en su caso, se promueva en su contra, lo cual constituye una excepción al principio de ejecutoriedad de los actos administrativos, lo que fue incorporado al artículo 128, fracción II, párrafo tercero, de la Ley de Amparo, mediante reforma publicada en el Diario Oficial de la Federación el 14 de julio de 2014.

En consecuencia, esta última disposición no admite una interpretación extensiva que permita ampliar la cobertura del derecho de suspensión respecto del ejercicio de las facultades adjetivas de la Comisión Federal de Competencia Económica, cuando imponga, con el carácter de medidas de apremio, multas en las etapas del procedimiento de investigación de prácticas monopólicas pues, en todo caso, se trata de sanciones menos extremas que no afectan negativamente el manejo financiero ni las condiciones económicas y sociales del agente económico, máxime que la intención del Constituyente es que no se vuelva a usar más la figura de la suspensión para detener, retardar o nulificar las resoluciones de los órganos constitucionales autónomos.

A los Jueces de Distrito en Materia Administrativa Especializados en Competencia Económica, Radiodifusión y Telecomunicaciones, les corresponde decidir -cuando así se les solicite-, sobre la suspensión de los actos reclamados en el juicio de amparo, sin que en ese estadio procesal puedan pronunciarse en relación con las facultades constitucionales del órgano regulador emisor para ejecutarlos, dado que el análisis de ese aspecto implicaría extralimitarse en la temática de la suspensión. Además, porque los juzgadores carecen de facultades para sustituirse en las de dichos órganos autónomos.[133]

- **Para todo Organismo Público Descentralizado (Caso específico el ISSSTE).**

Conforme al criterio sustentado por el Pleno de la Suprema Corte de Justicia de la Nación en la jurisprudencia P./J. 97/2004, publicada en el Semanario Judicial de la Federación y su Gaceta, Novena Época, Tomo XX, septiembre de 2004, página 809, de rubro: "ORGANISMOS PÚBLICOS DESCENTRALIZADOS. AUN CUANDO SON AUTÓNOMOS, ESTÁN SUBORDINADOS A LA ADMINISTRACIÓN PÚBLICA FEDERAL DE MANERA INDIRECTA."

Los Organismos Públicos Descentralizados como el Instituto de Seguridad y Servicios Sociales para los Trabajadores del Estado, aun cuando tienen personalidad jurídica, patrimonio propio y gozan de una estructura separada del aparato central del Estado, ello no significa que su actuación esté libre y exenta de control, porque su funcionamiento y las facultades de autoridad que desempeñan están garantizados y controlados a favor de los gobernados y de la administración pública, pues si bien dichos organismos son autónomos, continúan subordinados a la administración centralizada de manera indirecta, existiendo reemplazo de la relación jerárquica por un control administrativo, por lo que la única diferencia entre los organismos descen-

---

133 Época: Décima Época, Registro: 2007388, Instancia: Tribunales Colegiados de Circuito, Tipo de Tesis: Aislada, Fuente: Gaceta del Semanario Judicial de la Federación, Libro 10, Septiembre de 2014, Tomo III, Materia(s): Común, Tesis: I.1o.A.E.16 K (10a.), Página: 2456, JUZGADOS DE DISTRITO EN MATERIA ADMINISTRATIVA ESPECIALIZADOS EN COMPETENCIA ECONÓMICA, RADIODIFUSIÓN Y TELECOMUNICACIONES. AL DECIDIR SOBRE LA SUSPENSIÓN DE LOS ACTOS RECLAMADOS EN EL JUICIO DE AMPARO NO PUEDEN PRONUNCIARSE EN RELACIÓN CON LAS FACULTADES CONSTITUCIONALES DEL ÓRGANO REGULADOR EMISOR PARA EJECUTARLOS.

tralizados y la administración central es la existencia de una relación diversa de la jerarquía entre ellos, que en algunos casos pueden estar dotados de atribuciones que les permitan emitir auténticos actos de autoridad que afecten unilateralmente la esfera jurídica de los gobernados, ya que ello tiene como finalidad precisamente que estén en posibilidad de ejercer a cabalidad sus facultades. Luego, como el director general de una clínica-hospital del referido instituto puede emitir actos que afecten unilateralmente la esfera de los gobernados, porque con base en el Reglamento de Seguridad y Vigilancia del Instituto de Seguridad y Servicios Sociales de los Trabajadores del Estado puede establecer normas, procedimientos y sistemas generales para salvaguardar la integridad física de los trabajadores, derechohabientes del instituto y de cualquier persona que se encuentre en sus instalaciones, así como resguardar y proteger los bienes físicos que integran el patrimonio de la propia institución, resulta que el acto reclamado consistente en la determinación de impedir tanto el acceso físico a los familiares de un paciente internado en una de esas clínicas-hospitales, como negar información respecto de su estado de salud, sí puede tener la característica de acto de autoridad para los efectos del juicio de amparo y, por lo mismo, no puede constituir un motivo manifiesto para desechar la demanda relativa. [134]

- **Poderes Ejecutivos de las Entidades Federativas y sus Respectivos Poderes Legislativo y Judicial.**

Lo mismo se traslada a los poderes ejecutivos locales es decir a los gobiernos de los Estados, y debido a que sería muy extenso el analizar cada una de las Leyes Orgánicas de las Entidades Federativas Cons-

---

134 Época: Novena Época, Registro: 173329, Instancia: Tribunales Colegiados de Circuito, Tipo de Tesis: Aislada, Fuente: Semanario Judicial de la Federación y su Gaceta, Tomo XXV, febrero de 2007, Materia(s): Común, Administrativa, Tesis: XXIII.2o.2 K, Página: 1689. DEMANDA DE AMPARO INDIRECTO. LA DETERMINACIÓN DEL DIRECTOR GENERAL DE UNA CLÍNICA-HOSPITAL DEL INSTITUTO DE SEGURIDAD Y SERVICIOS SOCIALES PARA LOS TRABAJADORES DEL ESTADO, DE IMPEDIR TANTO EL ACCESO FÍSICO A LOS FAMILIARES DE UN PACIENTE INTERNADO, COMO NEGAR INFORMACIÓN RESPECTO DE SU ESTADO DE SALUD, ES UN ACTO DE AUTORIDAD Y, POR ELLO, NO CONSTITUYE UN MOTIVO MANIFIESTO PARA DESECHARLA

tituyentes de la República; basta con señalar que todas ellas al igual que el gobierno federal tienen la capacidad de emisión de actos administrativos en los supuestos vistos y analizados anteriormente pueden ser combatidos ya sea en la vía del amparo indirecto y el amparo directo, al igual que sus poderes legislativos y judiciales.

Por ejemplo, en aquellas entidades federativas en las que se haya establecido un órgano de administración del aparato judicial, éste deberá responder a la naturaleza prevista en la Constitución Política de los Estados Unidos Mexicanos para el Consejo de la Judicatura Federal.

Así, la conformación de Consejos de la Judicatura en los Estados es de servicio administrativo a la función jurisdiccional, debido a lo cual, aquéllos no pueden controlar o invadir la esfera jurisdiccional de los órganos que administran, por lo que dicha función, bajo ningún concepto, puede estar subordinada a la administrativa, organizacional, disciplinaria o de cualquier otra naturaleza, que ejerzan esos Consejos, pues sus competencias, en materia de inspección y vigilancia sobre los Juzgados y Tribunales, únicamente pueden referirse al examen de lo necesario para conocer el funcionamiento del órgano judicial y el cumplimiento de los deberes del personal judicial, pero no, y a riesgo de violentar la independencia judicial, pueden referirse a la interpretación y aplicación de las leyes por los juzgadores cuando administran justicia en su sentido más amplio, incluyendo el contenido, modo y forma del cumplimiento de una sentencia de un Tribunal de Amparo.

Por tanto, más allá de una relación de jerarquía, las funciones de dichos Consejos se encuentran dirigidas a salvaguardar la autonomía e independencia judiciales, de forma que los órganos jurisdiccionales se enfoquen a la resolución de los asuntos sometidos a su consideración, permitiendo que un órgano especializado se encargue de la administración necesaria para que la impartición de justicia se realice en los términos establecidos en el artículo 17 constitucional.

En consecuencia, para efectos del cumplimiento de sentencias de amparo, los Consejos de la Judicatura Locales no son superiores jerárquicos de los órganos jurisdiccionales que integran a los Poderes Judiciales de los Estados, pues acorde a su naturaleza administrativa, no encuadran dentro de los supuestos establecidos en el artículo 194 de la Ley de Amparo, ya que no podrían:

- Ejercer poder o mando sobre órganos jurisdiccionales para que emitan una determinación para cumplir con una sentencia de amparo.
- Cumplir, por sí mismos, una sentencia de amparo dirigida a un órgano jurisdiccional, pues ello implicaría una invasión a su esfera competencial. Por lo anterior, en el supuesto de que la autoridad responsable sea un órgano jurisdiccional de un Poder Judicial Local, la existencia de un Consejo de la Judicatura no actualiza el supuesto normativo contenido en el artículo 192 de la Ley de Amparo, consistente en que se requiera al superior jerárquico para cumplir una sentencia de amparo.[135]
- **Institutos de Acceso a la Información Pública de Carácter Local.**

Otro ejemplo de organismos estatales y que se encuentran a la vanguardia en nuestro días es el tema de los institutos de acceso al información pública gubernamental, al respecto nuestro Máximo Tribunal ha establecido criterios señalando que los indicados institutos tienen legitimación para interponer recurso de revisión contra la sentencia de amparo donde intervinieron como autoridad responsable, inclusive en los casos en que hayan emitido actos materialmente jurisdiccionales, pues no son Tribunales Judiciales ni Jurisdiccionales, sino organismos autónomos, dotados de personalidad jurídica, patrimonio, autonomía de gestión y presupuestaria, en términos de las respectivas Constituciones locales y además porque tienen como interés preponderante resguardar los objetivos administrativos de orden público que se les encomiendan legalmente.

Esto es, no son autoridades jurisdiccionales, aun cuando dentro de sus facultades está la de resolver los recursos interpuestos contra actos y resoluciones dictados por los sujetos obligados, con relación a

135 Época: Décima Época, Registro: 2008147, Instancia: Pleno, Tipo de Tesis: Jurisprudencia, Fuente: Gaceta del Semanario Judicial de la Federación , Libro 13, Diciembre de 2014, Tomo I, Materia(s): Común, Tesis: P./J. 63/2014 (10a.), Página: 6, CONSEJOS DE LA JUDICATURA LOCALES. NO SON SUPERIORES JERÁRQUICOS DE LOS ÓRGANOS JURISDICCIONALES QUE INTEGRAN A LOS PODERES JUDICIALES DE LAS ENTIDADES FEDERATIVAS PARA EFECTOS DEL CUMPLIMIENTO DE LAS SENTENCIAS DE AMPARO (INTERPRETACIÓN DE LOS ARTÍCULOS 192 Y 194 DE LA LEY DE AMPARO).

las solicitudes de acceso a la información, pues aún en tales extremos no tienen la naturaleza de un Tribunal ni pueden equipararsele.[136]

Es importante señalar que estos pueden ser considerados como organismos autónomos, dentro de la federación y de los Estados o entidades federativas.

- **Emisión de actos de la Federación y Entidades Federativas de Competencia Municipal.**

Cuando una autoridad ordena un acto fuera de su competencia constitucional o legal que origine en el gobernado un agravio personal, surge la posibilidad de que éste deduzca la acción de amparo, la cual tiende a proteger no sólo lo dispuesto en el artículo 16 de la Constitución Política de los Estados Unidos Mexicanos, sino también la garantía de exacta aplicación de la ley establecida en el numeral 14 del Ordenamiento Supremo, si se trata de un ordenamiento secundario. Ahora bien, tratándose del pago del impuesto sobre propiedad inmobiliaria, cuyo establecimiento es competencia de la autoridad legislativa local, conforme al artículo 115, fracción IV, constitucional, con respeto absoluto de los principios de autonomía y libre administración municipal, pues este precepto se refiere a la organización política y administrativa del Municipio Libre, garantiza su autonomía y determina su competencia exclusiva, entre otros principios, en la libre administración hacendaria municipal y le confiere competencia para expedir bandos de policía y gobierno, circulares y disposiciones administrativas de observancia general, si otro nivel de gobierno emitiera uno de estos actos que conforme a la Constitución corresponden de manera exclusiva al ámbito municipal, invadiría su esfera de competencia e incurriría en violación al artículo 115, fracción IV, de

[136] Época: Décima Época, Registro: 2001656, Instancia: Segunda Sala, Tipo de Tesis: Jurisprudencia, Fuente: Semanario Judicial de la Federación y su Gaceta, Libro XII, Septiembre de 2012, Tomo 2, Materia(s): Común, Tesis: 2a./J. 91/2012 (10a.), Página: 787, INSTITUTOS DE TRANSPARENCIA Y ACCESO A LA INFORMACIÓN PÚBLICA DE LOS ESTADOS DE JALISCO Y TABASCO. ESTÁN LEGITIMADOS PARA INTERPONER RECURSO DE REVISIÓN CONTRA LA SENTENCIA DE AMPARO DONDE INTERVINIERON COMO AUTORIDAD RESPONSABLE, AUNQUE HAYAN EJERCIDO FUNCIONES MATERIALMENTE JURISDICCIONALES.

la Carta Magna, y el agraviado con dichos actos sería el Municipio, el cual podría promover controversia constitucional; pero si con motivo de esa invasión de competencias el afectado es un particular procede el juicio de amparo, el cual no se constriñe a proteger los primeros 29 artículos de la Constitución Política de los Estados Unidos Mexicanos a través de la fracción I del artículo 103 constitucional, sino que resulta procedente aun por violaciones cometidas a disposiciones no incluidas dentro de los preceptos mencionados, siempre y cuando consignen una explicación, reglamentación, limitación o ampliación de las garantías individuales propiamente dichas.

- **Responsabilidad Patrimonial del Estado (Guanajuato).**

La Ley de Responsabilidad Patrimonial del Estado y los Municipios de Guanajuato establece en favor de los particulares un procedimiento especial para hacer efectiva la reclamación de una indemnización, debido al daño causado por la actividad administrativa irregular de los Poderes Ejecutivo, Legislativo y Judicial del Estado, los Municipios y los Organismos Autónomos, diverso al contencioso administrativo regulado en el Código de Procedimiento y Justicia Administrativa para el Estado y los Municipios de la propia entidad. Por otra parte, aquella ley no establece un sistema de medios ordinarios de defensa de las resoluciones del procedimiento que prevé, ni en ese aspecto remite expresamente a algún otro ordenamiento, por lo que no es factible acudir supletoriamente al recurso de reclamación previsto en el artículo 308 del citado código. Por tanto, la resolución que condena a las personas morales oficiales demandadas en el procedimiento de responsabilidad patrimonial al pago de una indemnización por su actividad administrativa irregular, cuando no realizan actos de autoridad, es definitiva, en términos del primer párrafo del artículo 46 de la Ley Reglamentaria de los Artículos 103 y 107 Constitucionales, para efectos de la procedencia del juicio de amparo directo.[137]

---

[137] Época: Novena Época, Registro: 166299, Instancia: Tribunales Colegiados de Circuito, Tipo de Tesis: Aislada, Fuente: Semanario Judicial de la Federación y su Gaceta, Tomo XXX, Septiembre de 2009, Materia(s): Administrativa, Tesis: XVI.2o.A.T.7 A, Página: 3174, RESPONSABILIDAD PATRIMONIAL DEL ESTADO. LA RESOLUCIÓN QUE CONDENA A LAS PERSONAS MORALES OFICIALES DEMANDADAS EN EL PROCEDIMIENTO RELATIVO AL PA-

- **Centros Penitenciarios.**

Si los actos reclamados en el juicio de amparo indirecto únicamente contienen medidas de carácter disciplinario y de seguridad que deben regir dentro de un centro penitenciario, no pueden considerarse de naturaleza penal, pues no provienen del proceso que se instruyó al sentenciado, ni del juzgador penal ante el cual se siguió la causa instaurada en su contra, sino que se trata de medidas emanadas de facultades atribuidas a las autoridades administrativas encargadas de él. En congruencia con lo anterior, se concluye que la competencia para conocer del juicio de amparo en el que se reclaman medidas inherentes a la organización y/o control de dicho centro, como lo son las órdenes emitidas por la autoridad administrativa para trasladar a un interno de una celda a otra o para cambiarlo a un área diferente, dentro del mismo centro penitenciario, se surte a favor de los Juzgados de Distrito en Materia Administrativa, sin que ello exima a la autoridad jurisdiccional a suplir la queja deficiente en términos del artículo 76 Bis, fracción II, de la Ley de Amparo, si al impugnar los actos mencionados el peticionario de garantías está privado de su libertad.[138]

- **Normas Generales Estatales o Federales.**

De la interpretación del artículo 37, párrafo segundo, de la Ley de Amparo, se concluye que en los casos en los que se controvierte una norma general y, como consecuencia, actos de aplicación dentro de diversos procedimientos administrativos, seguidos en distintas entidades federativas contra la misma quejosa, es evidente que sus efectos

---

GO DE UNA INDEMNIZACIÓN POR SU ACTIVIDAD ADMINISTRATIVA IRREGULAR, CUANDO NO REALIZAN ACTOS DE AUTORIDAD, ES DEFINITIVA PARA EFECTOS DE LA PROCEDENCIA DEL JUICIO DE AMPARO DIRECTO (LEGISLACIÓN DEL ESTADO DE GUANAJUATO).

138 Época: Novena Época, Registro: 168716, Instancia: Primera Sala, Tipo de Tesis: Jurisprudencia, Fuente: Semanario Judicial de la Federación y su Gaceta, Tomo XXVIII, Octubre de 2008, Materia(s): Administrativa, Tesis: 1a./J. 43/2008,Página: 96 , COMPETENCIA EN EL AMPARO. SE SURTE A FAVOR DE LOS JUZGADOS DE DISTRITO EN MATERIA ADMINISTRATIVA SI LOS ACTOS RECLAMADOS CONTIENEN MEDIDAS INHERENTES A LA ORGANIZACIÓN Y/O CONTROL DE UN CENTRO PENITENCIARIO, AUN CUANDO EL QUEJOSO ESTÉ RECLUIDO EN ÉL.

han comenzado a ejecutarse en uno de ellos y siguen ejecutándose en otro; de ahí que como la inconstitucionalidad se hace derivar de la planteada sobre aquella norma, el Juez Competente para conocer del asunto es el que previno y conoció originalmente de la demanda, se controviertan esos actos por vicios propios o no, siempre que dentro de la jurisdicción de éste se hayan ejecutado actos de aplicación de los cuales deba conocer. Ello, porque el tema central de la controversia radica en la constitucionalidad de normas generales, de manera que el Juez no puede desvincular el estudio de la ley o el reglamento del que concierne a su aplicación, ya que los actos de ejecución son precisamente los que causan perjuicio al promovente del juicio, y no por sí solos, considerados en abstracto, la ley o reglamento; sin que para ello sea óbice que los actos de ejecución se originen en procedimientos diversos, iniciados por autoridades diferentes y ejecutados en distintas entidades federativas, toda vez que la unidad de la controversia se encuentra en la impugnación de las normas generales, por lo que no puede dividirse la continencia de la causa.[139]

- **Impuesto Sobre Propiedad Inmobiliaria.**

Cuando una autoridad ordena un acto fuera de su competencia constitucional o legal que origine en el gobernado un agravio personal, surge la posibilidad de que éste deduzca la acción de amparo, la cual tiende a proteger no sólo lo dispuesto en el artículo 16 de la Constitución Política de los Estados Unidos Mexicanos, sino también la garantía de exacta aplicación de la ley establecida en el numeral 14 del Ordenamiento Supremo, si se trata de un ordenamiento secundario. Ahora bien, tratándose del pago del impuesto sobre propiedad inmobiliaria, cuyo establecimiento es competencia de la autoridad le-

---

139 Época: Décima Época, Registro: 2007504, Instancia: Plenos de Circuito, Tipo de Tesis: Jurisprudencia, Fuente: Gaceta del Semanario Judicial de la Federación , Libro 10, Septiembre de 2014, Tomo II , Materia(s): Común, Tesis: PC.I.A. J/26 K (10a.), Página: 1026, COMPETENCIA PARA CONOCER DE LA DEMANDA DE AMPARO Y SU AMPLIACIÓN PROMOVIDA CONTRA NORMAS GENERALES (FEDERALES O ESTATALES) Y SUS ACTOS DE EJECUCIÓN. CORRESPONDE AL JUEZ QUE PREVINO Y CONOCIÓ ORIGINALMENTE DE LA DEMANDA, NO OBSTANTE QUE DICHOS ACTOS SE ORIGINEN EN PROCEDIMIENTOS DIVERSOS Y SEAN INICIADOS POR AUTORIDADES DIFERENTES Y EJECUTADOS EN ENTIDADES FEDERATIVAS DISTINTAS.

gislativa local, conforme al artículo 115, fracción IV, constitucional, con respeto absoluto de los principios de autonomía y libre administración municipal, pues este precepto se refiere a la organización política y administrativa del Municipio Libre, garantiza su autonomía y determina su competencia exclusiva, entre otros principios, en la libre administración hacendaria municipal y le confiere competencia para expedir bandos de policía y gobierno, circulares y disposiciones administrativas de observancia general, si otro nivel de gobierno emitiera uno de estos actos que conforme a la Constitución corresponden de manera exclusiva al ámbito municipal, invadiría su esfera de competencia e incurriría en violación al artículo 115, fracción IV, de la Carta Magna, y el agraviado con dichos actos sería el Municipio, el cual podría promover controversia constitucional; pero si con motivo de esa invasión de competencias el afectado es un particular procede el juicio de amparo, el cual no se constriñe a proteger los primeros 29 artículos de la Constitución Política de los Estados Unidos Mexicanos a través de la fracción I del artículo 103 constitucional, sino que resulta procedente aun por violaciones cometidas a disposiciones no incluidas dentro de los preceptos mencionados, siempre y cuando consignen una explicación, reglamentación, limitación o ampliación de las garantías individuales propiamente dichas.[140]

- **Ley de Hacienda Municipal.**
- **Efectos de Amparo Alumbrado Público.**

Los elementos de este tributo están previstos en dos leyes diferentes, que son la Ley de Hacienda para los Municipios del Estado de Guanajuato, donde se establecen como partes esenciales el sujeto, el objeto, la base y la época de pago, y la Ley de Ingresos para los Muni-

140 Época: Novena Época, Registro: 169374, Instancia: Segunda Sala, Tipo de Tesis: Jurisprudencia Fuente: Semanario Judicial de la Federación y su Gaceta, Tomo XXVIII, Julio de 2008, Materia(s): Constitucional, Administrativa, Tesis: 2a./J. 105/2008, Página: 471, AMPARO. PROCEDE POR VIOLACIÓN AL ARTÍCULO 115, FRACCIÓN IV, DE LA CONSTITUCIÓN POLÍTICA DE LOS ESTADOS UNIDOS MEXICANOS, CUANDO EL PARTICULAR SE VEA AFECTADO EN SU ESFERA JURÍDICA POR ACTOS EMITIDOS POR UN NIVEL DE GOBIERNO FEDERAL O ESTATAL, QUE CORRESPONDEN EN EXCLUSIVA AL MUNICIPIO.

cipios del Estado, que año con año fija la tasa, que es el otro elemento esencial.

Ahora bien, cuando se otorga el amparo en contra de la Ley de Ingresos en lo que se refiere a la tasa, los efectos de la protección constitucional amparan al quejoso en contra de todo el tributo aunque no se haya impugnado la Ley de Hacienda (que estatuye los otros elementos) o se haya sobreseído respecto de ésta, pues si bien es cierto que la nueva Ley de Ingresos no da derecho a impugnar los preceptos de aquélla que no fueron reformados y que ya se consintieron tácitamente, igualmente cierto resulta que en el supuesto que se examina, el otorgamiento del amparo en contra de la tasa, que es un elemento esencial de la contribución, impide que ésta subsista jurídicamente en perjuicio del quejoso.[141]

La citada Ley de Hacienda publicada en el Periódico Oficial del Gobierno del Estado con fecha veintiséis de diciembre de mil novecientos ochenta y nueve establece, en sus artículos 245, 246 y 247, estos dos últimos reformados en mil novecientos noventa y siete, la contribución por servicio de alumbrado público, pero de los elemen tos esenciales del tributo sólo fija los sujetos, el objeto, la base y la época de pago, mientras que para las tasas, que es el otro elemento esencial, remite a la Ley de Ingresos para los Municipios del Estado de Guanajuato que, como es obvio, sólo tiene vigencia anual.

Por tanto, para decidir sobre la procedencia del juicio de amparo en contra de tal tributo, debe tomarse en consideración los aspectos siguientes:

- Que si no se demandó oportunamente la inconstitucionalidad de la mencionada Ley de Hacienda en relación con la contribución de mérito, dicha ley debe tenerse tácitamente consentida y sobreseerse al respecto.

---

141 Época: Novena Época , Registro: 185274, Instancia: Segunda Sala, Tipo de Tesis: Jurisprudencia Fuente: Semanario Judicial de la Federación y su Gaceta, Tomo XVII, Enero de 2003, Materia(s): Administrativa, Tesis: 2a./J. 159/2002 ,Página: 151, ALUMBRADO PÚBLICO PARA EL MUNICIPIO DE LEÓN, GUANAJUATO. EFECTOS DEL AMPARO CONCEDIDO EN CONTRA DE LA LEY ANUAL DE INGRESOS, QUE ESTABLECE LA TASA DE LA CONTRIBUCIÓN RELATIVA.

- Pero no cabe la misma determinación, en vía de consecuencia, respecto de la impugnación de la tasa establecida en la Ley de Ingresos, pues al ser ésta un nuevo acto legislativo cada año, es evidente que con motivo de su entrada en vigor o de su primer acto de aplicación, se dé la oportunidad de promover la acción de amparo en su contra, atendiendo a la novedad formal de la norma respectiva, pues, aunque se reitere la tasa, ya es otra disposición.
- La oportunidad de la demanda de garantías en contra de ambas leyes, por tanto, debe examinarse por separado.[142]

- **Comisión de Agua y Alcantarillado.**

El citado precepto prevé los principios generales del consentimiento tácito en la aplicación de una norma, cuyo sistema no es exclusivo del juicio de amparo indirecto, por lo que si bien en el amparo directo contra leyes no es una causa para sobreseer, no impide la aplicación de tales principios para analizar el consentimiento de la disposición de observancia general reclamada y, en su caso, la declaración de inoperancia, toda vez que en el juicio de garantías en vía directa no existe precepto alguno que regule expresamente dicho consentimiento.

El artículo 173 de la Ley de Amparo establece que cuando se trate de sentencias definitivas o de resoluciones que pongan fin al juicio, dictadas en juicios del orden civil o administrativo, la suspensión se decretará a instancia del agraviado y, en su caso, surtirá efectos si otorga caución bastante para responder de los daños y perjuicios que pueda ocasionar a tercero.

---

142 Época: Novena Época, Registro: 185273, Instancia: Segunda Sala, Tipo de Tesis: Jurisprudencia Fuente: Semanario Judicial de la Federación y su Gaceta, Tomo XVII, Enero de 2003, Materia(s): Administrativa, Tesis: 2a./J. 158/2002, Página: 219, ALUMBRADO PÚBLICO PARA EL MUNICIPIO DE LEÓN, GUANAJUATO. EL AMPARO SÓLO ES PROCEDENTE EN CONTRA DE LA LEY DE INGRESOS QUE ANUALMENTE FIJA LA TASA, SI NO SE IMPUGNÓ OPORTUNAMENTE LA LEY DE HACIENDA PARA LOS MUNICIPIOS DE ESA ENTIDAD FEDERATIVA QUE CON ANTERIORIDAD YA HABÍA ESTABLECIDO LOS DEMÁS ELEMENTOS DEL TRIBUTO.

En ese sentido, como el citado precepto no precisa en qué forma debe otorgarse dicha garantía, debe entenderse que el quejoso puede optar por cualquiera de los medios admitidos por la ley.

En este caso particular, en caso de que un servidor público, en este caso de la comisión de agua (aplicado para cualquier hipótesis similar) tenga facultades de decisión e imperio para hacer cumplir sus determinaciones, por lo que en tal hipótesis resulta improcedente el juicio de amparo en su contra, ya que no se encuentra investido de los atributos que, conforme a la interpretación de esta Suprema Corte, caracterizan a una autoridad para efectos del juicio de amparo.[143]

- **Juegos de Azar, y Revalidación Respectiva Municipio de Mexicali.**

Cuando el particular gobernado reclame la inconstitucionalidad del precepto aludido, y el Juez de Distrito corrobore que el acto concreto de aplicación lo constituye el requerimiento de pago correspondiente, lo que tiene lugar dentro de un procedimiento administrativo de ejecución.

Es importante mencionar que el juicio de amparo sólo procederá una vez que la autoridad exactora dicte la última resolución en el procedimiento económico coactivo, ya que la obtención ejecutiva del cumplimiento de una obligación fiscal no debe obstaculizarse con la promoción del juicio de amparo pues el artículo 114, fracción II, de la Ley de Amparo abrogada no se refiere exclusivamente a las leyes que rigen el procedimiento, sino incluso a leyes de diversa naturaleza como impugnables junto con la última resolución dictada en el procedimiento respectivo; de ahí que aunque la quejosa impugne la ley que prevé el hecho imponible, debe sujetarse a la misma regla de procedencia del juicio de amparo.[144]

---

143 Época: Novena Época, Registro: 196730, Instancia: Pleno, Tipo de Tesis: Jurisprudencia, Fuente: Semanario Judicial de la Federación y su Gaceta, Tomo VII, Marzo de 1998, Materia(s): Común, Administrativa, Tesis: P./J. 20/98, Página: 6, AUTORIDAD. NO LO ES, PARA EFECTOS DE LA PROCEDENCIA DEL JUICIO DE AMPARO, EL DIRECTOR DE LA COMISIÓN DE AGUA POTABLE Y ALCANTARILLADO DEL MUNICIPIO DE ACAPULCO, GUERRERO.

144 Época: Décima Época, Registro: 2010028, Instancia: Plenos de Circuito, Tipo de Tesis: Jurisprudencia, Fuente: Gaceta del Semanario Judicial de la Federación, Libro 22, Septiembre de 2015, Tomo II, Materia(s): Común, Tesis: PC.XV. J/11 A

- **Alumbrado Público.**

Al resolver la contradicción de tesis 92/2006-SS, la Segunda Sala de la Suprema Corte de Justicia de la Nación determinó que, de conformidad con la Ley del Servicio Público de Energía Eléctrica, la Comisión Federal de Electricidad tiene facultades para celebrar convenios o contratos con los gobiernos de las Entidades Federativas y con los Municipios o con entidades públicas y privadas o personas físicas para la realización de actos relacionados con la prestación del servicio público de energía eléctrica, por lo que en los casos en que una Ley de Hacienda Municipal establezca como ingresos de la hacienda pública el pago de derechos por servicio de alumbrado público, el monto será determinado y recaudado por la Comisión Federal de Electricidad, incluyéndolo en el aviso-recibo que emita la propia comisión, pero no prevé que tenga la facultad para requerir de pago y exigir el cobro de tales derechos a través de algún procedimiento administrativo de ejecución, pues sólo actúa en un plano de coordinación como particular en auxilio de la administración pública municipal y, en esa medida, los actos reclamados deberán ser ejecutados por las autoridades municipales correspondientes en el lugar donde se genere la contribución, por lo que si de la lectura de la demanda se advierte que la determinación del monto a pagar por concepto de derecho de alumbrado público se fijó sobre el consumo de energía eléctrica a cargo de la quejosa respecto de inmuebles cuyos domicilios se encuentran en diversos Municipios del país, corresponderá a cada uno de los Ayuntamientos en donde se ubiquen los inmuebles ejecutar los actos que se reclaman.

Consecuentemente, para conocer del juicio de amparo que se promueva contra la facturación, recaudación y cobro de la contribución

---

(10a.), Página: 993, DERECHOS POR EL USO Y DISFRUTE DE MÁQUINAS DE JUEGO Y AZAR Y POR REVALIDACIÓN DE LA LICENCIA RESPECTIVA. CUANDO SE IMPUGNA EL ARTÍCULO 19, FRACCIÓN IX, INCISOS E) Y G), DE LA LEY DE INGRESOS DEL MUNICIPIO DE MEXICALI, BAJA CALIFORNIA, PARA EL EJERCICIO FISCAL DEL 2012, Y EL ACTO CONCRETO DE APLICACIÓN LO CONSTITUYE EL REQUERIMIENTO DE PAGO CORRESPONDIENTE, EL JUICIO DE AMPARO SÓLO PROCEDE CONTRA LA ÚLTIMA RESOLUCIÓN DICTADA EN EL PROCEDIMIENTO ECONÓMICO COACTIVO.

por el servicio de alumbrado público previsto en una Ley de Hacienda Municipal, será competente el Juez de Distrito en cuya jurisdicción tenga lugar el acto de aplicación y produzca sus consecuencias de control y fiscalización.[145]

De la jurisprudencia P./J. 62/98 sustentada por el Tribunal en Pleno de la Suprema Corte de Justicia de la Nación, de rubro: "CONTRIBUCIONES. EFECTOS QUE PRODUCE LA CONCESIÓN DEL AMPARO CUANDO SE RECLAMA UNA NORMA TRIBUTARIA.", se advierte que si el vicio de inconstitucionalidad recae en uno de los elementos esenciales del tributo y no en alguna variable, todo el sistema impositivo queda afectado por él, de manera que el efecto del amparo será desincorporar de la esfera jurídica del quejoso la obligación tributaria.

En congruencia con lo anterior, si acorde con la jurisprudencia de la Segunda Sala invocada al rubro, el vicio de inconstitucionalidad de las tarifas para el pago del derecho por la expedición de la licencia de construcción establecidas en la Ley de Ingresos para el Municipio de Zapopan, Jalisco, radica en que su cuantía está condicionada a un elemento extraño, como es el factor "Densidad de la zona donde se realizará la obra", es inconcuso que la protección constitucional debe otorgarse para el efecto de que se desincorpore de la esfera jurídica del quejoso la obligación de pagar el derecho correspondiente, toda vez que el vicio de inconstitucionalidad recae en un elemento esencial del tributo que afectó todo el sistema impositivo.[146]

---

145 Época: Novena Época, Registro: 166178, Instancia: Tribunales Colegiados de Circuito, Tipo de Tesis: Aislada, Fuente: Semanario Judicial de la Federación y su Gaceta, Tomo XXX, Octubre de 2009, Materia(s): Administrativa, Tesis: I.1o.A.171 A, Página: 1522. DERECHOS POR SERVICIO DE ALUMBRADO PÚBLICO PREVISTOS EN LEYES DE HACIENDA MUNICIPAL. COMPETENCIA EN AMPARO PARA CONOCER DE ACTOS CONTRA SU COBRO.

146 Época: Novena Época, Registro: 162793, Instancia: Segunda Sala, Tipo de Tesis: Jurisprudencia, Fuente: Semanario Judicial de la Federación y su Gaceta, Tomo XXXIII, Febrero de 2011, Materia(s): Común, Tesis: 2a./J. 20/2011, Página: 773, LEYES DE INGRESOS DEL MUNICIPIO DE ZAPOPAN, JALISCO. ALCANCES DEL AMPARO CONCEDIDO CON BASE EN LA JURISPRUDENCIA 2a./J. 52/2008, DE RUBRO "DERECHOS POR EXPEDICIÓN DE LICENCIA DE CONSTRUCCIÓN. EL ARTÍCULO 55 DE LA LEY DE INGRESOS DEL MUNICIPIO DE ZAPOPAN, JALISCO, PARA EL EJERCICIO FISCAL DEL AÑO 2006, TRANSGREDE EL PRINCIPIO DE EQUIDAD TRIBUTARIA.".

Si los actos reclamados en el juicio de amparo indirecto únicamente contienen medidas de carácter disciplinario y de seguridad que deben regir dentro de un centro penitenciario, no pueden considerarse de naturaleza penal, pues no provienen del proceso que se instruyó al sentenciado, ni del juzgador penal ante el cual se siguió la causa instaurada en su contra, sino que se trata de medidas emanadas de facultades atribuidas a las autoridades administrativas encargadas de él.

La competencia para conocer del juicio de amparo en el que se reclaman medidas inherentes a la organización y/o control de dicho centro, como lo son las órdenes emitidas por la autoridad administrativa para trasladar a un interno de una celda a otra o para cambiarlo a un área diferente, dentro del mismo centro penitenciario, se surte a favor de los Juzgados de Distrito en materia administrativa, sin que ello exima a la autoridad jurisdiccional a suplir la queja deficiente en términos del artículo 76 Bis, fracción II, de la Ley de Amparo, si al impugnar los actos mencionados el peticionario de garantías está privado de su libertad.[147]

- **Bando de Policía y Buen Gobierno de los Municipios.**

El otro orden de gobierno es en atención de los Municipios y organismos públicos desconcentrados (Ahora Ayuntamientos) en el caso de la ciudad de México (analizar caso especial verificar); ya que también estos tienen carácter de autoridad y es procedente la interposición del amparo en contra de los mismos o por ellos mismos en algunos supuestos así como en los caso anteriores los Municipios que se rigen por un Código Municipal que se emite para cada una de las entidades federativa por su congreso local el cual tienen por objeto sujetar la organización interior del ayuntamiento y el funcionamiento

---

[147] Época: Novena Época, Registro: 168716, Instancia: Primera Sala, Tipo de Tesis: Jurisprudencia, Fuente: Semanario Judicial de la Federación y su Gaceta, Tomo XXVIII, Octubre de 2008, Materia(s): Administrativa, Tesis: 1a./J. 43/2008, Página: 96, COMPETENCIA EN EL AMPARO. SE SURTE A FAVOR DE LOS JUZGADOS DE DISTRITO EN MATERIA ADMINISTRATIVA SI LOS ACTOS RECLAMADOS CONTIENEN MEDIDAS INHERENTES A LA ORGANIZACIÓN Y/O CONTROL DE UN CENTRO PENITENCIARIO, AUN CUANDO EL QUEJOSO ESTÉ RECLUIDO EN ÉL.

de la administración pública municipal en cada una de las Entidades Federativas.

Reglamentando las disposiciones relativas a los Municipios, contenidas en la Constitución Política de los Estados Unidos Mexicanos y en la Constitución Política del Estado.

Cuando una autoridad ordena un acto fuera de su competencia constitucional o legal que origine en el gobernado un agravio personal, surge la posibilidad de que éste deduzca la acción de amparo, la cual tiende a proteger no sólo lo dispuesto en el artículo 16 de la Constitución Política de los Estados Unidos Mexicanos, sino también la garantía de exacta aplicación de la ley establecida en el numeral 14 del Ordenamiento Supremo, si se trata de un ordenamiento secundario.

Ahora bien, tratándose del pago del impuesto sobre propiedad inmobiliaria, cuyo establecimiento es competencia de la autoridad legislativa local, conforme al artículo 115, fracción IV, constitucional, con respeto absoluto de los principios de autonomía y libre administración Municipal, pues este precepto se refiere a la organización política y administrativa del Municipio Libre, garantiza su autonomía y determina su competencia exclusiva, entre otros principios, en la libre administración hacendaria municipal y le confiere competencia para expedir bandos de policía y buen gobierno, circulares y disposiciones administrativas de observancia general, si otro nivel de gobierno emitiera uno de estos actos que conforme a la Constitución corresponden de manera exclusiva al ámbito municipal, invadiría su esfera de competencia e incurriría en violación al artículo 115, fracción IV[148], de la Carta Magna, y el agraviado con dichos actos sería el Municipio, el cual podría promover controversia constitucional; pero si con motivo

---

148 Época: Décima Época, Registro: 2012157, Instancia: Tribunales Colegiados de Circuito, Tipo de Tesis: Aislada, Fuente: Gaceta del Semanario Judicial de la Federación, Libro 32, Julio de 2016, Tomo III , Materia(s): Común, Tesis: III.1o.A.31 A (10a.), Página: 2170 .MIEMBROS DE LAS INSTITUCIONES POLICIALES DE LA FEDERACIÓN, DE LAS ENTIDADES FEDERATIVAS Y DE LOS MUNICIPIOS. PROCEDE CONCEDER LA SUSPENSIÓN EN EL AMPARO CONTRA SU POSIBLE SEPARACIÓN DEL CARGO, NO OBSTANTE QUE NO SE HAYA ACREDITADO FEHACIENTEMENTE LA EXISTENCIA DE LA RESOLUCIÓN CORRESPONDIENTE, AL SER UN HECHO NOTORIO LA PRÁCTICA REITERADA DE CESARLOS SIN QUE MEDIE PROCEDIMIENTO ADMINISTRATIVO ALGUNO.

de esa invasión de competencias el afectado es un particular procede el juicio de amparo, el cual no se constriñe a proteger los primeros 29 artículos de la Constitución Política de los Estados Unidos Mexicanos a través de la fracción I del artículo 103 constitucional, sino que resulta procedente aun por violaciones cometidas a disposiciones no incluidas dentro de los preceptos mencionados, siempre y cuando consignen una explicación, reglamentación, limitación o ampliación de las garantías individuales propiamente dichas.

Si en autos del incidente de suspensión no se acredita fehacientemente la existencia de una resolución que ordene la separación del cargo de un miembro de las Instituciones Policiales de la Federación, de las Entidades Federativas o de los Municipios, ello no es óbice para conceder la suspensión en el amparo, habida cuenta que, de negársele, se le causarían perjuicios irreparables, pues en términos del artículo 123, apartado B, fracción XIII, párrafo segundo, de la Constitución Política de los Estados Unidos Mexicanos, si eventualmente fuere separado de su cargo, por cualquier motivo, sería imposible, no obstante que se le concediera el amparo solicitado, reinstalarlo en el puesto que venía desempeñando, máxime si se considera que es un hecho notorio para este Tribunal Colegiado de Circuito la práctica reiterada de las autoridades administrativas, de cesar a dichos servidores públicos sin que medie procedimiento administrativo alguno, más aún cuando el quejoso señala que esa separación obedece a que no se aprobaron los exámenes de control de confianza, por tanto, no sería ajeno a la cotidianidad que, no obstante la negativa de sus actos, las autoridades los ejecutaran.[149]

---

149 Época: Décima Época, Registro: 2012157, Instancia: Tribunales Colegiados de Circuito, Tipo de Tesis: Aislada, Fuente: Gaceta del Semanario Judicial de la Federación, Libro 32, Julio de 2016, Tomo III, Materia(s): Común, Tesis: III.1o.A.31 A (10a.), Página: 2170 .MIEMBROS DE LAS INSTITUCIONES POLICIALES DE LA FEDERACIÓN, DE LAS ENTIDADES FEDERATIVAS Y DE LOS MUNICIPIOS. PROCEDE CONCEDER LA SUSPENSIÓN EN EL AMPARO CONTRA SU POSIBLE SEPARACIÓN DEL CARGO, NO OBSTANTE QUE NO SE HAYA ACREDITADO FEHACIENTEMENTE LA EXISTENCIA DE LA RESOLUCIÓN CORRESPONDIENTE, AL SER UN HECHO NOTORIO LA PRÁCTICA REITERADA DE CESARLOS SIN QUE MEDIE PROCEDIMIENTO ADMINISTRATIVO ALGUNO.

- **Organismos Constitucionalmente Autónomos en México.**

Debido a que el tema no versa sobre esto basta señalar que los mismos pueden emitir actos administrativos y resoluciones que pueden ser combatidas a través del juicio de amparo en cualquiera de sus modalidades encontramos en este rubro en México los siguientes:

- Universidades.
- Banco de México.
- Instituto Federal Electoral.
- Órgano Superior de Fiscalización.
- Comisión Nacional de Derechos Humanos.
- Los Estados o Entidades Federativas.
- Los Municipios.[150]

I.1.8. Actos Administrativos más Comunes o Emitidos por Diversas Autoridades

Para poder entrar al estudio de este tema es importante el definir el concepto del acto administrativo, y dejar dentro de ese concepto las múltiples hipótesis que pueden adaptarse al mismo, seria ocioso el enumerar actos administrativos emitidos por los tres poderes de gobierno y por los tres niveles dentro de sus competencias por lo cual tenemos que el acto administrativo es:

> *"Es el acto que realiza la autoridad administrativa, expresa la voluntad de la autoridad administrativa, creando situaciones jurídicas individuales, a través de las cuales se trata de satisfacer las necesidades de la colectividad o la comunidad.*
>
> *A veces las autoridades legislativas o las judiciales realizan también el acto administrativo cumpliendo funciones de autoridad administrativa.*
>
> *Prevalece la doctrina del derecho administrativo, la distinción formal o subjetiva y material u objetiva del concepto de acto administrativo. En sentido formal, acto administrativo es todo acto de poder ejecutivo, que es el órgano administrativo del estado, en sentido material, es el acto del*

---

150 Cfr. Los Órganos Constitucionales Autónomos en México Susana Thalía Pedroza de la llave, pp. 181 -194. http://bibliohistorico.juridicas.unam.mx/libros/1/306/7.pdf.

estado, intrínsecamente administrativo, sin importar que el órgano estatal que lo realice sea legislativo el judicial o el administrativo."[151]

Como podemos ver del concepto anterior general y proveído por la doctrina, pudieran encuadrar múltiples hipótesis y cientos de diferentes actos administrativos, que en su caso podrían ser combatidos en la vía del amparo administrativo; a continuación se va a realizar una más afondo sobre sus elementos para poderlo considerar como tal, me permito remitirlos dentro de la presente a los puntos:

- Alcances en cuanto a competencia de derecho administrativo, autoridades emisoras de actos y resoluciones definitivas combatibles en el juicio de amparo.
- Autoridades emisoras de actos y resoluciones definitivas combatibles en el juicio de amparo.

Por otra parte es importante señalar para dar una mayor claridad que los procedimientos administrativos se integran por una cadena de actos de distinto alcance y contenido, como:

a) Un presupuesto.

b) Un acto inicial.

c) Uno o varios actos de trámite.

d) El acto terminal, que contiene la voluntad final de la administración.

En consecuencia, la naturaleza y contenido de este último distinguen su trascendencia, lo cual es determinante para definir cómo debe conformarse o estructurarse el procedimiento, de manera que permita conseguir eficiencias pero, prioritariamente, la defensa de los probables afectados.[152]

---

[151] Diccionario Jurídico del Instituto de Investigaciones Jurídicas de la UNAM, Editorial Porrúa, México 2007, p.89.

[152] Cfr. Época: Décima Época, Registro: 2011345, Instancia: Tribunales Colegiados de Circuito, Tipo de Tesis: Jurisprudencia, Fuente: Gaceta del Semanario Judicial de la Federación, Libro 29, Abril de 2016, Tomo III, Materia(s): Constitucional, Administrativa, Tesis: I.1o.A.E. J/2 (10a.), Página: 1904. PROCEDIMIENTO ADMINISTRATIVO. LA NATURALEZA, CONTENIDO Y ALCANCE DEL ACTO TERMINAL SON LOS ELEMENTOS DETERMINANTES PARA DEFINIR SU ESTRUCTURA.

Los cuales pueden ser impugnables en caso de que no cumplan con los requisitos que la legislación impone para su validez, y eficiencia; susceptibles en el caso procedente de combatirse a través del juicio de amparo.

Para lo anterior es importante verificar lo que ha señalado nuestro Máximo Tribunal al respecto, en el siguiente criterio administrativo:

De conformidad con lo establecido por el primer párrafo del artículo 16 constitucional, todo acto de molestia debe ser emitido por autoridad competente que funde y motive la causa legal del procedimiento, entendiéndose por ello que han de expresarse con precisión las circunstancias especiales, razones particulares o causas inmediatas que se hayan tomado en consideración para su emisión, siendo necesario, además, que exista adecuación entre los motivos aducidos y las normas aplicables, es decir, que en el caso concreto se configuren las hipótesis normativas.

En tal virtud, a efecto de satisfacer estos requisitos, es menester que la autoridad señale con exactitud el lugar y la fecha de la expedición del acto administrativo, a fin de que el particular esté en posibilidad de conocer el carácter de la autoridad que lo emitió, si actuó dentro de su circunscripción territorial y en condiciones de conocer los motivos que originaron el acto, los fundamentos legales que se citen y si existe adecuación entre estos elementos, así como la aplicación y vigencia de los preceptos que en todo caso se contengan en el acto administrativo para preparar adecuadamente su defensa, pues la falta de tales elementos en un acto autoritario implica dejar al gobernado en estado de indefensión, ante el desconocimiento de los elementos destacados.[153]

Me permito señalar la siguiente clasificación propuesta por Ruiz Torrez de los actos reclamados en al amparo (con relación a la suspensión):

---

153 Cfr. Época: Novena Época, Registro: 191486, Instancia: Segunda Sala, Tipo de Tesis: Jurisprudencia, Fuente: Semanario Judicial de la Federación y su Gaceta, Tomo XII, Julio de 2000, Materia(s): Constitucional, Administrativa, Tesis: 2a./J. 61/2000, Página: 5, ACTOS ADMINISTRATIVOS. PARA CUMPLIR CON LA GARANTÍA DE LEGALIDAD PREVISTA EN EL ARTÍCULO 16 CONSTITUCIONAL, DEBEN CONTENER EL LUGAR Y LA FECHA DE SU EMISIÓN.

En relación con los efectos restitutorios de la sentencia de amparo:

- Positivos.- Implican un hacer o una actividad. (Existe materia para la suspensión).
- Negativos.- Se refiere a un no hacer. (No existe materia para la suspensión).[154]
- Negativos con Efectos Positivos.- En apariencia son negativos, pero en realidad son positivos, existe materia para la suspensión.
- Actos Prohibitivos.- Se refieren a impedir la ejecución de algo. (No existe materia para la suspensión).
- Actos Declarativos.- Son los que evidencian una situación jurídica. (Existe materia para la suspensión si hay ejecución).

Como requisito de la demanda de amparo:

- En la Demanda de Amparo Indirecto.- Ley o acto que de cada autoridad se reclame. (Existe materia para la suspensión).
- En la Demanda de Amparo Directo.- Sentencia definitiva, laudo o resolución que hubiere puesto fin al juicio. (Existe materia para la suspensión).

En relación con quienes emiten el acto:

- Actos de Particulares.- Realizados por personas físicas morales, actuando en el marco del derecho privado. (No existe materia para la suspensión).
- Actos de Autoridad.- Realizados por el poder público de *imperium*. (Existe materia para la suspensión).

En cuanto a su consumación:

- Actos Consumados.- Se han realizado, pero no es posible la restitución. (No existe materia para la suspensión).
- Actos Consumados de modo irreparable.- Se han realizado y no es posible la restitución. (No existe materia para la suspensión).

En razón de la actuación del quejoso:

---

154 Cfr. Op.Cit., Ruiz Torres, p. 9-10.

- Actos Consentidos.- De manera expresa o tácita. (Es una cuestión ajena a la suspensión).
- Actos Derivados de Consentidos.- Consecuencia de uno consentido. (Es una cuestión ajena a la suspensión).

En relación con el tiempo en que se producen:

- Actos Pasados.- Los que ya se llevaron a cabo. (No existe materia para la suspensión).
- Actos Presentes.- Los que se encuentran en curso. (Existe materia para la suspensión).
- Actos Futuros e Inciertos.- Los que no se han llevado acabo y no existe prueba de que se vayan a producir. (Existe materia para la suspensión).
- Actos Futuros Inminentes.- Los que no se han llevado a cabo pero existe certeza de que se van a producir. [155]

Por lo que se refiere a su existencia:

- Actos Existentes.- Los reconocidos por la autoridad responsable probados por el quejoso. (Existe materia para la suspensión).
- Actos Presuntivamente Existentes.- Los que se desprenden de las omisiones de la autoridad responsable.
- Actos Inexistentes.- Los negados por la autoridad responsable y no probados por el quejoso.
- Actos Subsistentes.- Los que existen y permanecen inalterados. (Existe materia para la suspensión).
- Actos Insubsistentes.- Los que tuvieron existencia, pero que han quedado sin efectos. (No existe materia para la suspensión).

En cuanto al momento en que producen sus efectos:

- Actos Instantáneos.- Los que se perfeccionan en un solo momento. (Existe materia para la suspensión).

---

155 Cfr. Ibíd.

- Actos de Tracto Sucesivo.- Los que no se agotan en un solo momento, sino son una pluralidad de actos relacionados entre sí. (Existe materia para la suspensión desde que se otorga y hacia el futuro).[156]

Con lo anterior podemos relacionar objetivamente el concepto de acto administrativo, o sentencia, o resolución final dentro de un procedimiento administrativo llevado por la autoridad administrativa, Tribunales Contenciosos Administrativos locales o federales, que pudieren ser recurribles a través del juicio de amparo, precisando la materia administrativa tal como lo señalamos en el cuerpo de la presente.

A un más con lo anterior entendemos claramente en qué casos es procedente la suspensión, sin limitarnos únicamente al campo de estudio de la materia administrativa.

I.1.9. El Juicio de Amparo en Materia Administrativa

Para Tena Ramírez remontándonos a 1960, a una de sus conferencias pronunciadas el día 26 de junio en el I. y N. Colegio de Abogados de México este señala que el amparo administrativo es una rama del juicio de garantías, pero es una rama cuya existencia han pasado inadvertidas para la ley y en gran parte para la doctrina.

La especialización de una de las salas de la Suprema Corte de Justicia de la Nación, así como de los Juzgados de Distrito en Materia Administrativa del D.F. (Ahora ciudad de México) han permitido que se elabore alguna jurisprudencia en la materia, paulatinamente, cautamente, sin relacionarla con la doctrina general del amparo.[157]

Bajo el gran nombre del amparo, como la sombra de una bandera convocante, militan las instituciones más disímiles y aun contradictorias, empezarnos a aislar este particular elemento de estudio el amparo administrativo.[158]

---

156 Ibid.

157 Cfr. Tena Ramírez Felipe, Conferencia pronunciada por su autor, el día 28 de junio de 1960, en el salón de actos del I. y N. Colegio de Abogados de México, tomado la obra: “El Pensamiento Jurídico de México en el Derecho Constitucional, Suprema Corte de Justicia de la Nación, Noviembre 2015, p.113.

158 Cfr. Ibídem., p.114.

Desde que nació el amparo hasta nuestros días las constituciones, leyes y jurisprudencias le han venido encomendado nuevos oficios, empujadas como por una tumultuosa manifestación popular, que aclama al amparo como el guardián del derecho en México.

Mucho se ha hablado del aumento continuo en el número de amparos y las cifras se traen en cuanto para explicar las deficiencias de la administración de Justicia Federal. Sin qué hasta ahora se haya hecho un recuento, no del número de expedientes, sino de las comisiones que se han conferido en el amparo.[159]

A fin de llenar el vacío, que abarcaba la mayor parte de los actos de la administración activa, se hecho de mano de inmediato del juicio de amparo.

Aprovechándose de la función que ya había asumido de protector de la legalidad, no hubo inconveniente en dotarlo así mismo de la función homologa de defensor del administrado frente a los actos de la administración, con lo que se definió de manera originaria al amparo en materia administrativa.[160]

Posteriormente sostiene al autor que se produjo una deplorable confusión, que iba a influir en la inteligencia y tratamiento de esta clase de amparos. En lugar de admitir que el amparo solo servía para sustituir al juicio de oposición en las ramas en que este no se había implementado, se llegó a sostener la identidad de hechos del uno y del otro por su común finalidad de servir de medios de impugnación directa de los actos administrativos.[161]

Disposiciones Generales en Materia de Amparo.

Al establecer el objeto la ley deja el más amplio la procedencia del juicio de amparo permitiendo la procedencia a las violaciones a derechos humanos, tratados internacionales, garantías constitucionales y por normas generales es decir no únicamente leyes, sino reglamentos, tratados, acuerdos, circulares etc. Creando con la reforma el control de convencionalidad.

---

159 Cfr. Ibíd.

160 Cfr. Ibídem., p.127.

161 Cfr. Ibíd.

A parte de establecer la forma en que deben de realizarse las promociones dentro del juicio de amparo, que serán por escrito, orales en el caso de las audiencias y casos previstos.

Introduce un aspecto técnico sumamente importante, que es el sistema electrónico de tramitación del juicio de amparo, en este sentido delega en el Consejo de la Judicatura Federal el que dicho consejo mediante el empleo de las tecnologías de la información regule el uso de la firma electrónica.

También establece la obligación de los órganos jurisdiccionales a verificar y controlar que coincida de manera exacta el expediente físico con el electrónico.

En mi opinión un gran acierto del Poder Judicial de la Federación, que debe de ir perfeccionándose continuamente a lo largo de su implementación y desarrollo, tomando en cuenta la accesibilidad de todos los ciudadanos.

En su artículo 4 la ley de amparo establece la excepción justificada en la urgencia, para la solicitud al presidente de la Suprema Corte de Justicia de la Nación para la tramitación de un juicio de amparo de manera prioritaria, sin modificar los términos establecidos.

Los supuestos de dicha urgencia que son defensa de grupos vulnerables, cumplimiento de decretos, resoluciones o actos de autoridad en materia de competencia económica, monopolios y libre concurrencia, equilibrio ecológico y deja árbitro abierto a los que considere la SCJN.

Describiendo el procedimiento, dando posibilidad de realizar la solicitud a los presidentes de las Cámaras de Legisladores y al Presidente del Ejecutivo Federal.[162]

Quienes Son Partes en el Juicio de Amparo.

Son partes en el juicio de amparo: El quejoso, la autoridad responsable, el tercero interesado, y el ministerio público de la federación.

- Quejoso: Se la da esa carácter a quien aduce ser titular de un derecho subjetivo o de un interés legítimo individual o colectivo, siempre que alegue que la norma, acto u omisión reclamados violen los derechos previstos en el artículo 1 de la presente

162 Cfr. Ley de Amparo, Artículos 1 – 4.

ley y con ello se produzca una afectación real y actual a su esfera jurídica, ya sea de manera directa o en virtud de su especial situación frente al orden jurídico.

- Interés simple: El que no tienen carácter de interés legítimo.

La autoridad pública no podrá invocar interés legítimo.

El juicio de amparo podrá promoverse conjuntamente por dos o más quejosos cuando resienta una afectación común en sus derechos o intereses, aun en el supuesto de que dicha afectación derive de actos distintos, si éstos les causan un perjuicio análogo y provienen de las mismas autoridades.

Tratándose de actos o resoluciones provenientes de Tribunales Judiciales, Administrativos, Agrarios o del Trabajo, el quejoso deberá aducir ser titular de un derecho subjetivo que se afecte de manera personal y directa.

La víctima u ofendido del delito podrán tener el carácter de quejosos en los términos de esta ley.

La autoridad responsable, teniendo tal carácter, con independencia de su naturaleza formal, la que dicta, ordena, ejecuta o trata de ejecutar el acto que crea, modifica o extingue situaciones jurídicas en forma unilateral y obligatoria; u omita el acto que de realizarse crearía, modificaría o extinguiría dichas situaciones jurídicas.

Para los efectos de esta ley, los particulares tendrán la calidad de autoridad responsable cuando realicen actos equivalentes a los de autoridad, que afecten derechos en los términos de esta fracción, y cuyas funciones estén determinadas por una norma general.[163]

Nuestro Máximo Tribunal ha establecido los siguientes criterios al respecto, para poder analizar si los particulares tendrán o no la calidad de autoridad, señalando lo siguiente:

De conformidad con el artículo 113 de la Ley de Amparo, el órgano jurisdiccional tiene la potestad para desechar de plano la demanda, siempre que exista una causa manifiesta e indudable de improcedencia, esto es, que sea evidente y no pueda ponerse en duda su actualización, al grado que, aun de admitirla a trámite, en la sentencia defi-

---

163 Cfr. Ibídem., Artículos 5 – 16.

nitiva se llegaría a la misma conclusión y generaría el sobreseimiento en el juicio.

Por otra parte, el artículo 5, fracción II, de la propia ley establece la posibilidad de que los particulares puedan equipararse a una autoridad responsable para efectos del amparo, cuando actúan por disposición de una norma general y emiten actos de forma unilateral y obligatoria que afecten derechos del quejoso.

Para definir si una institución de carácter privado tiene o no el carácter de autoridad responsable, así como el alcance de sus actos, deben analizarse las distintas disposiciones legales y reglamentarias con base en las cuales actuaron, sin dejar de lado los demás elementos fácticos o jurídicos que inciden en su determinación para constatar si ejercieron esas atribuciones y si son equivalentes a los de autoridad, aspectos que serán materia de prueba en el juicio y de resolución en la sentencia definitiva; de otro modo, al desechar de plano la demanda se vedaría injustificadamente el acceso al medio de control constitucional.[164]

Retomando el contenido del artículo 5, fracción II, segundo párrafo, de la Ley de Amparo vigente, otorga a los particulares la calidad de autoridades responsables, siempre y cuando cumplan con diversos requisitos:

- Realicen actos equivalentes a los de autoridad, es decir, que dicten, ordenen, ejecuten o traten de ejecutar un acto que crea, modifica o extingue situaciones jurídicas en forma unilateral y obligatoria; u omitan el acto que de realizarse crearía, modificaría o extinguiría dichas situaciones jurídicas.
- Que a través de esos actos u omisiones afecten derechos.
- Que sus funciones estén determinadas por una norma general. [165]

---

164 Cfr. Época: Décima Época; Registro: 2012299; Instancia: Tribunales Colegiados de Circuito, Tipo de Tesis: Aislada; Fuente: Semanario Judicial de la Federación Publicación: viernes 12 de agosto de 2016 10:20 h; Materia(s): (Común); Tesis: I.18o.A.22 A (10a.); UNIVERSIDADES PRIVADAS. NO ES UN MOTIVO MANIFIESTO E INDUDABLE DE IMPROCEDENCIA DEL AMPARO, SI LES REVISTE O NO EL CARÁCTER DE AUTORIDAD, NI PUEDE DEFINIRSE TAL COSA EN EL AUTO INICIAL DEL JUICIO PARA DESECHAR DE PLANO LA DEMANDA.

165 Cfr. Época: Décima Época; Registro: 2010709; Instancia: Tribunales Colegiados de Circuito; Tipo de Tesis: Aislada; Fuente: Gaceta del Semanario Judicial de la

El tercero interesado, pudiendo tener tal carácter:

- La persona que haya gestionado el acto reclamado o tenga interés jurídico en que subsista.
- La contraparte del quejoso cuando el acto reclamado emane de un juicio o controversia del orden judicial, administrativo, agrario o del trabajo; o tratándose de persona extraña al procedimiento, la que tenga interés contrario al del quejoso.
- La víctima del delito u ofendido, o quien tenga derecho a la reparación del daño o a reclamar la responsabilidad civil, cuando el acto reclamado emane de un juicio del orden penal y afecte de manera directa esa reparación o responsabilidad.
- El indiciado o procesado cuando el acto reclamado sea el no ejercicio o el desistimiento de la acción penal por el Ministerio Público.
- El Ministerio Público que haya intervenido en el procedimiento penal del cual derive el acto reclamado, siempre y cuando no tenga el carácter de autoridad responsable.[166]

Competencia y participación del Ministerio Público de la Federación en el juicio de amparo:

El Ministerio Público Federal en todos los juicios, donde podrá interponer los recursos que señala esta ley, y los existentes en amparos penales cuando se reclamen resoluciones de Tribunales Locales, independientemente de las obligaciones que la misma ley le precisa para procurar la pronta y expedita administración de justicia.

Sin embargo, en amparos indirectos en materias civil y mercantil, con exclusión de la materia familiar, donde sólo se afecten intereses particulares, el Ministerio Público Federal podrá interponer los recursos que esta ley señala, sólo cuando los quejosos hubieren impugnado

---

Federación; Libro 25, Diciembre de 2015, Tomo II, Materia(s): Común; Tesis: II.2o.C.5 K (10a.); Página: 1291; NOTARIO PÚBLICO. CUANDO TRAMITA UN PROCEDIMIENTO SUCESORIO TESTAMENTARIO, ES AUTORIDAD RESPONSABLE, PARA EFECTOS DEL JUICIO DE AMPARO.

166 Cfr. Artículos 5 al 16 de la Ley de Amparo.

la constitucionalidad de normas generales y este aspecto se aborde en la sentencia.[167]

El juicio de amparo puede promoverse por la persona física o moral a quien afecte la norma general o el acto reclamado en términos de la fracción I del artículo 5 de esta ley.

El quejoso podrá hacerlo por sí, por su representante legal o por su apoderado, o por cualquier persona en los casos previstos en esta ley.

Cuando el acto reclamado derive de un procedimiento penal, podrá promoverlo, además, por conducto de su defensor o de cualquier persona en los casos en que esta ley lo permita.

- **Amparo contra norma general, un acto u omisión que afecten en su patrimonio respecto de las relaciones jurídicas en las que se encuentren en un plano de igualdad con los particulares.**

Juicio de Amparo Promovido por la Federación, los Estados, el Distrito Federal (Ahora Ciudad de México), los Municipios o cualquier Persona Moral Pública.

Podrán solicitar amparo por conducto de los servidores públicos o representantes que señalen las disposiciones aplicables, cuando la norma general, un acto u omisión los afecten en su patrimonio respecto de relaciones jurídicas en las que se encuentren en un plano de igualdad con los particulares.

Las personas morales oficiales estarán exentas de prestar las garantías que en esta ley se exige a las partes.

- **Interposición del amparo por menor de edad, persona con discapacidad o mayor sujeto a interdicción.**

El menor de edad, persona con discapacidad o mayor sujeto a interdicción podrá pedir amparo por sí o por cualquier persona en su nombre sin la intervención de su legítimo representante cuando éste se halle ausente, se ignore quién sea, esté impedido o se negare a promoverlo.

[167] Cfr. Ibíd.

El órgano jurisdiccional, sin perjuicio de dictar las providencias que sean urgentes, le nombrará un representante especial para que intervenga en el juicio, debiendo preferir a un familiar cercano, salvo cuando haya conflicto de intereses o motivo que justifiquen la designación de persona diversa.

Si el menor hubiere cumplido catorce años, podrá hacer la designación de representante en el escrito de demanda.

- **Representación de las Autoridades Responsables.**

Las autoridades responsables podrán ser representadas o sustituidas para todos los trámites en el juicio de amparo en los términos de las disposiciones legales y reglamentarias aplicables.

En todo caso podrán por medio de oficio acreditar delegados que concurran a las audiencias para el efecto de que en ellas rindan pruebas, aleguen, hagan promociones e interpongan recursos.

El Presidente de la República será representado en los términos que se señalen en el acuerdo general que expida y se publique en el Diario Oficial de la Federación. Dicha representación podrá recaer en el propio Consejero Jurídico, en el Fiscal General de la República o en los Secretarios de Estado a quienes en cada caso corresponda el asunto, en términos de las leyes orgánicas y reglamentos aplicables.

Los reglamentos interiores correspondientes señalarán las unidades administrativas en las que recaerá la citada representación. En el citado acuerdo general se señalará el mecanismo necesario para determinar la representación en los casos no previstos por los mismos.[168]

Los Órganos Legislativos Federales, de los Estados y del Distrito Federal (Ahora Ciudad de México), así como los Gobernadores y Jefe de Gobierno de éstos, procuradores titulares de las dependencias de la administración pública federal, estatales o municipales, podrán ser sustituidos por los servidores públicos a quienes las leyes y los reglamentos que las rigen otorguen esa atribución, o bien por conducto de los titulares de sus respectivas oficinas de asuntos jurídicos.

Cuando el responsable sea una o varias personas particulares, en los términos establecidos en la presente ley, podrán comparecer por

---

168 Cfr. Ley de Amparo, Artículos del 5 al 16.

sí mismos, por conducto de un representante legal o por conducto de un apoderado.

- **Representación del Quejoso o Tercero Interesado.**

La representación del quejoso y del tercero interesado se acreditará en juicio en los términos previstos en esta Ley. Mismos que se detallan más adelante.

En los casos no previstos, la personalidad en el juicio se justificará en la misma forma que determine la ley que rija la materia de la que emane el acto reclamado y cuando ésta no lo prevenga, se estará a lo dispuesto por el Código Federal de Procedimientos Civiles.

Aplica la misma regla para la representación social o cualquier otra autoridad.

- **Forma de Acreditar Personalidad en el Amparo Indirecto.**

Cuando quien comparezca en el juicio de amparo indirecto en nombre del quejoso o del tercero interesado afirme tener reconocida su representación ante la autoridad responsable, le será admitida siempre que lo acredite con las constancias respectivas, salvo en materia penal en la que bastará la afirmación en ese sentido.[169]

- **Acreditar Personalidad en el Amparo Directo.**

En el amparo directo podrá justificarse con la acreditación que tenga en el juicio del que emane la resolución reclamada.

La autoridad responsable que reciba la demanda expresará en el informe justificado si el promovente tiene el carácter con que se ostenta.

- **Forma de Acreditar Personalidad del Quejoso y Tercero Interesado.**

El quejoso y el tercero interesado podrán autorizar para oír notificaciones en su nombre, a cualquier persona con capacidad legal, quien quedará facultada para interponer los recursos que procedan, ofrecer y rendir pruebas, alegar en las audiencias, solicitar su suspensión o diferimiento y realizar cualquier acto que resulte ser necesario

---

[169] Cfr. Ibidem, Artículo 11.

para la defensa de los derechos del autorizante, pero no podrá substituir o delegar dichas facultades en un tercero.

Las materias civil, mercantil, laboral tratándose del patrón, o administrativa.

En la materia civil, mercantil, laboral tratándose del patrón, o administrativa, la persona autorizada, deberá acreditar encontrarse legalmente autorizada para ejercer la profesión de licenciado en derecho o abogado, y deberán proporcionarse los datos correspondientes en el escrito en que se otorgue dicha autorización. Sin embargo, las partes podrán designar personas solamente para oír notificaciones e imponerse de los autos, a cualquier persona con capacidad legal, quien no gozará de las demás facultades a que se refiere el párrafo anterior.[170]

- **Más de un Quejoso con Interés Común.**

Cuando la demanda se promueva por dos o más quejosos con un interés común, deberán designar entre ellos un representante, en su defecto, lo hará el órgano jurisdiccional en su primer auto sin perjuicio de que la parte respectiva lo substituya por otro. Los terceros interesados podrán también nombrar representante común.

Cuando dos o más quejosos reclamen y aduzcan sobre un mismo acto u omisión ser titulares de un interés legítimo, o bien en ese mismo carácter reclamen actos u omisiones distintos pero con perjuicios análogos, provenientes de la misma autoridad, y se tramiten en órganos jurisdiccionales distintos, cualquiera de las partes podrá solicitar al Consejo de la Judicatura Federal que determine la concentración de todos los procedimientos ante un mismo órgano del Poder Judicial de la Federación, según corresponda.

Recibida la solicitud, el Consejo de la Judicatura Federal, en atención al interés social y al orden público, resolverá lo conducente y dictará las providencias que resulten necesarias.[171]

---

170 Cfr. Ibídem, Artículo 12.
171 Cfr. Ibídem, Artículo 13.

Nuestro Máximo Tribunal ha establecido lo siguiente:

En los juicios de amparo promovidos por más de un quejoso privado de su libertad, las notificaciones deben realizarse personalmente a cada uno, en términos del precepto mencionado, y no por conducto de un representante común, ante la posibilidad de que entre ellos no exista comunicación, tomándose en cuenta para ello, entre otros supuestos, que de conformidad con los artículos 62 y 64 del Reglamento de los Centros Federales de Readaptación Social, se prohíbe la comunicación entre internos de distintos dormitorios, módulos y secciones, así como entre los internos que puedan vulnerar la seguridad del centro federal, que tengan amenazada su integridad física o que representen un peligro para la población interna, por lo cual deberán permanecer en el área de tratamientos especiales.

Por ello, los quejosos privados de su libertad deben quedar excluidos de la regla genérica prevista en el primer párrafo del artículo 13 de la Ley de Amparo, que establece que cuando la demanda se promueva por dos o más quejosos con un interés común, deberán designar entre ellos un representante y, en su defecto, lo hará el órgano jurisdiccional en su primer auto, sin perjuicio de que la parte respectiva lo sustituya por otro; con la finalidad de garantizar a cada uno de los solicitantes de la tutela constitucional, la posibilidad material de enterarse del desarrollo del juicio de amparo.[172]

- **Tramite de la Demanda de Amparo en Materia Penal.**

Para el trámite de la demanda de amparo indirecto en materia penal bastará que el defensor manifieste, bajo protesta de decir verdad, tener tal carácter.

---

172 Época: Décima Época; Registro: 2012566; Instancia: Tribunales Colegiados de Circuito, Tipo de Tesis: Aislada; Fuente: Semanario Judicial de la Federación; Publicación: viernes 09 de septiembre de 2016 10:18 h; Materia(s): (Común); Tesis: XXIV.1o.2 P (10a.); NOTIFICACIONES EN LOS JUICIOS DE AMPARO PROMOVIDOS POR MÁS DE UN QUEJOSO PRIVADO DE SU LIBERTAD. DEBEN REALIZARSE PERSONALMENTE A CADA UNO, EN TÉRMINOS DEL ARTÍCULO 26, FRACCIÓN I, INCISO A), DE LA LEY DE LA MATERIA, Y NO POR CONDUCTO DE UN REPRESENTANTE COMÚN.

En este caso, la autoridad ante quien se presente la demanda pedirá al Juez o Tribunal que conozca del asunto, que le remita la certificación correspondiente.

Si el promovente del juicio posteriormente carece del carácter con el que se ostentó, el órgano jurisdiccional de amparo le impondrá una multa de cincuenta a quinientos días de salario mínimo general vigente en el Distrito Federal al momento de realizarse la conducta sancionada y ordenará la ratificación de la demanda al agraviado dentro de un término de tres días.

Al ratificarse la demanda se tramitará el juicio, entendiéndose las diligencias directamente con el agraviado siempre en presencia de su defensor, ya sea de oficio o designado por él, mientras no constituya representante dentro del juicio de amparo. De lo contrario, la demanda se tendrá por no interpuesta y quedarán sin efecto las providencias dictadas en el expediente principal y en el incidente de suspensión.[173]

Cuando se trate de actos que importen peligro de privación de la vida, ataques a la libertad personal fuera de procedimiento, incomunicación, deportación o expulsión, proscripción o destierro, extradición, desaparición forzada de personas o alguno de los prohibidos por el artículo 22 de la Constitución Política de los Estados Unidos Mexicanos, así como la incorporación forzosa al Ejército, Armada o Fuerza Aérea Nacionales, y el agraviado se encuentre imposibilitado para promover el amparo, podrá hacerlo cualquiera otra persona en su nombre, aunque sea menor de edad.

Suspensión en el supuesto detallado anteriormente y el procedimiento para lograr la comparecencia y el caso de no comparecencia.

En estos casos, el órgano jurisdiccional de amparo decretará la suspensión de los actos reclamados, y dictará todas las medidas necesarias para lograr la comparecencia del agraviado.

Una vez lograda la comparecencia, se requerirá al agraviado para que dentro del término de tres días ratifique la demanda de amparo. Si éste la ratifica por sí o por medio de su representante se tramitará el juicio; de lo contrario se tendrá por no presentada la demanda y quedarán sin efecto las providencias dictadas.

---

[173] Cfr. Ley de Amparo, Artículo 14.

Si a pesar de las medidas tomadas por el órgano jurisdiccional de amparo no se logra la comparecencia del agraviado, resolverá la suspensión definitiva, ordenará suspender el procedimiento en lo principal y se harán los hechos del conocimiento del Ministerio Público de la Federación. En caso de que éste sea autoridad responsable, se hará del conocimiento al Fiscal General de la República. Cuando haya solicitud expresa de la Comisión Nacional de los Derechos Humanos, se remitirá copia certificada de lo actuado en estos casos.

Transcurrido un año sin que nadie se apersone en el juicio, se tendrá por no interpuesta la demanda.

Cuando, por las circunstancias del caso o lo manifieste la persona que presenta la demanda en lugar del quejoso, se trate de una posible comisión del delito de desaparición forzada de personas, el Juez tendrá un término no mayor de veinticuatro horas para darle trámite al amparo, dictar la suspensión de los actos reclamados, y requerir a las autoridades correspondientes toda la información que pueda resultar conducente para la localización y liberación de la probable víctima.

Bajo este supuesto, ninguna autoridad podrá determinar que transcurra un plazo determinado para que comparezca el agraviado, ni podrán las autoridades negarse a practicar las diligencias que de ellas se soliciten o sean ordenadas bajo el argumento de que existen plazos legales para considerar la desaparición de una persona.[174]

- **En Caso de Fallecimiento.**

En caso de fallecimiento del quejoso o del tercero interesado, siempre que lo planteado en el juicio de amparo no afecte sus derechos estrictamente personales, el representante legal del fallecido continuará el juicio en tanto interviene el representante de la sucesión.

En caso de que tuviere representante.

Si el fallecido no tiene representación legal en el juicio, éste se suspenderá inmediatamente que se tenga conocimiento de la defunción.

Si la sucesión no interviene dentro del plazo de sesenta días siguientes al en que se decrete la suspensión, el Juez ordenará lo conducente según el caso de que se trate.

---

[174] Cfr.Ibídem, Artículo 15.

Cualquiera de las partes que tenga noticia del fallecimiento del quejoso o del tercero interesado deberá hacerlo del conocimiento.

Es de señalar que nuestro Máximo Tribunal ha establecido que sin la presencia de sucesión alguna, o bien, designación de herederos, luego del conocimiento del fallecimiento del quejoso, la garantía reclamada afecta entonces sólo a su persona y, por tanto, se trata de un derecho personalísimo cuya extinción por la muerte del agraviado produce sin duda la extinción del juicio de amparo en la medida en que no reviste significación ni importancia patrimonial, en cuanto a que después de su muerte no trascendió dicha garantía a su sucesión por inexistencia de la misma.

De manera que, como nadie intervino con legitimación para continuar con la acción de amparo y, por tanto, no existe la parte agraviada ni, por lo mismo, sujeto jurídico en cuyo favor pudiera dictarse sentencia con efecto natural de reponerlo en el goce de la garantía violada; presupuesto procesal del juicio de amparo al tenor de lo mandado por el artículo 107 constitucional, y cuya ausencia extingue la fuerza propulsora del juicio de garantías, lo que impide que se dicte sentencia de fondo que verse sobre la constitucionalidad o inconstitucionalidad de los actos reclamados; no cabe entonces otra conclusión que estimar que, en el caso, respecto del juicio de garantías, al quedar sin parte agraviada y sin garantía qué tutelar, se surte la causa de sobreseimiento prevista en la fracción II del artículo 74 de la Ley de Amparo.[175]

Nuestro Máximo Tribunal a establecido en relación a los plazos en atención a la reserva de ley establecida en el artículo 17 de la Constitución Política de los Estados Unidos Mexicanos, por la que se previene que la impartición de justicia debe darse en los "plazos y términos que fijen las leyes", responde a la exigencia razonable de ejercer la acción en lapsos determinados, de manera que, de no ser respetados, podría entenderse caducada, prescrita o precluida la facultad de excitar la ac-

---

175 Cfr. Época: Novena Época ;Registro: 179176;Instancia: Tribunales Colegiados de Circuito, Tipo de Tesis: Aislada ;Fuente: Semanario Judicial de la Federación y su Gaceta; Tomo XXI, Febrero de 2005, Materia(s): Común; Tesis: XVI.5o.8 K; Página: 1793; SOBRESEIMIENTO EN EL JUICIO. SE ACTUALIZA ÉSTE CUANDO ACAECE EL FALLECIMIENTO DEL QUEJOSO AFECTANDO SÓLO SUS DERECHOS PERSONALES.

tuación de los Tribunales, lo cual constituye un legítimo presupuesto procesal que no lesiona el derecho a la tutela judicial efectiva.

En este sentido, la indicada prevención otorga exclusivamente al legislador la facultad para establecer plazos y términos razonables para ejercer los derechos de acción y defensa ante los Tribunales. El plazo para presentar la demanda de amparo es de quince días. Y este rige en la materia administrativa.[176]

La legislación prevea las siguientes excepciones, todas en general en materia penal o supuestos previstos en el artículo 22, así como la aplicación de normas auto aplicativas.

Excepciones, cuando se reclame:

Una norma general auto aplicativa, o el procedimiento de extradición, en que será de treinta días.

La sentencia definitiva condenatoria en un proceso penal, que imponga pena de prisión, podrá interponerse en un plazo de hasta ocho años.

- **Materia Agraria.**

Cuando el amparo se promueva contra actos que tengan o puedan tener por efecto privar total o parcialmente, en forma temporal o definitiva, de la propiedad, posesión o disfrute de sus derechos agrarios a los núcleos de población ejidal o comunal, en que será de siete años, contados a partir de que, de manera indubitable, la autoridad responsable notifique el acto a los grupos agrarios mencionados.

- **Supuestos del Artículo 22 Constitucional.**

Cuando el acto reclamado implique peligro de privación de la vida, ataques a la libertad personal fuera de procedimiento, incomunicación, deportación o expulsión, proscripción o destierro, desaparición forzada de personas o alguno de los prohibidos por el artículo 22 de

---

176 Cfr. Época: Décima Época; Registro: 160015; Instancia: Primera Sala ;Tipo de Tesis: Jurisprudencia, Fuente: Semanario Judicial de la Federación y su Gaceta; Libro XI, Agosto de 2012, Tomo 1; Materia(s): Constitucional; Tesis: 1a./J. 14/2012 (9a.); Página: 62. ACCESO A LA JUSTICIA. LA FACULTAD DE IMPONER PLAZOS Y TÉRMINOS RAZONABLES PARA EL EJERCICIO DE LOS DERECHOS DE ACCIÓN Y DEFENSA ANTE LOS TRIBUNALES CORRESPONDE EXCLUSIVAMENTE AL LEGISLADOR.

la Constitución Política de los Estados Unidos Mexicanos, así como la incorporación forzosa al Ejército, Armada o Fuerza Aérea nacionales, en que podrá presentarse en cualquier tiempo.[177]

- **Forma de Computar los Plazos.**

Los plazos se computarán a partir del día siguiente a aquél en que surta efectos, conforme a la ley del acto, la notificación al quejoso del acto o resolución que reclame o a aquél en que haya tenido conocimiento o se ostente sabedor del acto reclamado o de su ejecución, salvo el caso de la fracción I del artículo anterior en el que se computará a partir del día de su entrada en vigor.

- **Materia Administrativa.**

En materia administrativa por lo general estaríamos en el supuesto de la Ley Federal de Procedentito Administrativo, o en su caso cualquier otra que regule la emisión de una sentencia y /o resolución definitiva en esta materia, así como para la emisión de actos administrativos.

- **Días Hábiles.**

Son días hábiles para la promoción, substanciación y resolución de los juicios de amparo todos los del año, con excepción de los sábados y domingos, uno de enero, cinco de febrero, veintiuno de marzo, uno y cinco de mayo, dieciséis de septiembre, doce de octubre, veinte de noviembre y veinticinco de diciembre, así como aquellos en que se suspendan las labores en el órgano jurisdiccional ante el cual se tramite el juicio de amparo, o cuando no pueda funcionar por causa de fuerza mayor.

- **Formas y Horario de Presentación del Juicio de Amparo.**
- **Supuestos Artículo 22 Constitucional.**

El juicio puede promoverse por escrito, comparecencia o medios electrónicos en cualquier día y hora, si se trata de actos que importen peligro de privación de la vida, ataques a la libertad personal fuera de procedimiento, incomunicación, deportación o expulsión, pros-

177 Cfr. Ley de Amparo, Artículos 17 -23.

cripción o destierro, extradición, desaparición forzada de personas o alguno de los prohibidos por el artículo 22 de la Constitución Política de los Estados Unidos Mexicanos, así como la incorporación forzosa al Ejército, Armada o Fuerza Aérea Nacionales. En estos casos, cualquier hora será hábil para tramitar el incidente de suspensión y dictar las providencias urgentes a fin de que se cumpla la resolución en que se haya concedido.

- **Obligaciones de los Jefes y Encargados de las Oficinas Públicas.**

Para los efectos de esta disposición, los jefes y encargados de las oficinas públicas de comunicaciones estarán obligados a recibir y transmitir, sin costo alguno para los interesados, los mensajes en que se demande amparo por alguno de los actos enunciados, así como las resoluciones y oficios que expidan las autoridades que conozcan de la suspensión, fuera de las horas del despacho y a pesar de que existan disposiciones en contrario de autoridades administrativas.[178]

- **Termino para la Presentación de las Demandas y Promociones en el Juicio de Amparo.**

La presentación de las demandas o promociones de término en forma impresa podrá hacerse el día en que éste concluya, fuera del horario de labores de los Tribunales ante la oficialía de partes correspondiente que habrá de funcionar hasta las veinticuatro horas del día de su vencimiento.[179]

I.1.10. El Amparo Indirecto en Materia Administrativa

Para Campos Montejo el amparo indirecto cuenta con las siguientes características:

- Se promueve ante Juez de Distrito y no ante el Tribunal Colegiado.
- Tiene dos instancias, por ello se le denomina biinstancial la primera; la primera la conoce el Juez de Distrito y la Segunda el Tribunal Colegiado de Circuito, por virtud del recurso de revisión.

---

178 Cfr.Ibíd.
179 Cfr. Ibíd.

- Su sustanciación o procedimiento es diferente al trámite que sigue el amparo directo.
- El acto reclamado es atacable en amparo indirecto, siempre que no se trate de una sentencia definitiva o laudo, pues en este caso lo que precede es el directo.
- Será amparo indirecto cundo esté en las hipótesis contempladas en el artículo 107 de la Ley de Amparo.
- La suspensión del acto reclamado la confiere el propio Juez de Distrito, mientras que el amparo directo, lo confiere la autoridad responsable.[180]

Bazdrech señala que el juicio de amparo indirecto se tramita ante los Juzgados de Distrito, según la fracción VII del artículo 107 constitucional y las ocho fracciones del artículo 107 de la ley reglamentaria, los amparos enderezados, en términos generales contra:

- Leyes.
- Actos de autoridades propiamente administrativas, en los cuales están incluidos los reglamentos.
- Actos de Tribunales Judiciales, Administrativos y del Trabajo, que no sean sentencias definitivas, con la excepción que enseguida indicamos, esto es, los actos ejecutados en el curso de un juicio si son de ejecución irreparables, los posteriores a la sentencia, los ejecutados fuera de juicio y los de cualquier clase, incluso las sentencias definitivas, que afecten a personas extrañas al procedimiento en que se producen.
- Leyes o actos de autoridades federales o locales, que invadan la soberanía ajena.[181]

Para mayor claridad y ampliación de lo comentado por Bazdrech me permito retomar lo señalado en el artículo 107 Constitucional en su fracción VII, y como consecuencia el contenido del artículo 107 de la Ley de Amparo.

---

180 Cfr. Campos Montejo Rodolfo, El Nuevo Juicio de Amparo, p.89
181 Cfr. Bazdrech Luis, El Juicio de Amparo, pp. 177 – 178.

Las reglas constitucionales que derivan del Artículo 107 fracción VII, son las siguientes:

- Procede si el acto afecta a personas extrañas a juicio.
- Si el acto reclamado es una ley considerada inconstitucional por el quejoso; o si proviene de una autoridad administrativa, siempre y cuando no se trate de sentencia definitiva que provenga de Tribunales Administrativos, Judiciales, o del Trabajo, si el acto administrativo proviene de autoridad Estatal o Municipal, será necesario primero acudir en juicio ante esa instancia.

Dicho artículo enuncia los trámites básicos que rigen al amparo indirecto:

- Interposición ante Juez de Distrito, bajo cuya jurisdicción se encuentre el acto reclamado se ejecute o trate de ejecutar.
- La obligación de la autoridad responsable de rendir informe sobre el acto reclamado.
- Se citara a las partes en el auto de inicio a una audiencia denominada constitucional.
- En la audiencia se recibirán las pruebas ofrecidas por las partes, sus alegatos y se pronunciara sentencia.

El amparo administrativo, cual es el tema medular de la presente Investigación, está previsto en las fracciones II y III, del artículo 107 de la Ley de Amparo, que prevén el amparo indirecto contra actos de autoridades administrativas. (Federales, Estatales, o Municipales).[182]

Es decir no son actos de Tribunales Judiciales, Administrativos ni del Trabajo.

Este en opinión de Campos Montejo es el denominado amparo administrativo, pues comprende solo actos de autoridades federales, estatales, municipales, o de la ciudad de México, quienes al llevar su función administrativa o de gobierno, dictan o ejecutan actos de autoridad que el gobernado estima ilegales y por tanto violatorios de sus derechos fundamentales.

182 Cfr. Op.Cit, Campos Montejo Rodolfo, p.90.

Teniendo un término de 15 días hábiles, es de señalar que precisamente los actos administrativos son los que más se producen en el medio jurídico.[183]

Cabe señalar que en la hipótesis del artículo 107 fracción II, materia de análisis, estamos en presencia de una importante reforma, púes el legislador estableció lo que hoy ya se conoce como el amparo por omisión de autoridad, lo que permitirá promover la acción de amparo, cuando el quejoso atribuya a la autoridad responsable una violación a sus derechos fundamentales, producto de una falta de acción, esto es, la autoridad es omisa en el cumplimiento de una obligación que le impone la ley.

En este caso cualquier persona que no sea víctima directa de una afectación, aduciendo interés legítimo podrá reclamar dicha omisión.

Al interés legítimo en la doctrina también se le conocen como derecho debilitado o derecho imperfecto, consiste en una legitimación intermedia entre el interés jurídico y el interés simple, siendo presupuestó la existencia de normas que imponen una conducta a la autoridad, sin que dicha obligación le corresponda una derecho subjetivo.[184]

Me permito transcribir resaltando las fracciones de procedencia para el amparo indirecto administrativo el artículo 107 de la Ley de Amparo:

> *"I. Contra normas generales que por su sola entrada en vigor o con motivo del primer acto de su aplicación causen perjuicio al quejoso.*
>
> *Para los efectos de esta Ley, se entiende por normas generales, entre otras, las siguientes:*
>
> *a) Los tratados internacionales aprobados en los términos previstos en el artículo 133 de la Constitución Política de los Estados Unidos Mexicanos; salvo aquellas disposiciones en que tales tratados reconozcan derechos humanos;*
>
> *b) Las leyes federales;*
>
> *c) Las constituciones de los Estados y el Estatuto de Gobierno del Distrito Federal;*
>
> *d) Las leyes de los Estados y del Distrito Federal;*
>
> *e) Los reglamentos federales;*
>
> *f) Los reglamentos locales; y*

183 Cfr. Ibídem., p.93.

184 Cfr. Ibídem., p.93 – 94.

g) Los decretos, acuerdos y todo tipo de resoluciones de observancia general;

II. Contra actos u omisiones que provengan de autoridades distintas de los tribunales judiciales, administrativos o del trabajo;

III. Contra actos, omisiones o resoluciones provenientes de un procedimiento administrativo seguido en forma de juicio, siempre que se trate de:

a) La resolución definitiva por violaciones cometidas en la misma resolución o durante el procedimiento si por virtud de estas últimas hubiere quedado sin defensa el quejoso, trascendiendo al resultado de la resolución; y

b) Actos en el procedimiento que sean de imposible reparación, entendiéndose por ellos los que afecten materialmente derechos sustantivos tutelados en la Constitución Política de los Estados Unidos Mexicanos y en los tratados internacionales de los que el Estado Mexicano sea parte;

IV. Contra actos de tribunales judiciales, administrativos, agrarios o del trabajo realizados fuera de juicio o después de concluido.

Si se trata de actos de ejecución de sentencia sólo podrá promoverse el amparo contra la última resolución dictada en el procedimiento respectivo, entendida como aquélla que aprueba o reconoce el cumplimiento total de lo sentenciado o declara la imposibilidad material o jurídica para darle cumplimiento, o las que ordenan el archivo definitivo del expediente, pudiendo reclamarse en la misma demanda las violaciones cometidas durante ese procedimiento que hubieren dejado sin defensa al quejoso y trascendido al resultado de la resolución.

En los procedimientos de remate la última resolución es aquélla que en forma definitiva ordena el otorgamiento de la escritura de adjudicación y la entrega de los bienes rematados, en cuyo caso se harán valer las violaciones cometidas durante ese procedimiento en los términos del párrafo anterior.

V. Contra actos en juicio cuyos efectos sean de imposible reparación, entendiéndose por ellos los que afecten materialmente derechos sustantivos tutelados en la Constitución Política de los Estados Unidos Mexicanos y en los tratados internacionales de los que el Estado Mexicano sea parte.

VI. Contra actos dentro o fuera de juicio que afecten a personas extrañas.

VII. Contra las omisiones del Ministerio Público en la investigación de los delitos, así como las resoluciones de reserva, no ejercicio, desistimiento de la acción penal, o por suspensión de procedimiento cuando no esté satisfecha la reparación del daño.

VIII. Contra actos de autoridad que determinen inhibir o declinar la competencia o el conocimiento de un asunto.

IX. Contra normas generales, actos u omisiones de la Comisión Federal de Competencia Económica y del Instituto Federal de Telecomunicaciones.

Tratándose de resoluciones dictadas por dichos órganos emanadas de un procedimiento seguido en forma de juicio sólo podrá impugnarse la que ponga fin al mismo por violaciones cometidas en la resolución o durante el procedimiento; las normas generales aplicadas durante el procedimiento sólo podrán reclamarse en el amparo promovido contra la resolución referida."[185]

Omitiremos la explicación detallada de cada una de las fracciones del citado precepto legal, en atención a no desviarnos del tema de estudio; que es el denominado juicio de amparo en materia administrativa.

Continuaremos con el análisis en la tramitación y sustanciación del amparo indirecto previsto en ley, señalado de antemano que esta tramitación es similar a la del amparo directo.

La demanda de amparo:

Es un escrito que comprende un acto procesal y que da inicio al proceso.

Encierra una serie de planteamientos jurídicos y de hechos, además de contener la petición para que se imparta justicia, una vez tramitado el procedimiento y desahogadas las pruebas.[186]

A través de la demanda de amparo se ejercita la acción de garantías o constitucional y se reclama le auxilio y la protección de la Justicia Federal.

La Ley de Amparo en su artículo 20 establece que el juicio puede promoverse por escrito, comparecencia o medios electrónicos.

Forma de la demanda:

- La regla general atiende a que la demanda debe ser por escrito o por medios electrónicos.
- Es por comparecencia.
- La demanda por telégrafo o por medios electrónicos.

En el caso del amparo por comparecencia rigen las siguientes reglas:

- Que el agraviado se presente en el local del juzgado para que le tomen su queja mediante el acta respectiva.

---

185 Ley de Amparo, Artículo 107.
186 Cfr. Op.Cit., Campos Montejo, p. 97.

- Si el agravado está imposibilitado para promover el amparo, podrá hacerlo cualquier otra persona en su nombre.[187]
- Así mismo deben de llenarse los requisitos previstos en el artículo 108 de la ley.

El contenido formal de la demanda de amparo, entiende los requisitos formales que debe de contener la misma y que se establecen en el artículo 108 de la Ley de Amparo mismo que se transcribe a continuación:

> "Artículo 108. La demanda de amparo indirecto deberá formularse por escrito o por medios electrónicos en los casos que la ley lo autorice, en la que se expresará:
>
> I. El nombre y domicilio del quejoso y del que promueve en su nombre, quien deberá acreditar su representación.
>
> II. El nombre y domicilio del tercero interesado, y si no los conoce, manifestarlo así bajo protesta de decir verdad.
>
> III. La autoridad o autoridades responsables. En caso de que se impugnen normas generales, el quejoso deberá señalar a los titulares de los órganos de Estado a los que la ley encomiende su promulgación. En el caso de las autoridades que hubieren intervenido en el refrendo del decreto promulgatorio de la ley o en su publicación, el quejoso deberá señalarlas con el carácter de autoridades responsables, únicamente cuando impugne sus actos por vicios propios.
>
> IV. La norma general, acto u omisión que de cada autoridad se reclame.
>
> V. Bajo protesta de decir verdad, los hechos o abstenciones que constituyan los antecedentes del acto reclamado o que sirvan de fundamento a los conceptos de violación.
>
> VI. Los preceptos que, conforme al artículo 1 de esta ley, contengan los derechos humanos y las garantías cuya violación se reclame.
>
> VII. Si el amparo se promueve con fundamento en la fracción II del artículo 1 de esta ley, deberá precisarse la facultad reservada a los estados u otorgada al Distrito Federal que haya sido invadida por la autoridad federal; si el amparo se promueve con apoyo en la fracción III de dicho artículo, se señalará el precepto de la Constitución General de la República que contenga la facultad de la autoridad federal que haya sido vulnerada o restringida.
>
> VIII. Los conceptos de violación."[188]

---

187 Ibidem, p. 98.

188 Ley de Amparo, Artículo 108.

Ampliación o Modificación de Demanda:

La demanda de amparo puede ampliarse o modificarse con toda la libertad mientras no fenezca el término de 15 días hábiles para su interposición. (Artículo 17 y 18).[189]

No obstante a dicha regla general, hay excepciones, que permiten su ampliación o modificación:

- Después de rendido el informe justificado, si se desprenden nuevos actos reclamados.
- Cuando del mismo informe justificado aparecen nuevas autoridades desconocidas por el quejoso.
- Cabe señalar que el periodo de ampliación de demanda de amparo no estaba reglamentado por la ley de la materia pero la SCJN se encargó de resolverlo, bajo el argumento de que el informe justificado pueden surgir nuevos actos y nuevas autoridades con fundamentos diferentes a los que el quejoso conocía, y necesita combatirlos si considera que vulnera o viola sus intereses jurídicos.
- El primer auto o proveído que recae a la demanda de amparo puede ser de desecamiento, de aclaración o de admisión.
- El auto de aclaración o de prevención de la demanda está contenido en el artículo 114 de la Ley de Amparo, y se le conoce con el nombre de auto de perfeccionamiento o preventivo de la demanda.[190]

La aclaración o perfeccionamiento puede comprender uno o varios aspectos, así lo señala la Ley de Amparo en su artículo 114:

Que a la letra establece:

> *"Artículo 114. El órgano jurisdiccional mandará requerir al promovente que aclare la demanda, señalando con precisión en el auto relativo las deficiencias, irregularidades u omisiones que deban corregirse, cuando:*
>
> *I. Hubiere alguna irregularidad en el escrito de demanda;*
>
> *II. Se hubiere omitido alguno de los requisitos que establece el artículo 108 de esta ley;*

189 Op.Cit, Rodolfo Campos Montejo, p.101.

190 Ibídem., pp.101 – 102.

III. No se hubiere acompañado, en su caso, el documento que acredite la personalidad o éste resulte insuficiente;

IV. No se hubiere expresado con precisión el acto reclamado; y

V. No se hubiere exhibido las copias necesarias de la demanda.

Si no se subsanan las deficiencias, irregularidades u omisiones de la demanda dentro del plazo de cinco días, se tendrá por no presentada.

En caso de falta de copias, se estará a lo dispuesto por el artículo 110 de esta Ley. La falta de exhibición de las copias para el incidente de suspensión, sólo dará lugar a la postergación de su apertura."[191]

Reglas Especiales que Rigen el Auto Aclaratorio:

- La exigencia de copias no será necesaria en los casos en que la demanda se presente por medios electrónicos.
- Tampoco serán necesarias las copias cuando se trate de amparo promovido por comparecencia, vía telegráficas o medios electrónicos, en materia penal o laboral tratándose de trabajadores agrarios, si se trata de núcleos de población ejidal o comunal o de los ejidatarios o comuneros(Artículo 110).
- El auto de prevención debe de dictarse dentro del plazo de 24 horas contado desde que la demanda fue presentada o en su caso turnada a la Juez (artículo 112).
- El órgano jurisdiccional al dictar el auto preventivo o de aclaración, mandara requerir al promovente, debiendo señalar al quejoso en ese auto las deficiencias, irregularidades o omisiones que deben corregirse y que son las enunciadas en las fracciones I a V del artículo 114 de la Ley Amparo.
- En caso de falta de copias, que como ya dijimos deben ser para cada una de las partes y dos para el incidente de suspensión (Artículo 14 de la Ley de Amparo).
- La sanción de no exhibir copias, ni subsanar las irregularidades las omisiones observadas por el Juez de Distrito a la quejosa

191 Ley de Amparo, Artículo 114.

dentro de los 5 días hábiles, es tener por no presentada la demanda.[192]

Auto de Desechamiento de la Demanda:

Es la resolución judicial que emite el órgano jurisdiccional, mediante la cual no se admite la demanda de garantías por existir motivos manifiestos e indudables de improcedencia, lo que significa que existe un obstáculo jurídico que impide la admisión, tramitación, substanciación y decisión de fondo de la controversia constitucional (Artículo 113 de la Ley de Amparo).

Existe criterio jurisprudencial desde la quinta época, que indica que "toda demanda obscura, irregular o imprecisa no debe de ser desechada, sino debe mandarse a aclarar".

Contenido del Auto de Admisión de Demanda (Articulo 115 Ley de Amparo):

Este es el auto que inicia el procedimiento constitucional, y una vez notificado a las partes, se integra la relación jurídica procesal.

Entre otros aspectos contiene los siguientes:

- El señalamiento de la audiencia constitucional.
- La orden de que notifique personalmente a las autoridades responsables y al tercer interesado.
- La solicitud del informe justificado a las autoridades señaladas como responsables.
- La orden de formación del incidente de suspensión en su caso.[193]

Algunos conceptos importantes contenidos en la Ley de Amparo en relación al tema:

- Se señalan las causas por las cuales el Juez podrá mandar a requerir al promovente que aclare su demanda, indicándole con precisión mediante la notificación personal en el auto relativo las deficiencias, irregularidades y omisiones que debe corregir.

---

192 Cfr. Op.Cit, Rodolfo Campos Montejo, p.104.

193 Cfr. ibídem, pp.104 -105.

- Se amplía el término de 3 a 5 días hábiles, para que el promovente llene los requisitos omitidos, realice aclaraciones, etc.
- Se amplía el término a la autoridad responsable para rendir su informe justificado de 5 a 15 días.
- Se prevé que el informé con justificación pueda ser por escrito o en medios magnéticos.
- Se le otorgan facultades al juzgador para que atendiendo a las circunstancias del caso pueda ampliarlo para rendir el informé justificado a la autoridad responsable por otros 10 días. (Artículo 117). [194]

Sustanciación del Amparo Indirecto:

En este tema Rodolfo Campos Montejo señala que esta etapa es la más extensa e importante del juicio de amparo, y corresponde a la tramitación del procedimiento en primera instancia.

Se le denomina etapa de instrucción, porque en ella las partes ofrecen pruebas y producen sus alegatos, para que el Juez se encuentre en posibilidades de pronunciar su fallo.

La tramitación del procedimiento da principio al notificarse la demanda a las partes formando la relación jurídica procesal.

La notificación de emplazamiento a las partes deberá hacerse en forma personal, siguiendo las reglas previstas en el artículo 27 de la Ley de Amparo.

La Ley de Amparo, con relación al procedimiento, no genero cambio sustancial alguno, pues sigue la misma estructura de la ley anterior.

Para la autoridad o autoridades responsables es un deber rendir el informé justificado o informe con justificación.

Al mismo tiempo es un derecho, porque representa la oportunidad de hacer la defensa del acto que el quejoso o agraviado tacha de inconstitucional por estar violando sus derechos fundamentales.

En si, se puede definir el documento por medio del cual la autoridad responsable da contestación a la demandada de amparo instaurada en su contra por el agraviado y hace la defensa de su actuar.[195]

---

194 Cfr. Ibídem., p.106.
195 Cfr. Op.Cit, Rodolfo Campos Montejo, p.107.

La base jurídica de lo anterior encuentra sustento en el artículo 117 de la Ley de Amparo.

Es importante destacar para nuestro tema de estudio que dicho precepto de la ley regula en materia de administrativa lo siguiente:

> *"Indica que Tratándose de actos materialmente administrativos, cuando en la demanda se aduzca la falta o insuficiencia de fundamentación y motivación, en su informe justificado la autoridad deberá complementar en esos aspectos el acto reclamado.*
>
> *Corriendo traslado con el informe al quejoso, para que en el plazo de quince días realice la ampliación de la demanda, la que se limitará a cuestiones derivadas de la referida complementación.*
>
> *Con la ampliación se dará vista a las responsables así como al tercero interesado y, en su caso, se emplazará a las diversas autoridades que en ampliación se señalen. Para tales efectos deberá diferirse la audiencia constitucional."*[196]

Continuado y por lo que hace a las pruebas, es de señalar que en el amparo indirecto se encuentran reguladas en el artículo 119, señalando que en el juicio de amparo son admisibles todo tipo de pruebas, excepto las de posiciones o confesional, de acuerdo con lo establecido en el artículo 119 de la ley.

Las pruebas pueden exhibirse en cualquier momento de la tramitación, pero han de ofrecerse y rendirse en la audiencia del juicio, llamada audiencia constitucional.

Es importante el imponerse del contenido del artículo 51 y 121 con relación al capítulo de pruebas, mismos que no se transcriben por no estimar conveniente el realizar un pegado de la ley de manera continua.

Para que el quejoso obtenga el auxilio y la Protección de la Justicia Federal, es indispensable probar a existencia del acto reclamado.

Una vez realizada esa tarea, tiene que demostrar su inconstitucionalidad.

Lo primero en materia de pruebas, lo segundo de los argumentos vertidos en la demanda en manera de conceptos de violación.

Al probar únicamente la existencia del acto reclamado más no su inconstitucionalidad, el amparo le es negado.

---

196 Cfr. Ley de Amparo, Artículo 117.

Al no probar que el acto es cierto, el juzgador declara el sobreseimiento con base en la fracción IV del artículo 63 de la ley reglamentaria.

Participación del tercero interesado, este es una parte en toda la extensión de la palabra, gozando con toda la oportunidad defensiva, a través del ofrecimiento de pruebas y producción de alegatos.

De la misma forma esta posibilidad de prestar cuanto medio de impugnación juzgue oportuno, como abrir incidente sin ejercitar los recursos previstos en la ley de la materia.

Por lo que hace al ministerio público federal, este se considera una parte equilibradora y representa los intereses de la sociedad en el amparo vigila que el juicio se desarrolle correctamente y que durante el procedimiento no afecte el interés público. Cuenta con legitimación para ofrecer pruebas y presentar alegatos, mediante sus peticiones.[197]

Se encuentra autorizado para hacer valer los recursos, excepto en aquellos casos de la materias civil y mercantil, ya que solamente se ventilan derechos particulares.

Su intervención en la materia federal es aceptada por la parte final de la fracción IV del artículo 5 de la Ley de Amparo.[198]

La Ley de Amparo establece los siguientes puntos novedosos:

- Se establece los casos en que se podrá ampliar la demanda de amparo (111).
- Se señalan las causas por las cuales se podrá mandar a aclarar la demanda.
- Se amplía el término de la autoridad responsable para rendir su informe justificado en 15 días el cual podrá hacerlo por escrito o mediante medio magnético, pudiéndose ampliar por otros 10 días más, a juicio del juzgador (119).
- Se prevén multas de 100 a 1000 días a la autoridad responsable que rinda su informe justificado o lo haga si remitir copias certificadas completas y legibles de su actuación para la solución del conflicto en el juicio constitucional (260 fracción II).

---

[197] Cfr. Op.Cit, Rodolfo Campos Montejo, p.109

[198] Cfr. Ley de Amparo, Artículo 105.

- Se concede una nueva facultad a los poderes legislativo y ejecutivo a fin de solicitar atención prioritaria de amparos o recursos, que se estimen de urgente resolución por razón de orden público e interés social 94 noveno párrafo de la ley.
- Se establece que las partes tendrán derecho a que se corra traslado con copia de los interrogatorios para los testigos y del cuestionario para los peritos, por un plazo de tres días hábiles a fin de que quedan ampliar aquellos y hacer respuestas al verificarse la audiencia.
- También se previene el hecho de que si el oferente de la prueba pericial o testimonial no acompaña las copias respectivas para cada una de las partes, será apercibido para que en un plazo de 3 días lo haga. No cumpliendo con lo anterior se tendrá por no ofrecida la prueba.[199]

La Audiencia Constitucional en el Amparo Indirecto:

Es un acto conminatorio del procedimiento, en donde las partes instruyen al Juez para que este se encuentra en posibilidad de impartir justicia, a través del dictado de sentencia.

Se le denomina audiencia constitucional, porque el juicio de amparo consiste en una controversia, en donde se discute sobre la constitucionalidad o inconstitucionalidad de la ley o el acto reclamado, perturbador de las garantías individuales del quejoso o agraviado.

Por tal motivo, la naturaleza de la acción de amparo es de índole constitucional. De ahí que al juicio de amparo también se le denomine juicio constitucional o de garantías.[200]

Por mandato del artículo 115 de la ley reglamentaria la audiencia constitucional debe señalarse dentro de los treinta días siguientes a la admisión de demanda.

Cuando a criterio del órgano jurisdiccional exista causa fundada o suficiente, la audiencia constitucional podrá celebrarse en un plazo que no podrá exceder de otros treinta días.

---

199 Cfr. Op.Cit, Rodolfo Campos Montejo, p.111.
200 Cfr. Ibíd., p.113.

Las audiencias siempre serán públicas. El articulo 124 no marca ninguna excepción al respecto. Ello significa que no permite administrar la justicia a escondidas.

Es en la audiencia constitucional donde se estudia el fondo del asunto, se desahogan las pruebas ofrecidas, se formulan los alegatos, para dar lugar a que el Juez, valorando el escrito de demanda, e informe de la autoridad responsable y las pruebas ofrecidas por las partes en el juicio, dicte una sentencia definitiva en donde establecerá si se sobresee el juicio o si se ampara o no al quejoso.[201]

Los periodos de la audiencia constitucional estaban contenidos en el artículo 124 de la Ley de Amparo y son los siguientes:

- Pruebas.
- Alegatos.
- Sentencia.

Periodo probatorio este se desahoga de acuerdo a los artículos 123, 119 y 51 de la Ley de Amparo.

Siendo los puntos fundamentales los siguientes:

- Las pruebas deben de desahogarse en la audiencia constitucional, esta carga procesal le corresponde a las partes, salvo aquellas que a juicio del órgano jurisdiccional puedan recibirse con anterioridad a las que deban desahogarse fuera de la residencia del juzgado.
- Las pruebas testimonial, pericial y de inspección ocular tienen que ofrecerse con cinco días de anticipación a la fecha señalada para la audiencia.
- Respecto a la prueba documental la ley da opción de presentarla con anterioridad o en el desahogo de la misma audiencia.
- Se deberá exhibir original y copia para cada una de las partes de los interrogatorios y cuestionarios al tenor de los cuales deberán ser examinados los testigos, peritos y los puntos controvertidos.

---

[201] Cfr.ibíd.

- Es obligación del oferente de la prueba testimonial, pericial o de inspección judicial proporcionar el nombre y en su caso el domicilio cuando no pueda presentar a los testigos.
- Cuando se administra la prueba pericial, se hará la designación de un perito o de los que estime convenientes por parte del Juez, para la práctica de la diligencia.
- Cada parte tiene derecho de designar a su propio perito, dentro de los 3 días siguientes a aquel en que surta efectos la notificación del auto que admite la prueba.
- Los peritos no son recusables y al aceptar su nombramiento, el nombrado por el Juez, manifestara bajo protesta de decir verdad que no se encuentra en la hipótesis de impedimento a que se refiere el artículo 51 de la Ley de Amparo.
- Los servidores públicos tienen la obligación de expedir con toda su oportunidad las copias o documentos que le hubieran solicitado las partes como medios probatorios.
- Si se trata de acciones concluidas, podrán pedirse originales a instancia de cualquiera de las partes.[202]

Alegatos:

- Los alegatos son los argumentos, razones o pruebas que se hacen ver a favor del que los articula y la oportunidad procesal para impugnarlos espacio del adversario.
- Es le modelo procesal en que se exponen las razones que funden el derecho de cada parte.
- Es importante señalar que dentro de la práctica jurídica de nuestro país se suele dar muy poca importancia a los alegatos.

Respecto a los alegatos en la audiencia constitucional se deben de seguir las siguientes reglas:

- Se deben formular por escrito.

---

202 Cfr.Ibídem., p.114 -115.

- Podrán ser verbales pero únicamente cuando se trate de actos que importen peligro o privación de la vida, ataques a la libertad personal etc. (22 constitucional).
- Esto de acuerdo a artículo 124 de la Ley de Amparo.[203]

Periodo de sentencia:

El tercero y último periodo corresponde al dictado de la sentencia. La ley dispone que al concluir la presentación de los alegatos, el Juez dictara el fallo que corresponda.

Este es un sueño de la teoría, comenta Campos Montejo, tal vez haya sido realidad el siglo pasado y a principios del presente, cuando se ventilaban preferentemente asuntos de carácter penal.

Pero en estos tiempos el cumulo de trabajo y la complejidad que encierran los asuntos, hace casi imposible dictar sentencia de inmediato y con la eficacia debida.

La sentencia que se dicta ante la audiencia constitucional es de carácter definitiva porque pone fin al juicio en la primera instancia; al resolver el asunto el Juez de Distrito resuelve si concede, niega o sobresee el amparo solicitado por el quejoso contra el acto reclamado de la autoridad.[204]

Causas de diferimiento de la audiencia constitucional:

- Por falta de expedición de copias certificadas que el quejoso agraviado haya solicitado oportunamente a las autoridades responsables.
- Al no haberse emplazado a alguna de las partes por no haber hecho con el tiempo debido.
- Por extemporaneidad del informé justificado y siempre que no hay dado a conocer, con oportunidad a las partes.
- Por no estar preparada o desahogada alguna de las pruebas testimoniales, periciales o inspección ocular.[205]

Causas de suspensión de la audiencia constitucional:

---

203 Cfr. Ibídem., p.115 – 116.

204 Cfr. Op.Cit, Rodolfo Campos Montejo, p.116.

205 Cfr.Ibídem, p.117.

- Si durante el desahogo se tacha de falso algún documento y se solicita iniciar el incidente respectivo.
- Si está previsto en autos que deba desahogarse la prueba de inspección ocular fuera del local del juzgado.
- Siempre que alguna de las partes no se encuentre notificada o que estándolo, no lo haya sido con la anticipación debida.

Es importante destacar lo siguiente:

- Fue ampliado el término a la autoridad responsable para rendir su informé justificado a 15 días.
- El informe justificado podrá hacerse por escrito o por medios magnético dentro del plazo de 15 días; pudiéndose ampliar por otros diez más a juicio del juzgador.[206]

I.1.11. El Amparo Directo en Materia Administrativa

El amparo directo procede contra sentencias y resoluciones que pongan fin al juicio dictadas por Tribunales Judiciales, Administrativos Agrarios o del Trabajo.

Se trata de resoluciones emitidas por órganos que formal o materialmente realizan la función jurisdiccional, en donde resuelven todo tipo de controversias.

Sus fallos son de última instancia, a excepción de los casos en los que se pronuncien acerca de la constitucionalidad de una norma tratado internacional o reglamento, o interpreten en forma directa un precepto de la Constitución.

Lo anterior, a través del recurso de revisión ante la Suprema Corte de Justicia de la Nación, conforme a la fracción II del artículo 81 de la Ley de Amparo.

Para mayor abundamiento vale la pena el incluir el concepto de sentencia definitiva que nos provee Campos Montejo señala que se entiende "...aquella que resuelve el asunto en lo principal y no existe

---

206 Cfr.Ibídem., p.118.

recurso alguno por medio del cual pueda ser modificada, confirmada o revocada."

Para la procedencia del juicio de amparo directo es necesario cumplir con el principio de definitividad, que impone obligación al quejoso de agotar previamente el recurso previsto por la ley de la materia en contra de la sentencia definitiva o laudo o resolución, a fin de que puedan ser modificadas o revocadas.

No hay que perder de vista que pueden considerarse sentencias definitivas las dictadas en primera instancia, cuando las partes de manera expresa renunciaron a someterse a una segunda instancia.[207]

Un caso al que pudiéramos llamar creativo y novedoso de la última reforma a la ley de la materia es que se consideran aquellas resoluciones que ponen fin al juicio considerándolas sentencias definitivas para el efecto del juicio de amparo.

El amparo directo tiene las siguientes denominaciones a lo largo de su historia:

- Amparo directo.
- Amparo uni-instancial.
- Amparo legalidad.
- Amparo casación.
- Amparo recurso.

Procedencia legal del amparo directo:

El artículo 170 de la Ley de Amparo confirma su Procedencia Constitucional contra sentencia definitiva y resoluciones que pongan fin al juicio, provenientes de todo tipo de Tribunales Ordinarios ya sea de la Federación, o de los Estados o del Distrito Federal (Ahora ciudad de México).

Los Tribunales de Índole Federal que emiten sentencias definitivas (no de amparo) combatibles por medio del amparo directo, son los de apelación . Estos pertenecen al Poder Judicial de la Federación y

---

207 Cfr. Op. Cit, Rodolfo Campos Montejo, p.119 -120.

conocen de los recursos de apelación federal en las materias Mercantil, Civil, Penal.[208]

Como las emitidas por:

- El Tribunal Federal de Justicia Administrativa.
- Tribunal Federal de Conciliación y Arbitraje.
- Junta Federal de Conciliación y Arbitraje.
- El Supremo Tribunal Militar.
- El Tribunal Superior Agrario.
- El Tribunal de lo Contencioso Administrativo.

Los Tribunales Colegiados de Circuito tienen jurisdicción completa, lo que significa resolver tanto el fondo con la forma de las violaciones contenidas en las sentencias.

La doctrina, las violaciones de juicio, de fondo o sustanciales, y violaciones en procedimientos de forma o fundamentales.

Casos específicos de procedencia del amparo directo por violaciones al procedimiento:[209]

En el amparo directo cuando el Quejoso deberá hacer valer como conceptos de violación aquellas que, en su opinión, se hayan cometido en su perjuicio, durante la tramitación de un procedimiento seguido en un Tribunal Judicial, Administrativo, Agrario o del Trabajo; siempre y cuando esa violación procesal afecte las defensas del quejoso y trasciendan al resultado del fallo.

Es importante referir que, al reclamarse la sentencia definitiva, laudo o resolución que pongan fin al juicio, se podrán hacer valer las violaciones procesales, siempre y cuando el quejoso las haya impugnado durante la tramitación del juicio, mediante el recurso o medio de defensa que señala la ley respectiva.

Es importante precisar que este requisito no rige en amparos contra actos que afecten derechos de menores, incapaces, estado civil, familia, ejidatarios, comuneros, trabajadores, núcleos de población

---

208 Cfr. Ibídem., pp.120 – 121.

209 Cfr. Op.Cit, Rodolfo Campos Montejo, p.121–122.

ejidal o comunal, o quienes se encuentren en condiciones de pobreza o marginación social.[210]

Así como cuando se alegue que la ley aplicada, o que se debió aplicar en el acto procesal, es contraria a la Constitución o a los tratados internacionales de los que el Estado Mexicano sea parte. (Sin excluir los Derechos Humanos).

El artículo 172 señala once hipótesis procesales; por su parte el Artículo 173, establece 21 hipótesis que se pueden dar en los juicios de orden penal.

Dejando la posibilidad existente de que pudieran darse casos análogos.[211]

Reglas de procedimiento del amparo directo en relación con las violaciones procesales:

- El agraviado tienen que preparar el juicio de amparo, lo cual significa la obligación de agotar los recursos ordinarios.
- La regla no opera cuando los actos afecten derechos de menores o incapaces, al estado civil, al orden de la estabilidad de la familia, ejidatarios, comuneros trabajadores, núcleos de población ejidal o comunal, gente en condiciones de pobreza o marginación social, y en los de naturaleza penal promovidos por el inculpado.
- Tampoco aplica cuando la violación procesal está fundada en una ley que se tilda de inconstitucional.
- Es una forma de reafirmar el principio de definitividad exceptuándolo en las materias referidas.
- En la demanda de amparo o en su caso en el amparo adhesivo, el quejoso podrá hacer valer todas las violaciones procesales, las que se hagan valer se tendrán por consentidas.
- Precisar la forma en que esas violaciones procesales trascendieron en su perjuicio al resultado del fallo.
- Si las violaciones procesales no se invocaron en un primer amparo, ni el Tribunal Colegiado correspondiente las hizo valer de

---

210 Cfr. Ibíd.

211 Cfr. Artículo 172 de la Ley de Amparo.

oficio en los casos en que proceda la suplencia de la queja, no podrás invocarlas en materia de otro juicio de amparo.

- Importante resultará la procedencia del amparo adhesivo, que podrá promover la parte contraria al quejoso. Su finalidad es que quien promueva el amparo adhesivo deberá hacer valer todas las violaciones procesales en su perjuicio.
- La sanción de no promover al amparo adhesivo es que esas violaciones se tendrán por consentidas.[212]
- La finalidad de esta institución es concretar y dar finalidad al amparo directo.
- Se trata de aglutinar en un solo juicio el análisis de todas las posibles violaciones cometidas en el proceso para resolverlas todas de manera conjunta.
- Se reconoce y garantiza plenamente el derecho de las victimas o ofendido del delito para acudir al amparo directo en materia penal, contra sentencias absolutorias y autos que reafirmen la libertad del imputado.[213]

El trámite del amparo directo o única instancia es similar a la de cualquier recurso; incluso al Recurso de Revisión que los propios Tribunales Colegiados se encargan de conocer.

En el Amparo Directo no existen problemas controversiales de carácter probatorio; en el los quejosos elaboran su demanda con todo y conceptos de violación, en donde se tiende a demostrar que la sentencia combatida es trasgresora de la Ley y la Constitución.[214]

Contenido de la Demanda:

Es necesario formularse por escrito, en todos los casos la demanda en el amparo directo no contiene protesta legal, ni hechos y antecedentes que figuran como requisitos en la demanda de amparo indirecto.

---

212 Cfr. Op.Cit, Rodolfo Campos Montejo, p.122.

213 Cfr. Ibíd.

214 Cfr.Ibídem, p.125.

El Tribunal Colegiado de Circuito hace una comparación entre los autos del expediente original y los conceptos de violación del quejoso agraviado, con lo cual se encuentra en posibilidad de emitir el fallo.[215]

Artículo 175 de la Ley de Amparo:

Presentación de la demanda artículo 176 de la Ley de Amparo.

En todos los casos sin excepción debe ser presentada por conducto de la autoridad responsable.

Con la presentación de la demanda se debe exhibir copia para cada una de las partes.

Si el presidente determina que no existe impedimento o que este no es imputable al quejoso, devolverá los autos a la autoridad responsable para continuar el trámite.[216]

Suspensión del acto reclamado:

La sección cuarta del Capítulo II de la Ley de Amparo, en sus artículos 190, y 191 regula también la suspensión del acto reclamado en el amparo directo.

Como sabemos, a suspensión es una medida cautelar que a veces, sin su otorgamiento, se pierde la posibilidad de ser amparado, al ejecutarse de manera irreparable el acto reclamado.

Es una especie de acto provisional, aunque la legislación, la doctrina y la jurisprudencia casi nunca le reconozcan tal naturaleza.

En el amparo directo la facultad sobre decidir si se concede o se niega suspensión le corresponde a la autoridad responsable, así como bien por pronunciarse sobre su revocación y sobre el monto de la Garantía que deberá depositar quejoso.

Los artículos 125, 128, 129, 130, 131, 132, 133, 134, 135, 136, 154 y 156 de la Ley de Amparo, relativos al amparo indirecto son aplicables a la suspensión en el amparo directo, salvo en el caso de la materia penal.[217]

---

215 Cfr.Ibídem, p.125 -126.

216 Cfr. Ibíd, p.126

217 Cfr. Op.Cit, Rodolfo Campos Montejo, p.128.

Más adelante abordaremos este punto en específico de manera más extensa y detallada. [La suspensión en el amparo administrativo (Directo e indirecto)].

Informe justificado:

Una vez recibida la demanda y notificadas las partes, la autoridad responsable emite su informe justificado.

Al rendir su informe justificado la autoridad responsable deberá acompañar:

- El original de la demanda de amparo.
- Los originales de los expedientes del juicio principal.
- La constancia donde acredita haber corrido traslado a las partes.

El primer auto que recae a la demanda, se encuentra regulado en el artículo 179 de la Ley de Amparo, resolución emitida por el presidente del Tribunal Colegiado de Circuito, que por turno o sorteo le corresponde la tramitación de una causa procesal.

El Tribunal deberá dictar en el plazo de 3 días el auto inicial, este podrá ser de:

- Desechamiento.
- Aclaración.
- Admisión.

Artículos 179, 180, 181.[218]

Amparo Adhesivo:

Reglas que deben observarse en el amparo adhesivo, al respecto Campos Montejo precisa lo siguiente:

- El quejoso deberá hacer valer todas las violaciones procesales que estime se cometieron en su perjuicio a pesar de que el fallo le fue favorable.
- Las violaciones procesales que no haga valer se le tendrán por consentidas.

---

218 Cfr. Ibíd.

- Deberá precisar la forma en que trascendieron esas violaciones en su perjuicio, no obstante de que la sentencia le fue favorable.
- El Tribunal Colegiado deberá resolver respecto de todas las violaciones procesales que se le hagan valer y aquella que en su caso, advierta en suplencia de la queja.
- Si las violaciones procesales no se invocaron en el primer amparo, ni el Tribunal Colegiado las advirtió de oficio no podrán ser hechas valer en juicio de amparo posterior.[219]
- Si el Tribunal Colegiado de Circuito admite la demanda de amparo directo y manda notificar a las partes el acuerdo relativo, se tendrá un término de quince días hábiles para promover el amparo adhesivo.
- El amparo adhesivo y el termino de su interposición están regulados por el artículo 181 de la Ley de Amparo.
- Es la parte que haya obtenido sentencia favorable la que tendrá derecho al amparo adhesivo.
- Se tramita en el mismo expediente y se resuelve en una sola sentencia, tanto el amparo principal, como el amparo adhesivo.
- El amparo adhesivo sigue la misma suerte procesal del amparo principal, por consiguiente, de negarse o sobreseerse el amparo deberá sobreseerse el amparo adhesivo.
- Procederá contra el adherente cuando trate de fortalecer las consideraciones vertidas en el fallo definitivo para no quedar en estado de indefensión.
- Los conceptos de violación deberán estar encaminados a fortalecer las consideraciones de la sentencia definitiva, laudo o resolución que ponga fin al juicio, que determinaron el resolutivo favorable a los intereses del adherente, o a impugnar las que concluyan en un punto decisorio que le perjudica.
- Se deberán hacer valer todas las violaciones procesales que se hayan contenido, siempre que pudiere trascender al resultado del fallo y que respecto del adherente hubiese agotado los me-

219 Cfr. Ibídem., p.130 -131.

dios ordinarios de defensa, a menos que se trate de los casos donde opera la suplencia de la queja.

- La falta de promoción del amparo adhesivo hará que precluya el derecho de quien obtuvo sentencia favorable para alegar posteriormente las violaciones procesales que se hayan cometido en su contra.
- El Tribunal Colegiado de Circuito, respetando la lógica, resolverá íntegramente el asunto para evitar, en lo posible la prolongación de la controversia.
- Con la demanda de amparo adhesivo se correrá traslado a la parte contraria para que exprese lo que a su interés convenga.[220]

La tramitación del amparo directo se encuentra contenida en el artioculo183 de la Ley de Amparo, y básicamente señálala lo siguiente:

- Transcurrido el plazo de 15 días para que las partes presenten sus alegatos o promuevan su amparo adhesivo, dentro de los 3 días siguientes el Presidente del Tribunal Colegiado turnara el expediente a Magistrado Ponente para que formule el proyecto de resolución.
- El Magistrado Ponente tienen un plazo de 90 días siguientes a la fecha en que fue turnado el expediente, para presentar su proyecto.
- El auto de turno al Magistrado Ponente hace las veces de citación para suplencia.
- De manera regular, cada Magistrado tienen tres secretarios, llamados proyectistas o de estudio y cuenta. A cualquier de ellos se les encomienda la elaboración del proyecto. [221]
- También puede elaborarlo el propio Magistrado.
- Una vez aprobado el proyecto de resolución, se corre traslado a los otros dos Magistrados; el asunto se lista para sesión, que es la ubicación o información que hace el actuario a las partes ya al público en general. Esta notificación siempre se realiza por estrados.

---

220 Cfr. Op.Cit, Rodolfo Campos Montejo, p.130 -131.

221 Cfr.Ibíd.

El fallo o resolución del amparo directo encuentra contenido en los artículos 184 a 189, para una mayor referencia.[222]

- Algunos puntos trascendentales del amparo directo:
- La presentación de la demanda vía electrónica.
- El amparo adhesivo a través del cual se otra el derecho de esta nueva jurídica a favor de la parte contraria al quejoso.
- Su finalidad es que quien promueva el amparo adhesivo deberá hacer valer todas las violaciones procesales que consideran se comentaron en su perjuicio.
- Con la sanción de que si no lo promueve, esas violaciones se tendrán por consentidas y no podrá ser motivo de una amparo posterior.
- El amparo adhesivo es un derecho que se le otorga a la parte que obtenga sentencia favorable y la que tenga interés jurídico en que subsista le acto reclamado.
- Se tramita en el mismo expediente del amparo principal y se resuelve en una sola sentencia.
- Atreves de este amparo, el quejoso trata de fortalecer las consideraciones vertidas en el fallo definitivo.
- Se impone un plazo de 90 días al Magistrado Ponente para que presente el proyecto de resolución.
- Cuando el asunto sea listado, sesionado y no aprobado, el Magistrado Ponente lo podrá aplazar o retirar; pero lo deber listar en un plazo que no exedra los 30 días naturales.
- Se impone la obligación al Tribunal Colegiado e estudiar prioritariamente los conceptos de violación que tengan que ver con el fondo del asunto, por encima de los relativos al procedimiento y forma; a menos que la invertir el orden, ello redunde en beneficio para el quejoso.
- Se amplía el plazo a la autoridad responsable para que dé cumplimiento a la sentencia de amparo en 3 días.

---

222 Cfr.Ibídem., p.132.

- Se le otorgan mayores facultades de sanciones a los Tribunales Federales para lograr mayor eficacia en el cumplimiento de las sentencias de amparo.
- Se fija un plazo que no excederá de los días siguientes a la aprobación del asunto para la firma del engroso relativo.
- Con ellos se pone fin a la práctica que se genera en los Tribunales Colegiados que la firma del engrose se llevaba más tiempo que a misma en la elaboración de la resolución.[223]

I.1.12. La Suspensión en el Juicio de Amparo

Gramaticalmente.- Suspensión: Acción y efecto de suspender: Suspender: Detener o diferir por algún tiempo una acción u obra.

Doctrinariamente Jean Claude Tron Petit, la define como: "Implica la garantía del éxito final del proceso principal. Por tanto, es un medio para mantener las situaciones prevalecientes al inicio del juicio y hasta el momento en que se resuelva en definitiva, de carácter meramente conservativo, siendo su objeto el preservar las cosas o situaciones hasta el final del juicio.[224]

Juventino V. Castro.- "La suspensión del acto reclamado es una providencia cautelar en los procedimientos de amparo, de carácter meramente instrumental para preservar la materia del proceso, cuyo contenido revista la forma de una mandato asegurador del cumplimiento y ejecución de otra providencia principal que pudiere ordenar la anulación de conducta positiva o negativa una autoridad pública, haciendo cesar temporalmente sus efectos obligatorios mientras se resuelve la controversia constitucional.

Monarque Ureña y Novia Cruz la definen como la mediad cautelar que otorga la autoridad que conoce del amparo a la autoridad responsable, donde ordena las medidas pertinentes para conservar la materia del amparo, mismas que pueden ser de efectos suspensivos,

---

223 Cfr. Op.Cit, Rodolfo Campos Montejo, p.134 -135.

224 Cfr. Monarque Ureña, Novia Cruz, La Suspensión en el Juicio de Amparo, Planteamiento Esquemático, Editorial Porrúa, 1México 2009, p.15 -17.

restitutorios u obligatorios, y evitar así, perjuicios de imposible o difícil reparación para el quejoso.[225]

Como carteristas de la suspensión del acto reclamado se enumeran las siguientes:

Es Cautelar.- Medida que se adopta para preservar un bien litigiosos o para prevenir en favor del actor la eficacia final de la sentencia. La suspensión únicamente combate los efectos del acto reclamado, porque de las causas del acto se ocupa la sentencia que decide sobre la procedencia o no de la acción constitucional.

El acto reclamado no es destruido por la suspensión, únicamente los paraliza o detienen sin sufrir menoscabo; pudiendo también impedir que nazcan.

Es únicamente una herramienta utilizada para preservar o mantener vivo el fondo del procedimiento del cual depende.

Su procedencia depende de un juicio principal impidiéndole su autonomía.

Es Transitoria:

Su vigencia termina con el procedimiento de la sentencia de fondo, o por alguna modificación durante el proceso.

Inconveniente o ilegal su - subsistencia:

La medida está destinada a dejar de existir, impidiendo que pueda ser considerada como cosa juzgada.

Urgente.- La eficiencia de la medida se encuentra directamente relacionada con la inmediatez en su establecimiento, de tal forma que su retardo podría traducirse en la imposibilidad de materializar el objeto del procedimiento constitucional de que depende *"periculum in mora."*[Peligro en la demora.].[226]

La procedencia de la suspensión es en el juicio de amparo directo y de amparo indirecto.

---

225 Cfr. Ibídem., p.17.
226 Cfr. Ibemíd., p.13.

Las autoridades que pueden otorgar la suspensión en el amparo indirecto:

- La autoridad que conoce del mismo. Por regla general son los Jueces de Distrito los titulares de los procesos de amparo, aunque con expiaciones pueda otorgarla los siguientes:
- El superior del Tribunal que haya cometido la violación, (Competencia concurrente artículo 37 Ley de Amparo).
- Juzgados de Primera Instancia, [(En los lugares en que no existan Jueces de Distrito (Artículos 38 y 39 de la Ley de Amparo.)].
- Cualquier otra autoridad judicial. [En los lugares en que no esté disponible o no exista Juez de Primera Instancia (Artículo 40 de la Ley de Amparo)].[227]

Las autoridades que pueden otorgar la suspensión en el amparo directo:

- La suspensión en el amparo directo la otorga la autoridad que conoce del mismo. Por regla general, es la autoridad responsable ante la cual se presenta el amparo.[228]

Es de señalar que son suspendibles los siguientes actos:

- Existentes.
- Futuros e inminentes.
- De autoridad.
- Positivos.
- Prohibitivos.
- Negativos con efectos positivos.
- Sin consumar.
- De tracto sucesivo, continuados y continuos.
- Leyes aplicativas o heteroaplicativas.[229]

---

227 Cfr. Ibíd.

228 Cfr.Ibídem., p.25.

229 Cfr. Monarque _Ureña, Novia Cruz, La Suspensión en el Juicio de Amparo, Planteamiento Esquemático, Porrúa, México 2009, p.63.

No son suspendibles:

- Actos inexistentes.
- Futuros inciertos.
- Particulares.
- Negativos.
- Declarativos.
- Positivos con efectos negativos.
- Consumados.
- Instantáneos consensuados.
- Proceso de creación de leyes.[230]

A continuación, entraremos más a fondo en el estudio de la suspensión en el juicio de amparo indirecto y directo; así como precisaremos a la materia motivo de la presente, la "Administrativa"; mas sin embargo la suspensión lleva el mismo trámite y fundamento por regla general para todas las materias con lagunas excepciones que veremos a continuación.

Suspensión en la Amparo Indirecto en Materia Administrativa.

La suspensión como vimos anteriormente es una institución procesal por medio de la cual el Juez de Amparo ordena detener de manera temporal la realización del acto reclamado, hasta que legalmente (sentencia fondo) se resuelva si el acto es o no constitucional.[231]

Atendiendo a su naturaleza se considera como:

- Una medid cautelar.
- Una medida provisional.
- Una figura accesoria al cuaderno principal.
- Duradera mientras se dicta sentencia ejecutoria en el amparo.[232]

---

230 Cfr. Ibíd.

231 Cfr. Op.Cit, Rodolfo Campos Montejo, p.159.

232 Cfr. Ibídem., p.160.

La suspensión del acto reclamado se decretará de oficio o a petición del quejoso.[233]

La suspensión de oficio debe ser acordada de plano, sin trámite previo alguno, y decretada en el propio proveído inicial del juicio, sin necesidad de formar expediente incidental alguno y sin suspensión provisional.

Lo anterior implica que no deben realizarse trámites especiales para su otorgamiento y que el quejoso no está obligado a cubrir requisitos adicionales para este fin.

El elemento jurídico indispensable para la suspensión de oficio es la irreparabilidad del acto reclamado cuya ejecución hace físicamente imposible restituir al quejoso en el goce de sus derechos inconstitucionalmente violados y que dicha suspensión se justifica por la necesidad de conservar la materia del amparo, a efecto de que le juicio de garantías se traduzca real y efectivamente en una medida practica y útil para quien lo intènta.

Se debe otorgar en forma inmediata con la sola manifestación del quejoso, comunicándose sin demora a la autoridad responsable para su inmediato cumplimiento.

El Juez de Distrito está obligado a decretarla, aun cuando sea incompetente por razón de la materia.

Esta suspensión entra en vigor desde el momento en que el quejoso obtiene copia certificada del acuerdo en el que se le concede, para evitar que las autoridades responsables ejecuten el acto.

Su vigencia será hasta que la autoridad de cumplimiento a la sentencia dictada en el juicio principal.[234]

La suspensión se concederá de oficio y de plano cuando se trate de actos que:

- Importen peligro de privación de la vida.
- Ataques a la libertad personal fuera de procedimiento.
- Incomunicación.

---

233 Ley de Amparo, Artículo 125.
234 Cfr. Op.Cit, Rodolfo Campos Montejo, p.160

- Deportación o expulsión.
- Proscripción o destierro, extradición.
- Desaparición forzada de personas.
- Alguno de los prohibidos por el artículo 22 de la Constitución Política de los Estados Unidos Mexicanos.
- Así como la incorporación forzosa al Ejército, Armada o Fuerza Aérea nacionales.[235]

La suspensión se decretará en el auto de admisión de la demanda, comunicándose sin demora a la autoridad responsable, por cualquier medio que permita lograr su inmediato cumplimiento.

La suspensión también se concederá de oficio y de plano cuando se trate de actos que tengan o puedan tener por efecto:

Privar total o parcialmente, en forma temporal o definitiva, de la propiedad, posesión o disfrute de sus derechos agrarios a los núcleos de población ejidal o comunal.[236]

El incidente de suspensión se abrirá de oficio sujetándose en lo conducente al trámite previsto para la suspensión a instancia de parte, en los siguientes casos:

I. Extradición.

II. Siempre que se trate de algún acto que, si llegare a consumarse, haría físicamente imposible restituir al quejoso en el goce del derecho reclamado.[237]

Regla General:

Con excepción de los casos en que proceda de oficio, la suspensión se decretará, en todas las materias salvo las señaladas en el último párrafo de este artículo, siempre que concurran los requisitos siguientes:

I. Que la solicite el quejoso; y

---

235 Cfr. Ley de Amparo, Artículo 126.

236 Cfr. Ibíd.

237 Cfr. Ibídem., Artículo 127.

II. Que no se siga perjuicio al interés social ni se contravengan disposiciones de orden público. La suspensión se tramitará en incidente por separado y por duplicado.

- No serán objeto de suspensión las órdenes o medidas de protección dictadas en términos de la legislación aplicable por alguna autoridad administrativa o jurisdiccional para salvaguardar la seguridad o integridad de una persona y la ejecución de una técnica de investigación o medida cautelar concedida por autoridad judicial.
- Las normas generales, actos u omisiones del Instituto Federal de Telecomunicaciones y de la Comisión Federal de Competencia Económica, no serán objeto de suspensión.
- Cuando Comisión Federal de Competencia Económica imponga multas o la desincorporación de activos, derechos, partes sociales o acciones, éstas se ejecutarán hasta que se resuelva el juicio de amparo que en su caso, se promueva.[238]

Se considerará, que se siguen perjuicios al interés social o se contravienen disposiciones de orden público, cuando de concederse la suspensión:

- Continúe el funcionamiento de centros de vicio o de lenocinio, así como de establecimientos de juegos con apuestas o sorteos.
- Continúe la producción o el comercio de narcóticos.
- Se permita la consumación o continuación de delitos o de sus efectos.
- Se permita el alza de precios en relación con artículos de primera necesidad o de consumo necesario.
- Se impida la ejecución de medidas para combatir epidemias de carácter grave o el peligro de invasión de enfermedades exóticas en el país.
- Se impida la ejecución de campañas contra el alcoholismo y la drogadicción.

---

238 Cfr. Ibídem., Artículo 128.

- Se permita el incumplimiento de las órdenes militares que tengan como finalidad la defensa de la integridad territorial, la independencia de la República, la soberanía y seguridad nacional y el auxilio a la población civil, siempre que el cumplimiento y ejecución de aquellas órdenes estén dirigidas a quienes pertenecen al régimen castrense.
- Se afecten intereses de menores o incapaces o se les pueda causar trastorno emocional o psíquico.
- Se impida el pago de alimentos.[239]
- Se permita el ingreso en el país de mercancías cuya introducción esté prohibida en términos de ley o bien se encuentre en alguno de lo supuestos previstos en el artículo 131, párrafo segundo de la Constitución Política de los Estados Unidos Mexicanos; se incumplan con las normas relativas a regulaciones y restricciones no arancelarias a la exportación o importación, salvo el caso de las cuotas compensatorias, las cuales se apegarán a lo regulado en el artículo 135 de esta ley; se incumplan con las Normas Oficiales Mexicanas; se afecte la producción nacional.
- Se impidan o interrumpan los procedimientos relativos a la intervención, revocación, liquidación o quiebra de entidades financieras, y demás actos que sean impostergables, siempre en protección del público ahorrador para salvaguardar el sistema de pagos o su estabilidad.
- Se impida la continuación del procedimiento de extinción de dominio previsto en el párrafo segundo del artículo 22 de la Constitución Política de los Estados Unidos Mexicanos. En caso de que el quejoso sea un tercero ajeno al procedimiento, procederá la suspensión.
- Se impida u obstaculice al Estado la utilización, aprovechamiento o explotación de los bienes de dominio directo referidos en el artículo 27 de la Constitución Política de los Estados Unidos Mexicanos.

---

239 Cfr. Ibídem., Artículo 129.

> *"El órgano jurisdiccional de amparo excepcionalmente podrá conceder la suspensión, aun cuando se trate de los casos previstos en este artículo, si a su juicio con la negativa de la medida suspensional pueda causarse mayor afectación al interés social."*[240]

La suspensión se podrá pedir en cualquier tiempo mientras no se dicte sentencia ejecutoria.

Cuando el quejoso que solicita la suspensión aduzca un interés legítimo, el órgano jurisdiccional la concederá cuando el quejoso acredite:

- El daño inminente e irreparable a su pretensión en caso de que se niegue.
- Y el interés social que justifique su otorgamiento.

En ningún caso, el otorgamiento de la medida cautelar podrá tener por efecto modificar o restringir derechos ni constituir aquéllos que no haya tenido el quejoso antes de la presentación de la demanda.

La Federación, los Estados, el Distrito Federal (ahora ciudad de México) y los Municipios o Ayuntamientos estarán exentos de otorgar las garantías que esta ley exige.[241]

Promovida la suspensión del acto reclamado el órgano jurisdiccional deberá realizar un análisis ponderado de la apariencia del buen derecho, la no afectación del interés social y la no contravención de disposiciones de orden público, en su caso, acordará lo siguiente:

- Concederá o negará la suspensión provisional; en el primer caso, fijará los requisitos y efectos de la medida; en el segundo caso, la autoridad responsable podrá ejecutar el acto reclamado;
- Señalará fecha y hora para la celebración de la audiencia incidental que deberá efectuarse dentro del plazo de cinco días;
- Solicitará informe previo a las autoridades responsables, que deberán rendirlo dentro del plazo de cuarenta y ocho horas, para lo cual en la notificación correspondiente se les acompañará copia de la demanda y anexos que estime pertinentes.

---

240 Ley de Amparo, Artículo 129.
241 Cfr. Ibídem., Artículos 131-133.

En el informe previo la autoridad responsable se concretará a expresar si son o no ciertos los actos reclamados que se le atribuyan.

Expresara las razones que estime pertinentes sobre la procedencia o improcedencia de la suspensión y deberá proporcionar los datos que tenga a su alcance que permitan al órgano jurisdiccional establecer el monto de las garantías correspondientes.

Las partes podrán objetar su contenido en la audiencia.

La falta de informe previo hará presumir cierto el acto reclamado para el sólo efecto de resolver sobre la suspensión definitiva.

La resolución que decida sobre la suspensión definitiva deberá contener:

- La fijación clara y precisa del acto reclamado.
- La valoración de las pruebas admitidas y desahogadas.
- Las consideraciones y fundamentos legales en que se apoye para conceder o negar la suspensión.
- Los puntos resolutivos en los que se exprese el acto o actos por los que se conceda o niegue la suspensión. Si se concede, deberán precisarse los efectos para su estricto cumplimiento.[242]

En los casos en que la suspensión sea procedente, el órgano jurisdiccional deberá fijar la situación en que habrán de quedar las cosas y tomará las medidas pertinentes para conservar la materia del amparo hasta la terminación del juicio, pudiendo establecer condiciones de cuyo cumplimiento dependa el que la medida suspensional siga surtiendo efectos.

En los casos en que la suspensión sea procedente, se concederá en forma tal que no impida la continuación del procedimiento en el asunto que haya motivado el acto reclamado, hasta dictarse resolución firme en él; a no ser que la continuación de dicho procedimiento deje irreparablemente consumado el daño o perjuicio que pueda ocasionarse al quejoso.

La resolución que conceda o niegue la suspensión definitiva podrá modificarse o revocarse de oficio o a petición de parte, cuando ocu-

---

242 Cfr. Ibídem, Artículo 146.

rra un hecho superveniente que lo motive, mientras no se pronuncie sentencia ejecutoria en el juicio de amparo, debiendo tramitarse en la misma forma que el incidente de suspensión.[243]

Cuando se interponga recurso contra resoluciones dictadas en el incidente de suspensión, se remitirá el original al Tribunal Colegiado de Circuito competente y se dejará el duplicado en poder del órgano jurisdiccional que conozca del amparo, sin perjuicio de que se siga actuando en el duplicado.

Para la ejecución y cumplimiento del auto de suspensión se observarán las disposiciones relativas de esta ley.

En caso de incumplimiento, cuando la naturaleza del acto lo permita, el órgano jurisdiccional de amparo podrá hacer cumplir la resolución suspensional o podrá tomar las medidas para el cumplimiento.[244]

Suspensión en el Amparo Directo en Materia Administrativa.

La suspensión del acto reclamado en el amparo directo, puede ser de oficio o a petición de parte.

En el amparo directo la suspensión es de plano, lo que significa que la resolución que decida sobre la medida cautelar, tendrá efectos hasta la decisión definitiva sobre el amparo, sin que para ello medie la suspensión provisional informe previo, audiencia y suspensión definitiva, pues los efectos de esta última se tendrán en la resolución que emite la autoridad responsable, en los términos del artículo 170 de la Ley de Amparo.[245]

La autoridad responsable decidirá, en el plazo de veinticuatro horas a partir de la solicitud, sobre la suspensión del acto reclamado y los requisitos para su efectividad.

Tratándose de laudos o de resoluciones que pongan fin al juicio, dictados por Tribunales del Trabajo, la suspensión se concederá en los casos en que, a juicio del presidente del Tribunal respectivo, no se ponga a la parte trabajadora en peligro de no subsistir mientras se

---

243 Cfr. Ibídem., Artículo 154.

244 Cfr. Ibídem., Artículo 158.

245 Cfr. Ibídem., Artículo 170.

resuelve el juicio de amparo, en los cuales sólo se suspenderá la ejecución en cuanto exceda de lo necesario para asegurar tal subsistencia.

Son aplicables a la suspensión en amparo directo, salvo el caso de la materia penal, los artículos 125, 128, 129, 130, 132, 133, 134, 135, 136, 154 y 156 de esta ley.[246]

Para una mayor precisión se emiten los siguientes:

Suspensión de Oficio:

La autoridad responsable está obligada a pronunciarse de inmediato respecto a la suspensión de la sentencia o resolución, antes de admitir la demanda: en los actos de orden penal, y con la admisión de la demanda, en los actos que puedan tener como consecuencia la privación total o parcial , temporal o definitiva de los bienes agrarios del núcleo de población quejoso o su sustracción del régimen jurídico ejidal.[247]

Características generales:

- Se decreta de plano, sin sustanciación de procedimiento incidental. (Art. 123).
- Surte efectos hasta que se dicte la sentencia definitiva, aunque puede revocarse o modificarse antes.

Formas de admisión:

- Se puede admitir en un auto anterior a la admisión de la demanda de amparo: Como en el caso de sentencias definitivas del orden penal.
- Se puede emitir en el mismo auto que provee sobre la dimisión de la demanda de amparo.
- Se puede admitir en un auto posterior a la admisión: dentro de un término de tres días.

---

[246] Cfr. Op.Cit. Campos Montejo, p.128
[247] Cfr. Ley de Amparo, Artículo 191.

Requisitos de procedencia (oficio):

- Procede la suspensión de oficio en el amparo directo, cuando el acto reclamado sea una sentencia condenatoria definitiva. En un juicio de orden penal.
- Procede la suspensión de oficio del acto reclamado en amparo directo, cuando el acto reclamado consiste en una sentencia definitiva so resolución que ponga fin al juicio pueda tener como consecuencia la privación total o parcial, temporal o definitiva, de los bienes agrarios del núcleo de población del quejoso o su sustracción del régimen jurídico ejidal.

Efectos de la Suspensión de Oficio en Amparo Directo:

- Sentencias definitivas dictadas en juicios de orden penal.
- Se suspenderán de plano la ejecución de la sentencia.
- El quejoso quedará a disposición del Tribunal Colegiado de Circuito competente, por mediación de la autoridad que haya suspendido su ejecución, la cual podrá ponerlo libertad cauciónala si procediere.
- Sentencia definitiva o resolución que ponga fin a un juicio, (también que cesen los actos que permitan la privación total o parcial, temporal o definitiva) y que pueda tener como consecuencia la privación total o parcial, temporal o definitiva, de los bienes agrarios del núcleo de población quejoso, su sustracción de régimen jurídico ejidal.

Suspensión a petición de parte en el amparo directo:

La procedencia de la suspensión del acto reclamado a petición de parte , en el amparo directo tiene como fundamento los artículos 173 y 174 de la Ley de Amparo, y los actos susceptibles de ser suspendidos a petición de parte será la regla general, excepto los señalados con anterioridad y que hacen referencia a la suspensión de oficio.[248]

---

248 Op. Cit, Monarque Ureña, Novia Cruz, pp.156.

Momento oportuno para solicitarla:

Pude realizarse en el escrito de demanda o con posterioridad, mientras no se dicte sentencia ejecutora.[249]

Requisitos de procedencia (petición de parte):

- Que la naturaleza del acto reclamado permita que sea suspendible.
- Que el quejoso dentro del amparo solicite expresamente la concesión de la medida cautelar.
- Que no se siga perjuicio al interés social ni se contravenga disposiciones de orden público.
- Que los daños y perjuicios que se causen al agraviado con la ejecución del acto, sean de difícil reparación.[250]

Recursos:

Los recursos ante la suspensión del acto reclamado en el amparo directo es el de queja, interpuesto ante el Tribunal Colegiado de Circuito contando con un término de 5 días para interponerlo y de 10 días quien conoce para resolverlo, y se puede promover contra los siguientes tipos de resoluciones:

- La que concede la suspensión.
- La que niega la suspensión.
- La omisión de la autoridad de amparo de pronunciarse sobre la suspensión.
- Auto que rehusé la admisión de fianzas o contrafianzas.
- Auto que admita fianzas o contrafianzas que no reúnen los requisitos legales o que puedan resultar insuficientes.
- Auto que niegue al quejoso su libertad cauciónal.[251]

---

249 Ibídem., pp.156 – 157.
250 Ibídem., pp.158 – 159.
251 Cfr. Op. Cit, Monarque Ureña, Novia Cruz, pp.159 -162.

Algunos Criterios en Materia de Suspensión en el Amparo Administrativo:

- **Juicio Contencioso Administrativo Federal. Es necesario agotarlo previamente a acudir al juicio de amparo, porque los alcances que se dan a la suspensión del acto reclamado conforme a la Ley de amparo, en esencia, son iguales a los que se otorgan conforme a la Ley Federal de Procedimiento Contencioso Administrativo.**

La Ley de Amparo prevé la obligación del juzgador de fijar la situación en que habrán de quedar las cosas y tomar las medidas pertinentes para conservar la materia del amparo hasta la terminación del juicio, pudiendo establecer condiciones de cuyo cumplimiento dependa que la medida suspensional siga surtiendo efectos.

En tanto que la Ley Federal de Procedimiento Contencioso Administrativo ordena que el Magistrado Instructor determine la situación en que habrán de quedar las cosas cuando concede la suspensión, así como las medidas pertinentes para preservar la materia del juicio principal hasta que se dicte sentencia firme.

Esta última prevención no es menor al postulado por la Ley de Amparo, relativo a la posibilidad de otorgar efectos restitutorios a la suspensión definitiva, que se traduce en restablecer provisionalmente al quejoso en el goce del derecho presuntamente violado en tanto se dicta sentencia definitiva, siempre y cuando sea jurídica y materialmente posible, pues ambos alcances tienden a preservar la materia del juicio y a restituir provisionalmente en el derecho violado al inconforme hasta que se dicte sentencia definitiva.

Con ello, la Ley Federal de Procedimiento Contencioso Administrativo no prevé mayores requisitos que los señalados en la Ley de Amparo para otorgar la medida cautelar, pues un análisis comparativo entre ambas legislaciones evidencia que tanto en el juicio contencioso administrativo, como en el de amparo, para que proceda la suspensión del acto impugnado o del acto reclamado, se exigen requisitos esencialmente iguales, pues en ambos casos debe preceder:

- **La solicitud respectiva.**

- Sin que exista afectación al interés social.
- Ni la contravención a disposiciones de orden público.
- Así como acreditarse el acto de autoridad que cause perjuicios de difícil reparación.
- Además de concurrir similitud en lo relativo a la obligación del solicitante de otorgar garantía cuando la suspensión pueda ocasionar daño o perjuicio a terceros.
- Así como en los casos en que la suspensión quedará sin efectos.
- Ser coincidentes en señalar que ésta se tramitará por cuerda separada y podrá pedirse en cualquier tiempo mientras no se dicte sentencia ejecutoria.[252]

- **Resoluciones administrativas impugnables ante el Tribunal Federal de Justicia Fiscal y Administrativa – ahora Tribunal Federal de Justicia Administrativa-. El plazo para otorgar la suspensión conforme al artículo 28, fracción III, inciso c), de la Ley Federal de Procedimiento Contencioso Administrativo, es equivalente al previsto en la Ley de Amparo, para efectos de la observancia del principio de definitividad. (Legislación vigente a partir del 3 de abril de 2013).**

La fracción IV del artículo 107 de la Constitución Federal señala que en materia administrativa no será necesario agotar los medios de defensa ordinarios, siempre que conforme a las leyes que los prevean, se puedan suspender los efectos de los actos reclamados con

---

252 Época: Décima Época, Registro: 2011289, Instancia: Segunda Sala, Tipo de Tesis: Jurisprudencia, Fuente: Gaceta del Semanario Judicial de la Federación, Libro 28, Marzo de 2016, Tomo II, Materia(s): Administrativa, Común, Tesis: 2a./J. 27/2016 (10a.),Página: 1194,JUICIO CONTENCIOSO ADMINISTRATIVO FEDERAL. ES NECESARIO AGOTARLO PREVIAMENTE A ACUDIR AL JUICIO DE AMPARO, PORQUE LOS ALCANCES QUE SE DAN A LA SUSPENSIÓN DEL ACTO RECLAMADO CONFORME A LA LEY DE AMPARO, EN ESENCIA, SON IGUALES A LOS QUE SE OTORGAN CONFORME A LA LEY FEDERAL DE PROCEDIMIENTO CONTENCIOSO ADMINISTRATIVO.

los mismos alcances de la ley reglamentaria, "... y sin exigir mayores requisitos que los que la misma consigna para conceder la suspensión definitiva, ni plazo mayor que el que establece para el otorgamiento de la suspensión provisional".

En consonancia con lo anterior, la fracción XX del artículo 61 de la Ley de Amparo dispone que el juicio de amparo es improcedente cuando proceda algún juicio, recurso o medio de defensa legal por virtud del cual los actos reclamados puedan ser modificados, revocados o nulificados, siempre que conforme a las leyes respectivas se suspendan los efectos de dichos actos con los mismos alcances y requisitos que los que la misma ley consigna para conceder la suspensión definitiva, "... ni plazo mayor que el que establece para el otorgamiento de la suspensión provisional ...".

Ahora bien, de las normas anteriores se deduce que los conceptos jurídicos que utiliza tanto la Constitución como la Ley de Amparo para el otorgamiento de la suspensión, consistentes en: 1) Los alcances; 2) Los requisitos y, 3) Los plazos, son tres aspectos diferenciados que deben tomarse en cuenta para determinar si se debe o no relevar al quejoso de agotar el principio de definitividad, sin que deba confundirse la forma de apreciar la exigibilidad de cada uno de ellos, pues mientras que los requisitos para otorgar dicha medida cautelar constituyen una carga procesal que debe satisfacer el demandante, los otros dos factores, es decir, los alcances y los plazos, no tienen tal característica, toda vez que se trata de condiciones que deben observar las autoridades encargadas de concederla o negarla, y por tanto, son ajenos a la voluntad de los particulares.

Por su parte, el artículo 28, fracción III, inciso c), de la Ley Federal de Procedimiento Contencioso Administrativo dispone que "El Magistrado Instructor deberá conceder o negar la suspensión provisional de la ejecución, a más tardar dentro del día hábil siguiente a la presentación de la solicitud."; lo cual significa que el tiempo que tome al Magistrado Instructor para proveer sobre la suspensión, no es un requisito para otorgar esta medida cautelar, en tanto que ni siquiera es una fatiga procesal que deba cumplir el demandante, sino más bien, una obligación impuesta al Tribunal para brindar eficaz y oportunamente sus servicios.

Consecuentemente, si a partir de la presentación de la demanda de nulidad, hay la posibilidad de que de inmediato se ordene la paralización de los actos enjuiciados, no hay motivo para afirmar que la legislación rectora de la jurisdicción contenciosa administrativa federal prevea mayores plazos que los de la Ley de Amparo para dictar el mandato suspensivo, toda vez que si bien de acuerdo con el artículo 112 de este ordenamiento, el Juez de Distrito debe proveer sobre la admisión de la demanda dentro del plazo de veinticuatro horas, la única diferencia entre uno y otro ordenamiento es que, para el amparo, el plazo para proveer sobre la suspensión se expresó en horas (24) y en la Ley Federal de Procedimiento Contencioso Administrativo, se determinó en días (al día hábil siguiente); pero en ambos casos con un sentido temporal prácticamente equivalente, porque conforme los dos ordenamientos lo que se procuró fue que entre la presentación de la demanda y el acuerdo que la admita, y en su caso provea sobre la suspensión, solamente transcurra un día como límite, y si bien conforme a este examen comparativo, en algunos casos, el Magistrado Instructor podría demorar su dictado con unas horas más de diferencia, debe tenerse en cuenta que el propósito del mandato constitucional es que se actúe con una celeridad semejante a la que exige la Ley de Amparo, mas no que el texto de ésta se repita en todos los demás ordenamientos, pues aun dentro del juicio constitucional se producen situaciones que demoran excepcionalmente la respuesta de la petición de suspender el acto reclamado.[253]

- **Resoluciones administrativas impugnables ante el Tribunal Federal de Justicia Fiscal y Administrativa - Ahora Tribunal Federal de Justicia Administrativa -. No es necesario agotar el juicio**

[253] Época: Décima Época, Registro: 2008807, Instancia: Segunda Sala, Tipo de Tesis: Jurisprudencia, Fuente: Gaceta del Semanario Judicial de la Federación, Libro 17, Abril de 2015, Tomo I, materia(s): Administrativa, Común Tesis: 2a./J. 19/2015 (10a.),Página: 783,RESOLUCIONES ADMINISTRATIVAS IMPUGNABLES ANTE EL TRIBUNAL FEDERAL DE JUSTICIA FISCAL Y ADMINISTRATIVA. EL PLAZO PARA OTORGAR LA SUSPENSIÓN CONFORME AL ARTÍCULO 28, FRACCIÓN III, INCISO C), DE LA LEY FEDERAL DE PROCEDIMIENTO CONTENCIOSO ADMINISTRATIVO, ES EQUIVALENTE AL PREVISTO EN LA LEY DE AMPARO, PARA EFECTOS DE LA OBSERVANCIA DEL PRINCIPIO DE DEFINITIVIDAD (LEGISLACIÓN VIGENTE A PARTIR DEL 3 DE ABRIL DE 2013).

correspondiente, previamente al amparo, al prever el artículo 28 de la Ley Federal de Procedimiento Contencioso Administrativo mayores requisitos para conceder la suspensión que los previstos en la ley que rige el juicio de garantías.

Del examen comparativo del citado precepto con los artículos 124, 125 y 135 de la Ley de Amparo, se advierte que se actualiza la excepción al principio de definitividad prevista en la fracción XV del artículo 73 de la Ley de Amparo, en virtud de que el artículo 28 de la Ley Federal de Procedimiento Contencioso Administrativo establece mayores requisitos para conceder la suspensión del acto reclamado que la Ley de Amparo, a saber: 1)Circunscribe la posibilidad de solicitar la medida cautelar a los supuestos en que la autoridad ejecutora niegue la suspensión, rechace la garantía ofrecida o reinicie la ejecución; 2)Obliga al solicitante a ofrecer, en su caso, las pruebas documentales relativas al ofrecimiento de la garantía, a la solicitud de suspensión presentada ante la autoridad ejecutora y, si la hubiere, la documentación en que conste la negativa de la suspensión, el rechazo de la garantía o el reinicio de la ejecución; 3)Obliga a ofrecer garantía mediante billete de depósito o póliza de fianza, para reparar los daños o indemnizar por los perjuicios que pudieran causarse a la demandada o terceros con la suspensión si no se obtiene sentencia favorable en el juicio -debiendo expedir dichos documentos a favor de las partes demandadas; 4)Constriñe a exponer en el escrito de solicitud de suspensión, las razones por las cuales se considera que se debe otorgar la medida cautelar y los perjuicios que se causarían en caso de la ejecución de los actos cuya suspensión se solicite; 5) Condiciona el otorgamiento de la suspensión a que, sin entrar al fondo del asunto, se advierta claramente la ilegalidad manifiesta del acto impugnado; 6) Establece que se otorgará la suspensión si la solicitud es promovida por la autoridad demandada por haberse concedido indebidamente. En ese tenor, al actualizarse la excepción al principio de definitividad aludido, es factible acudir directamente al juicio de amparo sin agotar previamente el juicio contencioso administrativo ante el Tribunal Federal de Justicia Fiscal y Administrativa- Ahora Tribunal Federal de Justicia Administrativa -.[254]

---

254 Ibíd.

- **Amparo indirecto contra actos administrativos regidos por la Ley Federal de Procedimiento Administrativo. Resulta improcedente si no se agota previamente el recurso de revisión previsto en el artículo 83 de dicha ley, al no exigir ésta mayores requisitos que la Ley de Amparo para conceder la suspensión.**

En términos de lo dispuesto en el artículo 2 de la Ley de Amparo, a falta de disposición expresa debe atenderse a las prevenciones del Código Federal de Procedimientos Civiles, ordenamiento legal que en el artículo 79 establece que para conocer la verdad, el juzgador puede valerse de cualquier persona y de cualquier documento, sin más limitaciones que las de que las pruebas estén reconocidas por la ley y tengan relación inmediata con los hechos controvertidos.

En este contexto, tratándose de la suspensión provisional en el juicio de amparo administrativo, debe considerarse que la regla general es que una vez satisfechos los requisitos a que aluden los artículos 120 y 124 de la Ley de Amparo, el Juez de Distrito debe proveer de inmediato sobre dicha solicitud.

Sin embargo, esto no obsta para que cuando se prevenga al promovente para que subsane alguna irregularidad de la demanda, en el mismo acuerdo se requiera a las autoridades responsables la presentación de algún documento que se considere indispensable para mejor proveer, pero una vez desahogada la prevención al quejoso, acatado o no el requerimiento formulado a las responsables, el Juez de Distrito debe proveer de inmediato en relación a la suspensión de los actos reclamados.[255]

De conformidad con lo dispuesto por los artículos 107, fracción IV, constitucional y 73, fracción XV, de la Ley de Amparo, el juicio de garantías en materia administrativa es improcedente cuando la parte quejosa no agota, previamente, los medios o recursos ordinarios que establezca la ley del acto, por aplicación del principio de definitividad,

---

[255] Época: Novena Época, Registro: 181833,Instancia: Segunda Sala, Tipo de Tesis: Jurisprudencia Fuente: Semanario Judicial de la Federación y su Gaceta, Tomo XIX, Marzo de 2004, Materia(s): Administrativa, Común, Tesis: 2a./J. 27/2004, Página: 354,SUSPENSIÓN PROVISIONAL EN AMPARO ADMINISTRATIVO. EL JUEZ DE DISTRITO PUEDE RECABAR OFICIOSAMENTE PRUEBAS PARA MEJOR PROVEER, PERO NO POSTERGAR SU DECISIÓN.

excepto cuando la mencionada ley que rige el acto exija, para conceder la suspensión, mayores requisitos que la Ley de Amparo. En estas condiciones, debe decirse que el juicio de amparo indirecto resulta improcedente contra los actos administrativos regidos por la Ley Federal de Procedimiento Administrativo cuando no se ha agotado, previamente, el recurso de revisión previsto en el artículo 83 de la propia ley. Ello es así, porque al establecerse en el diverso artículo 87 de la citada ley, la posibilidad de suspender la ejecución del acto impugnado a través de dicho recurso, no se imponen mayores requisitos para otorgar la suspensión que los previstos en la Ley de Amparo, pues la circunstancia de que se condicione la medida cautelar a que el recurso sea procedente, no constituye un requisito adicional a los señalados por el artículo 124 de la ley últimamente citada para su concesión, ya que aun cuando en este numeral no se exige que la demanda de garantías sea procedente para conceder la suspensión, el Juez de Distrito al recibirla está obligado, en términos de lo dispuesto en el artículo 145 de la ley de la materia, a atender previamente a cualquier otra cuestión, a su procedencia y después a la medida suspensional, pues de encontrar motivo manifiesto e indudable de improcedencia, deberá desecharla de plano, sin suspender el acto reclamado.[256]

- **Recurso de revisión previsto en la Ley Federal de Procedimiento Administrativo: No es necesario agotarlo previamente al juicio de garantías, porque impone mayores requisitos que la Ley de Amparo para la suspensión del acto reclamado.**

El artículo 87 de la Ley Federal de Procedimiento Administrativo, establece la posibilidad de suspender la ejecución del acto impugnado a través del recurso de revisión que prevé tal ordenamiento legal; sin embargo, al establecer como requisito para la suspensión del acto im-

---

256 Época: Novena Época, Registro: 191097, Instancia: Segunda Sala, Tipo de Tesis: Jurisprudencia Fuente: Semanario Judicial de la Federación y su Gaceta, Tomo XII, Septiembre de 2000, Materia(s): Administrativa, Tesis: 2a./J. 82/2000,Página: 49,AMPARO INDIRECTO CONTRA ACTOS ADMINISTRATIVOS REGIDOS POR LA LEY FEDERAL DE PROCEDIMIENTO ADMINISTRATIVO. RESULTA IMPROCEDENTE SI NO SE AGOTA PREVIAMENTE EL RECURSO DE REVISIÓN PREVISTO EN EL ARTÍCULO 83 DE DICHA LEY, AL NO EXIGIR ÉSTA MAYORES REQUISITOS QUE LA LEY DE AMPARO PARA CONCEDER LA SUSPENSIÓN.

pugnado la procedencia del recurso, exige mayores requisitos de los consignados por la Ley de Amparo para tal fin, pues ésta no condiciona el otorgamiento de la medida cautelar, al hecho de que la demanda sea procedente; motivo por el cual de conformidad con la fracción XV del artículo 73 de la Ley de Amparo, previamente al juicio de garantías no es necesario agotar el recurso de mérito.[257]

- **Competencia para conocer del juicio de amparo indirecto cuando el acto reclamado es una resolución dictada dentro del procedimiento disciplinario seguido contra un servidor adscrito al ministerio público, con motivo de su actuación en una averiguación previa. Corresponde al Juez de Distrito en Materia Administrativa.**

La averiguación previa, junto con las diligencias judiciales, integran un todo indivisible que constituye el procedimiento penal y, por tanto, los actos o abstenciones que tengan lugar durante su integración corresponden a esta última materia. En cambio, el procedimiento derivado de la interposición de una queja en contra de un Agente del Ministerio Público, o de un servidor adscrito a este último órgano, con motivo de una posible actuación irregular durante la averiguación previa, tiene una naturaleza administrativa. En efecto, el procedimiento disciplinario se ciñe únicamente a verificar que la actuación materia de la queja se apegue a los principios de legalidad, honradez, lealtad, imparcialidad y eficiencia que rigen el desempeño de todos los servidores públicos a que se refieren los artículos 108 y 109, fracción III, de la Constitución General y, por tanto, de resultar fundada, da lugar a la imposición de sanciones también de carácter administrativo, tales como la amonestación pública o privada, la suspensión, la remoción del cargo, sanciones económicas o la inhabilitación para ocupar cargos,

---

[257] Época: Novena Época, Registro: 195404, Instancia: Tribunales Colegiados de Circuito, Tipo de Tesis: Jurisprudencia, Fuente: Semanario Judicial de la Federación y su Gaceta, Tomo VIII, Octubre de 1998, Materia(s): Administrativa, Tesis: I.2o.A. J/20, Página: 1043, RECURSO DE REVISIÓN PREVISTO EN LA LEY FEDERAL DE PROCEDIMIENTO ADMINISTRATIVO. NO ES NECESARIO AGOTARLO PREVIAMENTE AL JUICIO DE GARANTÍAS, PORQUE IMPONE MAYORES REQUISITOS QUE LA LEY DE AMPARO PARA LA SUSPENSIÓN DEL ACTO RECLAMADO.

empleos o comisiones en el sector público. En este orden de ideas, el procedimiento disciplinario seguido en razón de la actuación del servidor público con motivo de la integración de la averiguación previa, no tiene como objeto la revisión del procedimiento penal en calidad de segunda instancia, sino que se ciñe únicamente a la revisión de la actuación del servidor público sujeto a la queja o denuncia. Por lo que se refiere a la autoridad que instruye el procedimiento e impone las sanciones, ésta también es administrativa, ya que tratándose de los servidores públicos adscritos a la Procuraduría General de Justicia del Distrito Federal, corresponde a la Contraloría General del Distrito Federal, hoy Ciudad de México, por conducto de la Contraloría Interna en la misma Procuraduría, imponer a los servidores públicos de la institución las sanciones administrativas a que haya lugar, en términos del artículo 76 de la Ley Orgánica respectiva; y con respecto a la Federación, compete a la Visitaduria General de la Procuraduría General de la República tramitar las quejas que se presenten por presuntas irregularidades o por el incumplimiento de obligaciones por parte de los servidores públicos de dicha institución, en términos del artículo 21 de la Ley Orgánica de dicha Procuraduría. Consecuentemente, con apoyo en lo establecido en el artículo 52, fracción IV, de la Ley Orgánica del Poder Judicial de la Federación, corresponde a un Juzgado de Amparo en Materia Administrativa conocer del juicio de amparo indirecto promovido contra una resolución dictada dentro del procedimiento administrativo de queja por irregularidades o incumplimiento de las obligaciones a las que se encuentran sujetos los servidores públicos mencionados, aun cuando se aduzca que las mismas se cometieron durante la integración de una averiguación previa.[258]

---

[258] Época: Décima Época ,Registro: 2013062, Instancia: Primera Sala, Tipo de Tesis: Jurisprudencia, Fuente: Gaceta del Semanario Judicial de la Federación , Libro 36, Noviembre de 2016, Tomo II, Materia(s): Común, Tesis: 1a./J. 32/2016 (10a.), Página: 859, COMPETENCIA PARA CONOCER DEL JUICIO DE AMPARO INDIRECTO CUANDO EL ACTO RECLAMADO ES UNA RESOLUCIÓN DICTADA DENTRO DEL PROCEDIMIENTO DISCIPLINARIO SEGUIDO CONTRA UN SERVIDOR ADSCRITO AL MINISTERIO PÚBLICO, CON MOTIVO DE SU ACTUACIÓN EN UNA AVERIGUACIÓN PREVIA. CORRESPONDE AL JUEZ DE DISTRITO EN MATERIA ADMINISTRATIVA.

- **Amparo Directo Administrativo.-Pueden señalarse como responsables las autoridades demandadas, cuando el amparo en su contra no se promueve por vicios propios.**

De una interpretación sistemática de los artículos 107, fracciones III, V y VI, de la Constitución Política de los Estados Unidos Mexicanos y 158 de la Ley de Amparo, se advierte que el ejercicio de la acción constitucional en la vía uninstancial, permite al quejoso impugnar la constitucionalidad de los actos de ejecución exclusivamente en vía de consecuencia, es decir, por considerar inconstitucional la resolución que pone fin al juicio, la sentencia definitiva o laudo reclamados, ya que la vinculación de causalidad jurídica tan estrecha que existe entre éstos y su ejecución, llevan a estimar que en el juicio de amparo directo sí pueden señalarse como responsables a las autoridades ejecutoras, puesto que la declaración de ser contrarios a la Carta Magna los actos de los Tribunales de que se trata, igualmente comprenderá los actos de ejecución, pues serán frutos de actos viciados; interpretación que tiene apoyo también en los principios de la indivisibilidad de la demanda, de concentración, y de expedites o celeridad del procedimiento, establecidos en el artículo 17 de la Constitución Política de los Estados Unidos Mexicanos, porque los actos reclamados se encuentran vinculados estrechamente y forman una unidad que no es jurídicamente conveniente desmembrar para no romper la continencia de la causa, además de que el procedimiento del amparo directo permite llevar a cabo, dentro de un mínimo de actos procesales, todas las determinaciones necesarias para resolver en forma integral la solicitud del quejoso con el propósito de obtener la protección de la Justicia Federal; en caso contrario, se establecería la procedencia de las dos vías de impugnación a través del juicio de amparo:

La del directo y la del indirecto, para el conocimiento y resolución de actos que guardan tal dependencia que lo que se resuelva respecto de uno tiene que resolverse igualmente por lo que toca al otro, de modo que el Juez de Distrito no podría decidir algo distinto a lo resuelto por el Tribunal Colegiado de Circuito o la Suprema Corte de Justicia, en su caso, y a pesar de esa circunstancia se vería constreñido a observar los trámites previstos para la sustanciación del juicio de amparo indirecto, con el consiguiente retardo en la solución integral de la controversia planteada.

Da igualmente apoyo a la anterior interpretación, el contenido de la fracción III del artículo 166 de la Ley de Amparo, que dice: "La demanda de amparo deberá formularse por escrito, en la que se expresarán: ... III. La autoridad o autoridades responsables; ...", expresión que, al estar empleada también en plural, es indicativa de que la ley de la materia no limita el señalamiento de autoridades a sólo la que emitió el laudo, sentencia o resolución definitivos, sino también permite la designación de la autoridad a quien se atribuye la ejecución de la misma, máxime que la Ley de Amparo, en el artículo 11, dispone: "Es autoridad responsable la que dicta, promulga, publica, ordena, ejecuta o trata de ejecutar la ley o el acto reclamado"[259].

No es obstáculo a la consideración anterior el criterio jurisprudencial visible en la página seiscientos cincuenta y uno del Tomo I de la obra "Jurisprudencia por Contradicción de Tesis", de rubro: "SUSPENSIÓN EN EL AMPARO INDIRECTO. PARA CONCEDERLA RESPECTO DE UNA RESOLUCIÓN NO ES NECESARIO QUE SE SEÑALE COMO RESPONSABLE A LA AUTORIDAD ENCARGADA DE LLEVAR A CABO SU EJECUCIÓN.", porque esta jurisprudencia únicamente significa que no existe obligación de señalar a las autoridades ejecutoras pues, aun cuando no se haga, de todas formas los actos de ejecución deben suspenderse; mas no puede derivarse de la misma en el que si se señalan a las autoridades ejecutoras en el amparo directo que éste sea improcedente, pues la procedencia del juicio de amparo directo se rige por principios independientes al trámite del incidente de suspensión.[260]

---

259 Época: Novena Época , Registro: 197275, Instancia: Segunda Sala , Tipo de Tesis: Jurisprudencia Fuente: Semanario Judicial de la Federación y su Gaceta, Tomo VI, Diciembre de 1997, Materia(s): Administrativa, Tesis: 2a./J. 63/97, Página: 295, AMPARO DIRECTO ADMINISTRATIVO. PUEDEN SEÑALARSE COMO RESPONSABLES LAS AUTORIDADES DEMANDADAS, CUANDO EL AMPARO EN SU CONTRA NO SE PROMUEVE POR VICIOS PROPIOS.

260 Ibíd.

I.1.13. Medios de Impugnación

Empezamos con la definición de recurso señalado que:

> "Es aquel medio jurídico de defensa que se da a las partes dentro del procedimiento constitucional para impugnar un acto del mismo, teniendo como fin su revocación, confirmación o modificación."[261]

Los recursos en el juicio de amparo son medios de defensa establecidos en legislación para impugnar las actividades realizadas en la sustanciación del procedimiento, y que tendrán como consecuencia la revocación o la confirmación de estos actos.[262]

Para Arenal Martínez los recursos son generalmente definidos como los medios de impugnación que la ley otorga a las partes, contra las resoluciones judiciales, para obtener que se revoquen, se modifiquen o se confirmen. Pero el mismo agrega que esta concepción es equivocada y opone las siguientes objeciones a la definición:

Porque en ocasiones la materia del recurso consiste en abstenciones u omisiones, por parte de una autoridad judicial, que de ninguna manera pueden ser calificadas como "Resoluciones judiciales además debe tomarse en cuenta que en otros casos, mediante el recurso se impugna la incorrecta ejecución de las resoluciones".

Porque los recursos no tienen como finalidad la revocación, la modificación o la confirmación de una resolución o de una abstención únicamente, pues pueden concluir nulificando, ordenándose una ejecución parcial o total, la suspensión de un procedimiento e incluso la reposición de este. Porque los recursos se conceden no solo a las partes, sino también a terceros calificados.

Por lo anterior señala:

> *"Se puede definir a los recursos como los medios de impugnación que la ley otorga a las partes o terceros, para defenderse contra las resoluciones o actos, incluso abstenciones u omisiones, contrarias a la justicia o contrarias a las leyes que nos rigen."*[263]

---

261 Op.Cit. Felix Tapia., p.92.
262 Ibíd.
263 Op.Cit., Arenal Martínez, p. 539.

Recurso de Revisión:

En la opinión de Ruiz Torres es sin duda el más importante de todos los recursos pues su función principal es abrir la segunda instancia de amparo indirecto y, excepcionalmente, del amparo directo.

El nombre del recurso se debe a que en la ley de 1869 se estableció una revisión forzosa de sentencia por parte de la Suprema Corte de Justicia de la Nación:

> *"Concluido el termino de prueba , se citara de oficio al actor y al promotor fiscal, y se dejaran los autos por seis días comunes en la secretaria del juzgado, a fin de que las partes se tomen los apuntes necesarios para formar sus alegatos escritos, que entregaran al juzgado dentro de dicho termino; en el de cinco días pronunciará el juez su sentencia definitiva; en todo caso y sin nueva citación , emitirá los autos de la suprema corte para que revise la sentencia."*[264]

Tiene como finalidad abrir la segunda instancia de los amparos indirectos y excepcionalmente del amparo directo.

Procede solo a instancia de parte y los supuestos de procedencia están previstos en el artículo 81 de a la Ley de Amparo.

La SCJN nos dice que es el medio de impugnación para el caso de que el recurrente considere que se le a causado un agravio.

Para estos fines el agravio es todo menoscabo, lesión, ofensa, daño perjuicio o afectación indebida en la esfera jurídica, en su persona o en el patrimonio del recurrente.

A través de este recurso un órgano superior, sea un Tribunal Colegiado de Circuito o excepcionalmente la Suprema Corte de Justicia de la Nación examinara a la luz de los agravios expresados, la resolución dictada por el inferior para obtener una mejoría jurídica del fallo impugnado ya sea por modificación o revocación.

Los supuestos de procedencia de este medio de impugnación y las reglas que lo corrigen están contemplados en los artículos 81 al 96 de la Ley de Amparo.[265]

---

264 Op.Cit., Ruiz Torrez, pp. 347 -349.

265 Cfr. Op.Cit., Campos Montejo, p.193

Clasificación para su estudio:

- Respecto del Principal: Contra actos de sobreseimiento; contra la sentencia dictada en la audiencia constitucional; contra los acuerdos pronunciados en esta ausencia; y contra la sentencia de amparo directo, en los casos de excepción el Artículo 81, Fracción I, incisos d y e, fracción II.
- Respecto de los Incidentes: Que conceden o niegan la suspensión definitiva; que modifican o revocan la suspensión; los que niegan la revocación o modificación de esta y contra la interlocutoria dictada en el incidente de reposición de autos (artículo 81, fracción I, incisos a, b, y c).
- Respectó de la Revisión Adhesiva: Que busca mejorar las consideraciones de la sentencia en la parte resolutiva que favorece al recurrente y para impugnar la parte que perjudica a la que interpone este recurso (Artículo 82).[266]
- Contra los autos de sobreseimiento dictados fuera de la Audiencia Constitucional (Artículo 81, fracción I, incisos d, e y fracción II).
- Contra la sentencia dictada en la audiencia constitucional y los acuerdos pronunciados en esa audiencia (Articuló 81, fracción I, inciso e de la Ley de Amparo).
- Contra la sentencia de amparo directo artículo 81 fracción II de la Ley de Amparo.
- Contra la interlocutoria que concede o niega la suspensión definitiva; contra la interlocutoria que modifica o revoca le acuerdo a través del cual se concedió o negó la suspensión; contra la interlocutoria que niega la revocación o modificación de la suspensión; y contra los acuerdos pronunciados en audiencia incidental relativa a estos supuestos (artículo 81 fracción I, inicios a y b de la Ley de Amparo).
- Contra la interlocutoria dictada en el incidente de reposición de constancias de autos (Ley de Amparo, Articuló 81 Fracción I, Inciso c).[267]

---

[266] Cfr. Ibíd, p.194.

[267] Cfr.Ibídem, pp.194 – 200.

Para mayor comprensión de lo anteriormente referido me permito citar el contenido íntegro del artículo 81 de la Ley de Amparo, que establece los casos de procedencia del medio de impugnación de estudio y que señala lo siguiente:

"Artículo 81. Procede el recurso de revisión:

I. En amparo indirecto, en contra de las resoluciones siguientes:

a) Las que concedan o nieguen la suspensión definitiva; en su caso, deberán impugnarse los acuerdos pronunciados en la audiencia incidental;

b) Las que modifiquen o revoquen el acuerdo en que se conceda o niegue la suspensión definitiva, o las que nieguen la revocación o modificación de esos autos; en su caso, deberán impugnarse los acuerdos pronunciados en la audiencia correspondiente;

c) Las que decidan el incidente de reposición de constancias de autos;

d) Las que declaren el sobreseimiento fuera de la audiencia constitucional; y

e) Las sentencias dictadas en la audiencia constitucional; en su caso, deberán impugnarse los acuerdos pronunciados en la propia audiencia.

II. En amparo directo, en contra de las sentencias que resuelvan sobre la constitucionalidad de normas generales que establezcan la interpretación directa de un precepto de la Constitución Política de los Estados Unidos Mexicanos u omitan decidir sobre tales cuestiones cuando hubieren sido planteadas, siempre que a juicio de la Suprema Corte de Justicia de la Nación el asunto revista un interés excepcional en materia constitucional o de derechos humanos. La materia del recurso se limitará a la decisión de las cuestiones propiamente constitucionales sin poder comprender otras.[268]

Es importante señalar que la materia del recurso de revisión según el último párrafo del artículo referido se limitara a cuestiones propiamente constitucionales, es decir los agravios versaran sobre cuestiones inconstitucionales hechas valer por le promovente.

Así como que este se encuentra regulado en los artículos 81 al 98 de la Ley de Amparo.

Campos Montejo no señala las reglas que rigen la tramitación del recurso de revisión indicando las siguientes:

- Si se trata de un amparo indirecto, e recurso se presenta ante el propio Juez de Distrito.

---

268 Articuló 81 de la Ley de Amparo.

- Si se trata de un amparo directo, en el caso de excepción, el recurso se interpone ante el propio Tribunal Colegiado de Circuito.
- El plazo para la interposición del recurso es de 10 días.
- El recurso debe interponerse por escrito y expresar los agravios que cause la resolución impugnada.
- La interposición del recurso por conducto de una autoridad diferente no interrumpirá el plazo de presentación.
- Si el recurso se presenta en forma impresa el recurrente deberá exhibir una copia del mismo para el expediente y una copia para cada una de las partes, esta exigencia no será necesaria en los casos en que el recurso se presente en forma electrónica.
- Las autoridades judiciales o jurisdiccionales carecen de legitimación para recurrir la sentencia de amparo, cuando se trate de un acto reclamado emitido en el no ejercicio de su potestad jurisdiccional.
- Cuando no exhiban las copias para el expediente y para cada una de las partes, se requeriría al recurrente para que en el plazo de tres días lo haga, y si no lo hiciere se tendrá por no interpuesto el recurso.
- La falta de copias será motivo para tener por no interpuesto el recurso.
- Con el escrito de revisión y las citas suficientes se remitirán en el expediente original por el Juez de Distrito al Tribunal Colegiado; y si el recurso se interpuso ante el Tribunal contra una sentencia del Tribunal Colegiado, este remitirá el expediente original a la Suprema Corte; previamente el órgano jurisdiccional que recibió el escrito que contiene el recurso, distribuirá entre las partes y dentro del término de tres días las copias relativas.
- Si el recurso es respecto a alguna resolución relativa a la suspensión definitiva, deberá remitirse dentro del plazo de tres días del expediente original del incidente de suspensión, quedándose el Juez de Distrito con su duplicado.
- Recibido el expediente original por el Tribunal Colegiado de Circuito, o en su caso, por la Suprema Corte, el presidente de estos órganos, según corresponda, dentro de os tres días si-

guientes a su recepción dictara un auto de admisión o desechamiento del recurso.

- Admitido el recurso se le notificara a las partes y se les dará un plazo para interponer la revisión adhesiva dentro del término de cinco días.
- Transcurrido el plazo para la revisión adhesiva se turnara le expediente al Magistrado o Ministro que corresponda, para que se dicte resolución dentro del plazo máximo de noventa días.[269]

La legislación aplicable en su artículo 82 establece que la parte que obtuvo resolución favorable en el juicio de amparo puede adherirse a la revisión interpuesta por otra de las partes dentro del plazo de cinco días, (contados a partir del día siguiente a aquél en que surta efectos la notificación de la admisión del recurso, expresando los agravios correspondientes).[270]

Es importante precisar que la adhesión al recurso sigue la suerte procesal de éste.

Posteriormente y notificadas las partes del auto de admisión, transcurrido el plazo para adherirse a la revisión y, en su caso, tramitada ésta, se turnará de inmediato el expediente al Ministro o Magistrado que corresponda.

Dictándose resolución en un plazo máximo de noventa días, según lo dictado por el artículo 92 de la ley de la materia.[271]

Recurso de Queja:

Por principio este recurso procede contra aquellas resoluciones que no admiten recurso de revisión, así como aquellas que se dictan durante la tramitación del proceso y que no sea reparables en la sentencia definitiva.

Sin embargo, las numerosas críticas que se han enderezado contra el recurso de queja provienen de que el resto de sus supuestos de pro-

[269] Cfr. Op.Cit., Campos Montejo, pp.213 – 215.
[270] Cfr. Ley de Amparo, Artículo 82.
[271] Cfr. Ibídem., Artículo 92.

cedencia carecen de sistemática e incluso, algunos de ellos, ni siquiera corresponde a un recurso, sino a un mero incidente.[272]

La queja aparece ya desde la publicación de la actual ley, el 10 de enero de 1936 con la estructura que hoy conocemos del artículo 95 con su complejo sistema de plazos de su artículo 97 y con las mismas normas de tramitación de los artículos 98 y 99.[273]

Como veremos más adelante lo detallado en el párrafo anterior y los supuestos de procedencia se encuentran previstos en el artículo 95 de la Ley de Amparo.

Es un recurso, al igual que la revisión y la reclamación, expresamente reconocido en la Ley de Amparo en sus artículos 97 al 103.

La Suprema Corte la ha definido como un medio de impugnación con una gran variedad de supuestos en que se pueden corregir los actos de los Jueces de Distrito y de las autoridades responsables en caso, en caso de que el recurrente considere que se le ha causado un agravio.

Como todo recurso es un medio de impugnación que se interpone para obtener la reparación de algún aspecto del procedimiento de amparo, ya sea del juicio principal o de alguno de los incidentes que el recurrente estima injusto.

Es un medio que busca combatir un acto del procedimiento y dejar sin valor lo que el inconforme considera no apegado a derecho.

En materia de amparo la regla general es que sea otra instancia la que conozca del recurso y lo falle, pues es principio general de derecho que el propio Juez productor del acto lesivo no puede revocar sus propias determinaciones.

Únicamente en los caso excepcionales previstos por la ley.[274]

Como lo establece la legislación en el juicio de amparo sólo se admitirán los recursos de revisión, queja y reclamación; y tratándose del cumplimiento de sentencia, el de inconformidad.[275]

---

272 Cfr.Op.Cit., Ruiz Torrez, p. 358.
273 Cfr. Ibídem., p. 359.
274 Cfr. Op.Cit., Campos Montejo, p. 205.
275 Cfr. Ibídem, p. 189.

Según Campos Montejo la queja tienen como objetivo que un órgano superior se sustituya en el conocimiento de la materia de la impugnación y examine la resolución dictada por el inferior para obtener una mejoría jurídica, sea por revocación o modificación en que se declare fundado el recurso, y de no justificarse legalmente el agravio mediante la expresión de los motivos de inconformidad que haga valer el recurrente, en cumplimiento al principio de estricto derecho en que no deba suplirse la deficiencia de la queja, el Tribunal revisor habrá de declararlo infundado.[276]

En amparo indirecto el recurso de queja procede contra las siguientes resoluciones:

a) Las que admitan total o parcialmente, desechen o tengan por no presentada una demanda de amparo o su ampliación.

b) Las que concedan o nieguen la suspensión de plano o la provisional.

c) Las que rehúsen la admisión de fianzas o contrafianzas, admitan las que no reúnan los requisitos legales o que puedan resultar excesivas o insuficientes.

d) Las que reconozcan o nieguen el carácter de tercero interesado.

e) Las que se dicten durante la tramitación del juicio, o del incidente de suspensión, que no admitan expresamente el recurso de revisión y que por su naturaleza trascendental y grave puedan causar perjuicio a alguna de las partes, no reparable en la sentencia definitiva; así como las que con las mismas características se emitan después de dictada la sentencia en la audiencia constitucional.

f) Las que decidan el incidente de reclamación de daños y perjuicios.

g) Las que resuelvan el incidente por exceso o defecto en la ejecución del acuerdo en que se haya concedido al quejoso la suspensión provisional o definitiva del acto reclamado.

h) Las que se dicten en el incidente de cumplimiento sustituto de las sentencias de amparo.[277]

---

276 Cfr. Ibídem, p. 206.

277 Cfr. Ibídem, pp. 205 – 213.

Por su parte en el amparo directo, tenemos varios supuestos, tratándose de la autoridad responsable, en los siguientes casos:

a) Cuando omita tramitar la demanda de amparo o lo haga indebidamente.
b) Cuando no provea sobre la suspensión dentro del plazo legal, conceda o niegue ésta, rehúse la admisión de fianzas o contrafianzas, admita las que no reúnan los requisitos legales o que puedan resultar excesivas o insuficientes.
c) Contra la resolución que decida el incidente de reclamación de daños y perjuicios.
d) Cuando niegue al quejoso su libertad caucíonal o cuando las resoluciones que dicte sobre la misma materia causen daños o perjuicios a alguno de los interesados.

El plazo para la interposición del recurso de queja es de cinco días, con las excepciones siguientes:

- De dos días hábiles, cuando se trate de suspensión de plano o provisional.
- En cualquier tiempo, cuando se omita tramitar la demanda de amparo.

El recurso de queja deberá presentarse por escrito ante el órgano jurisdiccional que conozca del juicio de amparo.

En el caso de que se trate de actos de la autoridad responsable, el recurso deberá plantearse ante el órgano jurisdiccional de amparo que deba conocer o haya conocido del juicio.

En el escrito de queja se expresarán los agravios que cause la resolución recurrida.[278]

Es importante señalar que la queja puede ser declarada fundada, infundada y sin materia.

Tenemos que la queja fundada es aquella donde la resolución que determina una queja es fundada y tendrá efectos procesales, siendo que la infundada no los tendrá.

---

278 Cfr. Óp. Cit., Campos Montejo, pp.213 -214

Por su parte la queja sin materia según Félix Tapia hay dos casos en los que se presenta, cuando al resolverse aparece que en el juicio principal ya existe sentencia ejecutoria. Como la suspensión se concede en tanto dura el juicio en lo principal, resulta que al declararse ejecutoriada una sentencia, se pone termino al juicio y por lo mismo deja de surtir efectos la suspensión, es decir quedan sin efecto las providencias decretadas en el incidente de suspensión.

También procede declarar sin materia la queja, cuando se ha planteado contra la suspensión provisional y se ha dictado resolución que niega la suspensión definitiva.[279]

Recurso de Reclamación:

Para Torres Ruiz es el recurso más sencillo de los tres que establece la Ley de Amparo.

Al igual que la queja, se le regula por primera vez en el artículo 103 de la Ley de 1936 para combatir acuerdos de trámite del Presidente de la Suprema Corte de Justicia de la Nación y de los Presidentes de las Salas.[280]

La Suprema Corte de Justicia de la Nación ha definido al recurso de reclamación como un medio de defensa en el juicio de garantías que la ley concede a las partes para impugnar los acuerdos y providencias que se pronuncien, durante el trámite de los asuntos de carácter jurisdiccional, por el Presidente de la Suprema Corte de Justicia de la Nación, por los Presidentes de sus Salas o de los Tribunales Colegiados de Circuito, con objeto de poner un asunto en estado de resolución.

Por consiguiente, la materia del citado recurso está constituida precisamente por el acuerdo de trámite impugnado, que puede y debe ser examinado en su legalidad por cuanto a los fundamentos y consideraciones en que se sustenta solo a través de los agravios expresados por el recurrente, como lo prevé el artículo 104 de la Ley de Amparo.

Este recurso se resuelve de plano por el órgano jurisdiccional que debe de conocer del fondo del asunto, es decir, sin abrir inci-

---

279 Cfr. Óp. Cit., Felix Tapia, p.94.

280 Cfr. Óp. Cit., Torres Ruiz, p. 368.

dente alguno y sin dar intervención a las demás partes en el juicio de garantías.

En apariencia el recurso de reclamación no es importante en el México Constitucional o de Garantías, pero en la realidad, una vez practicado su estudio y hecho el análisis correspondiente, descubrimos lo contrario.[281]

Es el recurso más sencillo de los tres que establece la Ley de Amparo en opinión de Campos Montejo.

Teniendo como objeto el modificar a través de los agravios que exprese el recurrente, el acuerdo de tramite cuestionado, para estos fines los agravios deben enderezarse a controvertir la legalidad del acuerdo que admitió la demanda de amparo y no el fondo del juicio constitucional.[282]

Tenemos tal como comentamos que el recurso de reclamación es procedente contra:

- Los acuerdos de trámite dictados por el Presidente de la Suprema Corte de Justicia de la Nación.
- Por los Presidentes de sus Salas o de los Tribunales Colegiados de Circuito.

Dicho recurso se podrá interponer por cualquiera de las partes, por escrito, en el que se expresan agravios, dentro del término de tres días siguientes al en que surta sus efectos la notificación de la resolución impugnada.

Se resolverá en un plazo máximo de diez días, teniendo que ser por fuerza el ponente un Ministro o Magistrado distinto de su Presidente.

La reclamación fundada, tienen como resultado el dejar sin efectos el acuerdo recurrido y obliga al Presidente que lo hubiere emitido a dictar el que corresponda.[283]

---

281 Ibíd.

282 Cfr. Op.Cit., Campos Montejo, pp. 219 – 220.

283 Cfr. Ley de Amparo Artículos 104 -106

Los acuerdos deben de guardar las siguientes características para la procedencia de este recurso:

a) Que se trate de un acuerdo dictado durante la tramitación de un juicio de amparo.
b) Que el asunto sea de la competencia del Pleno de la Corte, de alguna de sus Salas o del Tribunal Colegiado de Circuito.[284]

Queja de Queja y Revocación:

Por último es importante mencionar que para algunos autores existe lo que llaman la queja de queja, y otros se han atrevido a identificar otros recursos como el de revocación.

Es de señalar que la ley únicamente hace menciona los tres recursos descritos anteriormente, en la opinión de Chávez del Castillo, la existencia de la queja de la queja y más aún en este caso la "Revocación", sin perjuicio de que es de explorado derecho que ninguna autoridad puede revocar sus propias determinaciones, sin embargo, por disposición expresa de la ley puede ser que una Autoridad Judicial Federal pueda revocar sus propias determinaciones; en el juicio de amparo indirecto existen dos casos que se regulaban en la Ley de Amparo previa a la reforma en los artículos 133 y 140 de la ley.[285]

Es importante señalar que si se estima que le recurso fue interpuesto sin motivo, se impondrá a la recurrente o a su abogado, o a ambos, una multa de diez a ciento veinte diez de salario.[286]

Eduardo Torres Ruiz aborda el tema de la siguiente manera:

La queja de la queja tiene como presupuestó en el amparo indirecto, el que se hay planteado una primera queja ante un Juez de Distrito en contra de las autoridades responsables:

- Por exceso o defecto en la ejecución del auto por el que se haya concedido al quejoso en la suspensión provisional o definitiva del recurso reclamado.

---

[284] Cfr. Op.Cit., Torres Ruiz., p.360.
[285] Cfr. Op.Cit., Chávez del Castillo, p 419.
[286] Cfr. Op.Cit., Felix Tapia, p.94.

- Por falta de cumplimiento del auto en que se haya concedido al quejoso su libertad bajo caución, en virtud del otorgamiento de la suspensión del acto reclamado.
- Por exceso en el defecto de la ejecución de la sentencia en que se allá concedido el amparo al quejoso. También habla de actos del superior del Tribunal que haya cometido las violaciones, como competencia alternativa; pero este es un anacronismo en el que no vale la pena abundar.
- Por su parte, en el amparo directo la queja de la queja tiene como presupuesto, que se haya hecho valer ante un Tribunal Colegiado de Circuito un primer recurso de queja , en un asunto en el que proceda el recurso de revisión en amparo directo, en los términos del artículo 83 fracción V.[287]

Por otra parte nuestro Máximo Tribunal ha establecido en relación al recurso de queja establecido en la fracción V del artículo 95 de la Ley de Amparo, llamado queja de queja, solo procede ante la Suprema Corte de Justicia de la Nación cuando está, por haberse hecho valer ante ella el recurso de revisión, se hubiere pronunciado sobre la inconstitucionalidad de una ley o hubiera establecido la interpretación directa en un precepto constitucional, la única materia a la que debe limitarse el recurso de revisión del amparo directo, cumpliendo así el mandato constitucional de que el Máximo Tribunal del país es fundamentalmente, un Tribunal de Constitucionalidad y, excepcionalmente de Legalidad o bien cuando el Tribunal Colegiado del Conocimiento se hubiese pronunciado sobre cuestión de constitucionalidad concediendo el amparo y esta hubiere quedado firme por no haberse recurrido, siempre y cuando en la queja se hubieran planteado aspectos de constitucionalidad.

I.1.14. Jurisprudencia

La jurisprudencia es un concepto latino *iuris prudencia* que quiere decir "*iuris:* Derecho" y "*prudencia: Moderación y pericia*".

---

287 Cfr. Op.Cit., Torres Ruiz, p.360.

Es un conjunto de sentencias uniformes emitidas por el pleno de la Suprema Corte de Justicia de la Nación, sus Salas o los Tribunales Colegiados de Circuito que contienen un criterio sobre la controversia que en el ámbito de sus competencias en vía de amparo se les ha planteado, que da lugar a una pluralidad de resoluciones concordantes.

Es la interpretación que hacen los Tribunales Competentes al aplicar la ley a los supuestos de conflicto que someten a su conocimiento.

La jurisprudencia es la interpretación de la ley, acto o hecho jurídico que emana de las ejecutorias que pronuncia la Suprema Corte de Justicia de la Nación, funcionando en el Pleno o en Salas y los Tribunales Colegiados de Circuito del Poder Judicial de la Federación , en cualquiera de los asuntos de competencia que se resuelvan en forma colegiada con el fin de integrar, ratificar o dar verdadero significado a un precepto o asunto en concreto, para provocar seguridad jurídica respecto del tema dilucidad, cuyo cumplimiento están obligados las partes que formal o materialmente imparten justicia.

En nuestro sistema jurídico se reconocen tres formas para que los criterios de los Tribunales Federales puedan alcanzar la categoría de formación de jurisprudencia, que son:

- Reiteración.
- Contradicción de tesis.
- Por precedentes obligatorios.

Como es de su conocimiento los órganos legitimados para denunciar una contradicción de tesis son:

- El Pleno de la SCJN.
- Pleno de Circuito.
- Tribunales de Circuito.
- Jueces de Distrito.
- Fiscal General de la República.
- Las partes en los asuntos que los motivaron.

Es importante señalara que la jurisprudencia que establezca la Suprema Corte de Justicia de la Nación, funcionando en Pleno o en

Salas, es obligatoria para éstas tratándose de la que decrete el pleno, y además para:

- Los Plenos de Circuito.
- Los Tribunales Colegiados de Circuito.
- Los Juzgados de Distrito.
- Tribunales Militares y Judiciales del orden común de los Estados y la Ciudad de México.
- Y Tribunales Administrativos y del Trabajo, Locales o Federales.

La jurisprudencia que establezcan los Plenos de Circuito es obligatoria para:

- Los Tribunales Colegiados de Circuito.
- Los Tribunales de Apelación
- Los Juzgados de Distrito.
- Tribunales Militares y Judiciales del Orden Común de las Entidades Federativas y de la Ciudad de México.
- Y Tribunales Administrativos y del Trabajo, Locales o Federales que se ubiquen dentro del circuito correspondiente.[288]

La jurisprudencia en ningún caso tendrá efecto retroactivo en perjuicio de persona alguna.

Es importante señalar lo que se ha comentado en relación a la irretroactividad de la jurisprudencia:

Los Tribunales Federales han establecido que la jurisprudencia no es retroactivo, por no constituir legislación nueva, si no que únicamente fija el contenido de una norma preexistente.

Este criterio parte de la base que la jurisprudencia solo es la interpretación de la ley que la Suprema Corte de Justicia de la Nación efectúa en determinado sentido, por lo que su acatamiento obligatorio, no es sino la ley vigente, en la época de relación de los hechos que motivaron el juicio del que deriva el acto reclamado en un juicio amparo.

Interrupción de la jurisprudencia:

---

[288] Cfr. Ley de Amparo, Artículo 217.

La jurisprudencia se interrumpe y deja de tener carácter obligatorio cuando se pronuncie sentencia en contrario.

En estos casos, en la ejecutoria respectiva deberán expresarse las razones en que se apoye la interrupción, las que se referirán a las consideraciones que se tuvieron para establecer la jurisprudencia relativa.[289]

Entraremos más afondo al análisis de las tres formas para que los criterios de los Tribunales Federales puedan alcanzar a la categoría de jurisprudencia, que son:

Jurisprudencia por Precedentes Obligatorios

Las razones que justifiquen las decisiones contenidas en las sentencias que dicte el Pleno de la Suprema Corte de Justicia de la Nación, constituyen precedentes obligatorios para todas las autoridades jurisdiccionales de la Federación y de las entidades federativas cuando sean tomadas por mayoría de ocho votos. Las cuestiones de hecho o de derecho que no sean necesarias para justificar la decisión no serán obligatorias. Las razones que justifiquen las decisiones contenidas en las sentencias que dicten las salas de la Suprema Corte de Justicia de la Nación, constituyen precedentes obligatorios para todas las autoridades jurisdiccionales de la Federación y de las entidades federativas cuando sean tomadas por mayoría de cuatro votos. Las cuestiones de hecho o de derecho que no sean necesarias para justificar la decisión no serán obligatorias.

Por Reiteración:

Es la emitida siempre que lo resultado en ellas sustente un mismo criterio en cinco sentencias no interrumpidas por otra en contrarió y sean aprobadas. Las cuestiones de hecho o de derecho que no sean necesarias para justificar la decisión no serán obligatorias. (Artículo 224 de la Ley de Amparo).[290]

Siempre es competencia de los Tribunales Colegiados de Circuito la jurisprudencia por reiteración se integra por cinco sentencias no interrumpidas pero resueltas por unanimidad de votos emitidos por los Magistrados integrantes de los Tribunales en cita.[291]

---

289 Cfr. Ibídem, Artículo 228.

290 Cfr. Op.Cit., Campos Montejo, p.224 -226.

291 Artículo 224, Ley de Amparo .

Contradicción de Criterios:

La jurisprudencia por contradicción se establece al dilucidar los criterios discrepantes sostenidos entre las salas de la Suprema Corte de Justicia de la Nación, entre los plenos regionales o entre los tribunales colegiados de circuito, en los asuntos de su competencia.

Las contradicciones de criterios serán resueltas por:

I. El pleno de la Suprema Corte de Justicia de la Nación cuando deban dilucidarse los criterios contradictorios sostenidos entre sus salas.

II. El pleno o las salas de la Suprema Corte de Justicia de la Nación cuando deban dilucidarse los criterios contradictorios sostenidos entre plenos regionales o entre tribunales colegiados de circuito pertenecientes a distintas regiones.

III. Los plenos regionales cuando deban dilucidarse criterios contradictorios entre los tribunales colegiados de circuito de la región correspondiente. Al resolverse una contradicción de criterios, el órgano correspondiente podrá acoger uno de los criterios discrepantes, sustentar uno diverso, declararla inexistente o sin materia. En todo caso, la decisión se determinará por mayoría. La resolución que decida la contradicción de criterios, no afectará las situaciones jurídicas concretas de los juicios en los cuales se hayan dictado las sentencias que sustentaron los criterios contendientes.

La legitimación para denunciar las contradicciones de criterios se ajustará a las siguientes reglas:

I. Las contradicciones a que se refiere la fracción I del artículo anterior podrán ser denunciadas ante el pleno de la Suprema Corte de Justicia de la Nación por las Ministras o los Ministros, los Plenos Regionales, los Tribunales Colegiados de Circuito y sus integrantes, las Magistradas o los magistrados de los tribunales colegiados de apelación, las Juezas o los Jueces de Distrito, el o la Fiscal General de la República, o las partes.

II. Las contradicciones a que se refiere la fracción II del artículo anterior podrán ser denunciadas ante la Suprema Corte de Justicia de la Nación por las Ministras o los Ministros, los Plenos

Regionales, o los Tribunales Colegiados de Circuito y sus integrantes, que hayan sustentado criterios discrepantes, la o el Fiscal General de la República, las Magistradas o los Magistrados del Tribunal Colegiado de Apelación, las Juezas o los Jueces de distrito, o las partes en los asuntos que las motivaron.

III. Las contradicciones a que se refiere la fracción III del artículo anterior, podrán ser denunciadas ante los Plenos Regionales por la o el Fiscal General de la República, los Mencionados tribunales y sus integrantes, las magistradas o los magistrados de Tribunal Colegiado de Apelación, las Juezas o los Jueces de distrito o las partes.[292]

Interrupción de la Jurisprudencia:

Los tribunales no estarán obligados a seguir sus propias jurisprudencias. Sin embargo, para que puedan apartarse de ellas deberán proporcionar argumentos suficientes que justifiquen el cambio de criterio. En ese caso, se interrumpirá la jurisprudencia y dejará de tener carácter obligatorio.

Los tribunales de que se trata estarán vinculados por sus propias jurisprudencias en los términos antes descritos, incluso cuando éstos se hayan emitido con una integración distinta.

Interrumpida la jurisprudencia, para integrar la nueva se observarán las reglas establecidas para su formación.[293]

I.1.15. Análisis Breve en Relación al Impuesto Sobre la Propiedad Inmobiliaria, Acto Reclamado Destacado; Derechos de Petición que Involucran Negativas Fictas; y Tercero Extraño a Juicio por Acto de Autoridad entre Otros

Impuesto Sobre la Propiedad Inmobiliaria:

Nuestro Máximo Tribunal ha interpretado la ley aplicable al impuesto sobre la propiedad inmobiliaria, en varios supuestos, emitiendo los siguientes criterios, en algunos casos por si solos se explican

---

292 Cfr. Ley de Amparo, Artículos 228 - 229.
293 Cfr. Ibídem, Artículos 231 -234.

y otros contienen una interpretación detallada de porqué del criterio correspondiente, que nos permitimos analizar a continuación:

a) Amparo: Es procedente contra la norma expedida por un congreso local que establece la exención en el pago del impuesto sobre adquisición de bienes inmuebles, impugnada por los sujetos excluidos por considerarla violatoria del principio de equidad tributaria.[294]
b) Activo: La ley relativa no viola las garantías de legalidad y seguridad jurídica por invasión de esferas competenciales entre los órdenes de gobierno federal y local (legislación vigente para el ejercicio fiscal de 2007).[295]
c) Predial: El artículo 152, fracción II, del Código Financiero del Distrito Federal (ahora Ciudad de México), al establecer el sistema de aminoración del impuesto relativo atendiendo al destino de los inmuebles, es constitucional (legislación vigente en 2008).

- La porción normativa de referencia, al disponer que tratándose de inmuebles de uso habitacional, los contribuyentes tendrán derecho a una reducción del impuesto predial a su cargo, con la única excepción de que en dichos inmuebles se encuentren instalados o fijados anuncios con publicidad exterior en términos de lo previsto en la Ley de Desarrollo Urbano del Distrito Federal (ahora Ciudad de México).[296]

---

[294] Cfr. Época: Novena Época, Registro: 164404, Instancia: Segunda Sala, Tipo de Tesis: Jurisprudencia, Fuente: Semanario Judicial de la Federación y su Gaceta, Tomo XXXII, Julio de 2010, Materia(s): Constitucional, Administrativa, Tesis: 2a./J. 95/2010, Página: 265.

[295] Cfr. Época: Novena Época, Registro: 165631, Instancia: Pleno, Tipo de Tesis: Jurisprudencia, Fuente: Semanario Judicial de la Federación y su Gaceta, Tomo XXXI, Enero de 2010, Materia(s): Constitucional, Administrativa, Tesis: P./J. 129/2009, Página: 15.

[296] Cfr. Época: Novena Época, Registro: 165482, Instancia: Segunda Sala, Tipo de Tesis: Jurisprudencia, Fuente: Semanario Judicial de la Federación y su Gaceta, Tomo XXXI, Enero de 2010, Materia(s): Constitucional, Administrativa, Tesis: 2a./J. 235/2009, Página: 285.

d) Predial: La asamblea legislativa del Distrito Federal (Ahora Ciudad de México) no está obligada a exponer las razones en que se apoyó para incrementar los valores unitarios del suelo o indicar el factor que consideró para ello (inaplicación de la jurisprudencia p./j. 122/2004).

- Lo anterior es así, ya que ese criterio se refiere a la facultad compartida entre dos niveles de gobierno (el municipal y el estatal) para establecer contribuciones sobre la propiedad inmobiliaria, el destino de los recursos relativos y salvaguardar las garantías que prevé el ordenamiento fundamental a favor de los Municipios, los cuales no pertenecen a la estructura orgánica y administrativa del Distrito Federal (Ahora Ciudad de México), ya que sus Delegaciones Políticas (Ahora Alcaldías) no pueden equipararse a ese orden de gobierno, pues forman parte de la administración pública local a cargo del Jefe de Gobierno. (Antes de la reforma).[297]

e) Predial: La capacidad contributiva en el impuesto relativo, puede gravarse indistintamente a través de tasas fijas o de tarifas progresivas (legislación vigente en 2008).

- La tasa o tarifa impositiva debe ser coherente con su naturaleza a fin de evitar que se ponga en riesgo un postulado constitucional o el acceso a valores mínimos humanos. Para verificar esta circunstancia es importante considerar la diferencia medular entre un sistema y otro, de manera que en la tasa fija la cuota tributaria depende únicamente de la modificación de la base

---

297 Cfr. Época: Novena Época, Registro: 165463, Instancia: Segunda Sala, Tipo de Tesis: Jurisprudencia, Fuente: Semanario Judicial de la Federación y su Gaceta, Tomo XXXI, Enero de 2010, Materia(s): Constitucional, Administrativa, Tesis: 2a./J. 231/2009, Página: 299. PREDIAL. LA ASAMBLEA LEGISLATIVA DEL DISTRITO FEDERAL NO ESTÁ OBLIGADA A EXPONER LAS RAZONES EN QUE SE APOYÓ PARA INCREMENTAR LOS VALORES UNITARIOS DEL SUELO O INDICAR EL FACTOR QUE CONSIDERÓ PARA ELLO (INAPLICACIÓN DE LA JURISPRUDENCIA P./J. 122/2004).

gravable, mientras que en la tarifa progresiva depende tanto de la variación de la base como del porcentaje aplicable.

- En consecuencia, tratándose del impuesto predial, tanto la tasa fija como la tarifa progresiva son idóneas para obtener la cuota tributaria respectiva y, por ende, en ejercicio de su potestad tributaria el legislador puede establecer una u otra.[298]

f) Amparo: Procede por violación al Artículo 115, fracción IV, de la Constitución Política de los Estados Unidos Mexicanos, cuando el particular se vea afectado en su esfera jurídica por actos emitidos por un nivel de gobierno federal o estatal, que corresponden en exclusiva al Municipio.

- Cuando una autoridad ordena un acto fuera de su competencia constitucional o legal que origine en el gobernado un agravio personal, surge la posibilidad de que éste deduzca la acción de amparo, la cual tiende a proteger no sólo lo dispuesto en el artículo 16 de la Constitución Política de los Estados Unidos Mexicanos, sino también la garantía de exacta aplicación de la ley establecida en el numeral 14 del Ordenamiento Supremo, si se trata de un ordenamiento secundario.
- Ahora bien, tratándose del pago del impuesto sobre propiedad inmobiliaria, cuyo establecimiento es competencia de la autoridad legislativa local, conforme al artículo 115, fracción IV, constitucional, con respeto absoluto de los principios de autonomía y libre administración municipal, pues este precepto se refiere a la organización política y administrativa del Municipio Libre, garantiza su autonomía y determina su competencia exclusiva, entre otros principios, en la libre administración hacendaria municipal.
- Conforme a la Constitución corresponden de manera exclusiva al ámbito municipal, invadiría su esfera de competencia e

---

298 Cfr. Época: Novena Época, Registro: 165462, Instancia: Segunda Sala, Tipo de Tesis: Jurisprudencia, Fuente: Semanario Judicial de la Federación y su Gaceta , Tomo XXXI, Enero de 2010, Materia(s): Administrativa , Tesis: 2a./J. 222/2009, Página: 301. PREDIAL. LA CAPACIDAD CONTRIBUTIVA EN EL IMPUESTO RELATIVO, PUEDE GRAVARSE INDISTINTAMENTE A TRAVÉS DE TASAS FIJAS O DE TARIFAS PROGRESIVAS (LEGISLACIÓN VIGENTE EN 2008).

incurriría en violación al artículo 115, fracción IV, de la Carta Magna, y el agraviado con dichos actos sería el Municipio, el cual podría promover controversia constitucional; pero si con motivo de esa invasión de competencias el afectado es un particular procede el juicio de amparo.[299]

g) Conceptos de Violación Inoperantes: Lo son los relativos a la falta de inclusión del quejoso en la exención otorgada por el congreso local en cuanto al pago del impuesto sobre propiedad inmobiliaria, aun cuando sea en contravención al artículo 115, fracción IV, de la Constitución Federal.

- El Congreso Local carece de competencia para establecer en la ley respectiva exenciones al pago del impuesto predial o sobre propiedad inmobiliaria, pues en términos del artículo 115, fracción IV, de la Constitución Política de los Estados Unidos Mexicanos, la facultad para otorgar exenciones corresponde al Municipio.[300]

---

299 Cfr. Época: Novena Época, Registro: 169374, Instancia: Segunda Sala, Tipo de Tesis: Jurisprudencia, Fuente: Semanario Judicial de la Federación y su Gaceta, Tomo XXVIII, Julio de 2008, Materia(s): Constitucional, Administrativa, Tesis: 2a./J. 105/2008, Página: 471. AMPARO. PROCEDE POR VIOLACIÓN AL ARTÍCULO 115, FRACCIÓN IV, DE LA CONSTITUCIÓN POLÍTICA DE LOS ESTADOS UNIDOS MEXICANOS, CUANDO EL PARTICULAR SE VEA AFECTADO EN SU ESFERA JURÍDICA POR ACTOS EMITIDOS POR UN NIVEL DE GOBIERNO FEDERAL O ESTATAL, QUE CORRESPONDEN EN EXCLUSIVA AL MUNICIPIO.

300 Cfr. Época: Novena Época, Registro: 169341, Instancia: Segunda Sala, Tipo de Tesis: Jurisprudencia, Fuente: Semanario Judicial de la Federación y su Gaceta, Tomo XXVIII, Julio de 2008, Materia(s): Administrativa, Constitucional, Tesis: 2a./J. 106/2008, Página: 513. CONCEPTOS DE VIOLACIÓN INOPERANTES. LO SON LOS RELATIVOS A LA FALTA DE INCLUSIÓN DEL QUEJOSO EN LA EXENCIÓN OTORGADA POR EL CONGRESO LOCAL EN CUANTO AL PAGO DEL IMPUESTO SOBRE PROPIEDAD INMOBILIARIA, AUN CUANDO SEA EN CONTRAVENCIÓN AL ARTÍCULO 115, FRACCIÓN IV, DE LA CONSTITUCIÓN FEDERAL.

Derechos de Petición que Involucran Negativas Fictas:

a) Resolución negativa ficta derivada de la solicitud de certificación y rectificación de declaraciones fiscales: Al no producir afectación en materia fiscal, es improcedente el juicio contencioso administrativo federal promovido en su contra.[301]

- Los particulares tienen la obligación de auto determinarse sus obligaciones fiscales, atendiendo al principio de buena fe, conforme al artículo 6 del Código Fiscal de la Federación.
- Lo cual, no implica que el simple hecho de presentar las declaraciones correspondientes genere afectación a su esfera jurídica tributaria, pues en todo caso, ese tipo de perjuicio surge cuando se liquida un crédito fiscal por el incumplimiento de las cargas tributarias en ejercicio de la facultad discrecional de la autoridad administrativa de vigilar el exacto cumplimiento de las obligaciones fiscales, a través de los mecanismos previstos al efecto por el legislador.
- También es verdad que los contribuyentes pueden solicitar a las autoridades tributarias la confirmación y rectificación de las declaraciones de impuestos; pero la falta de contestación a la petición relativa, por sí misma, no produce una afectación de carácter fiscal, en tanto que, en realidad, lo que genera ese perjuicio, en todo caso, sería la determinación de una obligación con motivo de dicho ejercicio.
- Lo anterior se justifica si se toma en cuenta que la intención de los particulares al presentar la petición es obtener una respuesta en 3 meses en cuanto a la corrección o equivocación del cálculo aritmético realizado en las declaraciones respecto a una contribución en concreto, lo cual no solamente implica obligar

---

301 Cfr. Época: Décima Época, Registro: 2013400, Instancia: Plenos de Circuito, Tipo de Tesis: Jurisprudencia, Fuente: Gaceta del Semanario Judicial de la Federación, Libro 38, Enero de 2017, Tomo III, Materia(s): Administrativa, Tesis: PC.I.A. J/93 A (10a.), Página: 1786. RESOLUCIÓN NEGATIVA FICTA DERIVADA DE LA SOLICITUD DE CERTIFICACIÓN Y RECTIFICACIÓN DE DECLARACIONES FISCALES. AL NO PRODUCIR AFECTACIÓN EN MATERIA FISCAL, ES IMPROCEDENTE EL JUICIO CONTENCIOSO ADMINISTRATIVO FEDERAL PROMOVIDO EN SU CONTRA.

a ejercer una facultad discrecional, sino reducir los plazos con los que cuenta la autoridad para verificar, si lo estima pertinente, el acatamiento estricto de las obligaciones tributarias a cargo de los contribuyentes, en tanto el legislador estableció claramente el tiempo en el cual debe concluir el ejercicio de esas atribuciones, atendiendo, entre otras cuestiones, al tipo de sujeto pasivo de la relación fiscal, su situación frente al ordenamiento jurídico, sus relaciones comerciales y su residencia.

- Por tanto, resulta improcedente el juicio contencioso administrativo federal promovido contra la resolución negativa ficta derivada de la solicitud de certificación y rectificación de declaraciones, por no ser una resolución administrativa que produzca afectación en materia fiscal.

b) Negativa ficta configurada en un recurso en sede administrativa: Si al impugnarla el actor omite exhibir el documento en que consta el acto recurrido vía administrativa, el Magistrado instructor debe requerirlo para que lo presente en el plazo de 5 días.[302]

c) Negativa ficta: El plazo de tres meses para su actualización, por regla general, debe computarse a partir de la presentación del recurso de inconformidad.[303]

d) Resolución negativa expresa: Cuando la autoridad demandada la emite y notifica al actor al momento de contestar la demanda en un juicio primigenio instaurado en contra de una negativa

---

[302] Cfr. Época: Novena Época, Registro: 162542, Instancia: Segunda Sala, Tipo de Tesis: Jurisprudencia, Fuente: Semanario Judicial de la Federación y su Gaceta, Tomo XXXIII, Marzo de 2011, Materia(s): Administrativa, Tesis: 2a./J. 40/2011, Página: 688. NEGATIVA FICTA CONFIGURADA EN UN RECURSO EN SEDE ADMINISTRATIVA. SI AL IMPUGNARLA EL ACTOR OMITE EXHIBIR EL DOCUMENTO EN QUE CONSTA EL ACTO RECURRIDO VÍA ADMINISTRATIVA, EL MAGISTRADO INSTRUCTOR DEBE REQUERIRLO PARA QUE LO PRESENTE EN EL PLAZO DE 5 DÍAS.

[303] Cfr. Época: Novena Época, Registro: 163315, Instancia: Segunda Sala, Tipo de Tesis: Jurisprudencia, Fuente: Semanario Judicial de la Federación y su Gaceta , Tomo XXXII, Diciembre de 2010, Materia(s): Administrativa, Tesis: 2a./J. 156/2010, Página: 586. NEGATIVA FICTA. EL PLAZO DE TRES MESES PARA SU ACTUALIZACIÓN, POR REGLA GENERAL, DEBE COMPUTARSE A PARTIR DE LA PRESENTACIÓN DEL RECURSO DE INCONFORMIDAD.

ficta, puede ser impugnada mediante la promoción de un juicio autónomo o mediante ampliación de la demanda.[304]

e) Juicio contencioso administrativo: Tratándose de la resolución negativa ficta, en la ampliación de demanda, con base en el principio de *litis* abierta, pueden introducirse argumentos novedosos para cuestionar las violaciones cometidas durante la tramitación del procedimiento o recurso del cual derive la resolución de mérito, sin que la omisión de impugnar aquéllas en la demanda haga precluir su derecho para hacerlo.[305]

f) Negativa ficta: Se configura respecto de las autoridades administrativas federales sometidas a la competencia del Tribunal Federal de Justicia Fiscal y Administrativa (Actualmente Tribunal Federal de Justicia Administrativa).[306]

---

304 Cfr. Época: Novena Época, Registro: 164536, Instancia: Segunda Sala, Tipo de Tesis: Jurisprudencia, Fuente: Semanario Judicial de la Federación y su Gaceta , Tomo XXXI, Mayo de 2010, Materia(s): Administrativa, Tesis: 2a./J. 52/2010, Página: 839. RESOLUCIÓN NEGATIVA EXPRESA. CUANDO LA AUTORIDAD DEMANDADA LA EMITE Y NOTIFICA AL ACTOR AL MOMENTO DE CONTESTAR LA DEMANDA EN UN JUICIO PRIMIGENIO INSTAURADO EN CONTRA DE UNA NEGATIVA FICTA, PUEDE SER IMPUGNADA MEDIANTE LA PROMOCIÓN DE UN JUICIO AUTÓNOMO O MEDIANTE AMPLIACIÓN DE LA DEMANDA.

305 Cfr. Registro: 166925, Instancia: Segunda Sala, Tipo de Tesis: Jurisprudencia, Fuente: Semanario Judicial de la Federación y su Gaceta, Tomo XXX, Julio de 2009, Materia(s): Administrativa, Tesis: 2a./J. 87/2009 , Página: 403. JUICIO CONTENCIOSO ADMINISTRATIVO. TRATÁNDOSE DE LA RESOLUCIÓN NEGATIVA FICTA, EN LA AMPLIACIÓN DE DEMANDA, CON BASE EN EL PRINCIPIO DE LITIS ABIERTA, PUEDEN INTRODUCIRSE ARGUMENTOS NOVEDOSOS PARA CUESTIONAR LAS VIOLACIONES COMETIDAS DURANTE LA TRAMITACIÓN DEL PROCEDIMIENTO O RECURSO DEL CUAL DERIVE LA RESOLUCIÓN DE MÉRITO, SIN QUE LA OMISIÓN DE IMPUGNAR AQUÉLLAS EN LA DEMANDA HAGA PRECLUIR SU DERECHO PARA HACERLO.

306 Cfr. Época: Novena Época, Registro: 170690, Instancia: Segunda Sala, Tipo de Tesis: Jurisprudencia, Fuente: Semanario Judicial de la Federación y su Gaceta, Tomo XXVI, Diciembre de 2007, Materia(s): Administrativa, Tesis: 2a./J. 215/2007, Página: 208. NEGATIVA FICTA. SE CONFIGURA RESPECTO DE LAS AUTORIDADES ADMINISTRATIVAS FEDERALES SOMETIDAS A LA COMPETENCIA DEL TRIBUNAL FEDERAL DE JUSTICIA FISCAL Y ADMINISTRATIVA.

- La negativa ficta no se limita a las instancias o peticiones formuladas a las autoridades fiscales, previstas en el artículo 37 del Código Fiscal de la Federación, sino que también es aplicable respecto de las solicitudes formuladas ante las dependencias o entidades de la Administración Pública Federal sometidas a la jurisdicción del Tribunal Federal de Justicia Fiscal y Administrativa (Actualmente Tribunal Federal de Justicia Administrativa) de conformidad con el artículo 11, penúltimo párrafo de su Ley Orgánica.

g) Negativa ficta. La autoridad, al contestar la demanda de nulidad, no puede plantear aspectos procesales para sustentar su resolución.[307]

Tercero Extraño a Juicio por Acto de Autoridad:

a) Amparo adhesivo: La falta de emplazamiento al procedimiento natural alegada por el quejoso adherente, quien se ostenta como tercero extraño al juicio, no obliga al Tribunal Colegiado de Circuito a declinar la competencia en un Juez de Distrito.

b) Tercero extraño por equiparación en el juicio de amparo: No tiene ese carácter por sí mismo el menor de edad, que presentó la demanda o reconvino en el juicio natural, a través de su representante, y durante el trámite adquiere la mayoría de edad (legislaciones del Estado de Sinaloa y de la Ciudad de México).

- Una de las razones que le provocan indefensión a un tercero extraño a juicio por equiparación es porque siendo parte en el juicio natural no tiene conocimiento de la acción instaurada en su contra, cuyo resultado puede causarle perjuicios, lo que no acontece cuando su representante promueve la demanda de origen o su reconvencional, puesto que a través de él, conoce la

---

307 Cfr Época: Novena Época , Registro: 173737, Instancia: Segunda Sala , Tipo de Tesis: Jurisprudencia, Fuente: Semanario Judicial de la Federación y su Gaceta, Tomo XXIV, Diciembre de 2006 , Materia(s): Administrativa .Tesis: 2a./J. 166/2006 ,Página: 203. NEGATIVA FICTA. LA AUTORIDAD, AL CONTESTAR LA DEMANDA DE NULIDAD, NO PUEDE PLANTEAR ASPECTOS PROCESALES PARA SUSTENTAR SU RESOLUCIÓN.

existencia del procedimiento en el que se emitió el acto reclamado, por ser parte del mismo.[308]

c) Evicción: La sentencia en que se concede el amparo a un tercero extraño a juicio por violación a su garantía de audiencia, no la actualiza.

- Para que tenga lugar la evicción es necesario que el derecho anterior que se opone al adquirente sea "un mejor derecho", por lo cual es necesario que la evicción se determine en un juicio contradictorio en el que tengan la oportunidad de rendir pruebas y formular alegatos todas las partes involucradas, esto es, tanto el tercero que aduce tener un mejor derecho, como el enajenante y el adquirente, con el objeto de que el juzgador determine qué derecho debe prevalecer.
- Por tanto, la sentencia en un juicio de amparo indirecto en el que se resolvió conceder la protección federal por haberse vulnerado la garantía de audiencia al quejoso que adujo ser tercero extraño a juicio, y se le restituye en la propiedad y posesión, por no haber sido oído en el proceso en el que se adjudicó y remató un bien inmueble que aduce es de su propiedad, no puede actualizar la evicción en perjuicio de quien adquirió del titular registral el mismo bien inmueble, pues considerar lo contrario, implicaría que se deje en estado de indefensión tanto al adjudicatario del bien inmueble como al tercero adquirente. [309]

---

308 Cfr Época: Décima Época, Registro: 2003175, Instancia: Primera Sala, Tipo de Tesis: Jurisprudencia, Fuente: Semanario Judicial de la Federación y su Gaceta, Libro XVIII, Marzo de 2013, Tomo 1, Materia(s): Común, Tesis: 1a./J. 142/2012 (10a.), Página: 874. TERCERO EXTRAÑO POR EQUIPARACIÓN EN EL JUICIO DE AMPARO. NO TIENE ESE CARÁCTER POR SÍ MISMO EL MENOR DE EDAD, QUE PRESENTÓ LA DEMANDA O RECONVINO EN EL JUICIO NATURAL, A TRAVÉS DE SU REPRESENTANTE, Y DURANTE EL TRÁMITE ADQUIERE LA MAYORÍA DE EDAD (LEGISLACIONES DEL ESTADO DE SINALOA Y DEL DISTRITO FEDERAL).

309 Cfr Época: Décima Época Registro: 2001912, Instancia: Primera Sala, Tipo de Tesis: Jurisprudencia, Fuente: Semanario Judicial de la Federación y su Gaceta, Libro XIII, Octubre de 2012, Tomo 2, Materia(s): Común, Civil, Tesis: 1a./J. 74/2012 (10a.), Página: 1050. EVICCIÓN. LA SENTENCIA EN QUE SE CON-

d) Emplazamiento: Su falta o ilegalidad es impugnable a través del juicio de amparo indirecto, si quien se ostenta como tercero extraño equiparado a persona extraña tuvo conocimiento del juicio respectivo después de dictada la sentencia de primera instancia que no ha causado ejecutoria, aun cuando pueda impugnarla oportunamente mediante un recurso ordinario en el que pueda hacer valer aquella violación procesal.

- Es factible promover juicio de amparo indirecto por quien, siendo parte material en un juicio, se duela de la falta de emplazamiento o de las irregularidades suscitadas en él, considerando que en aras de permitir la adecuada tutela de su derecho de audiencia, en ese supuesto se ostenta como un tercero extraño a juicio que, por equiparación, debe regirse por las reglas procesales aplicables a la persona extraña a juicio, entre las que se encuentra la posibilidad de acudir al juicio de amparo sin necesidad de agotar los recursos ordinarios, lo que deriva de la interpretación sistemática de los incisos a), b) y c) de la fracción III del artículo 107 de la Constitución Política de los Estados Unidos Mexicanos, así como la de promoverlo en la vía indirecta para impugnar la constitucionalidad del juicio respectivo, con el objeto de ofrecer las pruebas para acreditar los referidos vicios procesales, lo que no podría realizar en la vía directa ante la limitación probatoria establecida en los artículos 78 y 190 de la Ley de Amparo.[310]

CEDE EL AMPARO A UN TERCERO EXTRAÑO A JUICIO POR VIOLACIÓN A SU GARANTÍA DE AUDIENCIA, NO LA ACTUALIZA.

310 Cfr. Época: Décima Época, Registro: 2000348, Instancia: Pleno, Tipo de Tesis: Jurisprudencia, Fuente: Semanario Judicial de la Federación y su Gaceta , Libro VI, Marzo de 2012, Tomo 1, Materia(s): Común,Tesis: P./J. 1/2012 (10a.) , Página: 5. EMPLAZAMIENTO. SU FALTA O ILEGALIDAD ES IMPUGNABLE A TRAVÉS DEL JUICIO DE AMPARO INDIRECTO, SI QUIEN SE OSTENTA COMO TERCERO EXTRAÑO EQUIPARADO A PERSONA EXTRAÑA TUVO CONOCIMIENTO DEL JUICIO RESPECTIVO DESPUÉS DE DICTADA LA SENTENCIA DE PRIMERA INSTANCIA QUE NO HA CAUSADO EJECUTORIA, AUN CUANDO PUEDA IMPUGNARLA OPORTUNAMENTE MEDIANTE UN RECURSO ORDINARIO EN EL QUE PUEDA HACER VALER AQUELLA VIOLACIÓN PROCESAL.

e) Procedimiento administrativo seguido en forma de juicio. El tercero extraño por equiparación no debe agotar los medios ordinarios de defensa previamente a la promoción del juicio de amparo indirecto, siendo obligatorio para los Tribunales de Amparo suplir la deficiencia de la queja.

- Al ser una formalidad esencial en los procedimientos administrativos seguidos en forma de juicio, la notificación del inicio del procedimiento y sus consecuencias cuando el quejoso no es emplazado al mismo o es citado en forma distinta de la prevenida por la ley, lo que le ocasiona el desconocimiento total del procedimiento, debe equiparársele a un tercero extraño, debido a que esa situación constituye una violación manifiesta a la ley que le produce indefensión, siendo obligatorio para los Tribunales de Amparo suplir la deficiencia de los conceptos de violación o agravios, con fundamento en la fracción VI del artículo 76 Bis de la Ley de Amparo.
- En esta circunstancia es factible que promueva el amparo indirecto sin necesidad de esperar el dictado de la resolución definitiva y sin agotar previamente los recursos o medios de defensa legales por virtud de los cuales pueda ser modificado, revocado o nulificado el acto que estima inconstitucional, en razón de que el principio de definitividad sólo es aplicable a las partes que intervienen en el juicio o procedimiento del cual emana el acto reclamado al haber sido emplazados correctamente y, en ningún caso, a los terceros extraños por equiparación, pues en relación con ellos, no se establece en sede constitucional o legal restricción alguna para la promoción del juicio de amparo.[311]

---

311 Cfr. Época: Décima Época, Registro: 2000428, Instancia: Primera Sala, Tipo de Tesis: Jurisprudencia, Fuente: Semanario Judicial de la Federación y su Gaceta, Libro VI, Marzo de 2012, Tomo 1, Materia(s): Común, Tesis: 1a./J. 18/2011 (10a.), Página: 170. PROCEDIMIENTO ADMINISTRATIVO SEGUIDO EN FORMA DE JUICIO. EL TERCERO EXTRAÑO POR EQUIPARACIÓN NO DEBE AGOTAR LOS MEDIOS ORDINARIOS DE DEFENSA PREVIAMENTE A LA PROMOCIÓN DEL JUICIO DE AMPARO INDIRECTO, SIENDO OBLIGATORIO PARA LOS TRIBUNALES DE AMPARO SUPLIR LA DEFICIENCIA DE LA QUEJA.

f) Tercero extraño a juicio: No pierde este carácter la persona a quien no siendo parte en el juicio de origen, se le requiere para que realice una conducta necesaria para el desarrollo del proceso, al no quedar vinculada por ese solo hecho y, por tanto, no está obligada a agotar el principio de definitividad antes de acudir al juicio de amparo.

- Conforme a los artículos 107, fracción III, inciso c), de la Constitución Política de los Estados Unidos Mexicanos y 114, fracción V, de la Ley de Amparo, persona extraña es la que resulta afectada con la ejecución de un acto jurisdiccional emitido en un juicio respecto del cual es completamente ajena, es decir, es aquella que no figura en el juicio o en el procedimiento como parte en sentido material, y con esa calidad no tiene obligación de agotar recursos ordinarios, pudiendo optar por la acción constitucional contra la resolución que le ocasione un perjuicio, ya que no ha comparecido al procedimiento.
- En ese sentido, el mandamiento judicial dirigido a una persona que no es parte material en el juicio de origen, en el cual se le identificó nominalmente y se le requiere para que realice una conducta útil o necesaria para el desarrollo del proceso, si bien es cierto que crea una relación jurídica directa e inmediata de supra a subordinación con el Juez responsable, similar a la que se produce entre el juzgador con cada una de las partes, también lo es que los terceros extraños en un juicio en ningún caso tienen obligación de agotar recursos.[312]

[312] Cfr. Época: Décima Época, Registro: 160179, Instancia: Primera Sala, Tipo de Tesis: Jurisprudencia, Fuente: Semanario Judicial de la Federación y su Gaceta, Libro VI, Marzo de 2012, Tomo 1, Materia(s): Común, Tesis: 1a./J. 124/2011 (9a.), Página: 228. TERCERO EXTRAÑO A JUICIO. NO PIERDE ESTE CARÁCTER LA PERSONA A QUIEN NO SIENDO PARTE EN EL JUICIO DE ORIGEN, SE LE REQUIERE PARA QUE REALICE UNA CONDUCTA NECESARIA PARA EL DESARROLLO DEL PROCESO, AL NO QUEDAR VINCULADA POR ESE SOLO HECHO Y, POR TANTO, NO ESTÁ OBLIGADA A AGOTAR EL PRINCIPIO DE DEFINITIVIDAD ANTES DE ACUDIR AL JUICIO DE AMPARO.

Acto Reclamado Destacado:

El acto reclamado destacado no se encuentra propiamente definido ni contemplado en la ley, más sin embargo se señalaran algunos criterios jurisprudenciales que hacen distinciones, de cuando se trata o no de un acto reclamado destacado.

- **Modelo de costos de interconexión móvil emitido por la extinta comisión federal de telecomunicaciones. No constituye una norma jurídica general, por lo que no puede impugnarse en el juicio de amparo como acto destacado, aunque sí al combatir la resolución sobre el desacuerdo y los instrumentos jurídicos que lo regulan.**

El anterior criterio tiene su origen en un desacuerdo entre los concesionarios de redes públicas de telecomunicaciones sobre las condiciones de interconexión, el órgano regulador en la materia habría de intervenir en su solución y fijar las condiciones y tarifas no convenidas, con base en una metodología de costos elaborada en términos de las disposiciones jurídicas en vigor y acorde con bases internacionalmente reconocidas, en la que se tomarían en consideración el crecimiento y el desarrollo del mercado de las telecomunicaciones en el país.

Consecuentemente, el modelo de costos de interconexión móvil no constituye una norma jurídica general, sino un acto de la Administración que consigna directrices técnicas y económicas a utilizarse instrumentalmente en el esquema normativo que prevé su empleo y las condiciones conforme a las cuales debe operar, cuyo propósito es facilitar el uso de indicadores metodológicos referenciales para fijar las mencionadas tarifas, por lo que su impugnabilidad a través del juicio de amparo no puede realizarse como acto reclamado destacado y está condicionada tanto por su utilización en la resolución que concluye el desacuerdo, como por el hecho de que se reclamen los instrumentos normativos que lo regulan.[313]

---

313 Cfr. Época: Décima Época, Registro: 2014292, Instancia: Plenos de Circuito, Tipo de Tesis: Jurisprudencia, Fuente: Semanario Judicial de la Federación, Publicación: viernes 19 de mayo de 2017 10:24 h, Materia(s): (Común), Tesis: PC.XXXIII.CRT. J/11 A (10a.). MODELO DE COSTOS DE INTERCO-

- **Actos administrativos, decretos y acuerdos de carácter general impugnables ante el Tribunal Federal de Justicia Fiscal y Administrativa (Actualmente Tribunal Federal de Justicia Administrativa): Si la concesión del amparo se otorga a fin de que se reponga el procedimiento y se prevenga a la actora para que precise si impugna o no aquéllos como acto destacado, el Tribunal Colegiado de Circuito debe ponderar en cada caso si las pruebas ofrecidas y desahogadas en el juicio de origen deben o no subsistir.[314]**
- **Violaciones procesales: Cuando se reclama lo resuelto en una apelación intermedia, debe señalarse como acto destacado la sentencia respectiva y como responsable a la autoridad de segunda instancia que la emitió.**

En el juicio de amparo directo debe llamarse como responsable a la autoridad de segunda instancia que resolvió el recurso de apelación intermedia en el proceso civil y señalarse esa violación procesal como acto reclamado destacado a fin de que, en caso de prosperar, ésta se encuentre en condiciones de dar cumplimiento a la ejecutoria de amparo.[315]

NEXIÓN MÓVIL EMITIDO POR LA EXTINTA COMISIÓN FEDERAL DE TELECOMUNICACIONES. NO CONSTITUYE UNA NORMA JURÍDICA GENERAL, POR LO QUE NO PUEDE IMPUGNARSE EN EL JUICIO DE AMPARO COMO ACTO DESTACADO, AUNQUE SÍ AL COMBATIR LA RESOLUCIÓN SOBRE EL DESACUERDO Y LOS INSTRUMENTOS JURÍDICOS QUE LO REGULAN.

314 Cfr. Época: Décima Época, Registro: 2000704, Instancia: Tribunales Colegiados de Circuito, Tipo de Tesis: Aislada, Fuente: Semanario Judicial de la Federación y su Gaceta, Libro VIII, Mayo de 2012, Tomo 2, Materia(s): Común, Tesis: VI.1o.A.25 A (10a.), Página: 1773. ACTOS ADMINISTRATIVOS, DECRETOS Y ACUERDOS DE CARÁCTER GENERAL IMPUGNABLES ANTE EL TRIBUNAL FEDERAL DE JUSTICIA FISCAL Y ADMINISTRATIVA. SI LA CONCESIÓN DEL AMPARO SE OTORGA A FIN DE QUE SE REPONGA EL PROCEDIMIENTO Y SE PREVENGA A LA ACTORA PARA QUE PRECISE SI IMPUGNA O NO AQUÉLLOS COMO ACTO DESTACADO, EL TRIBUNAL COLEGIADO DE CIRCUITO DEBE PONDERAR EN CADA CASO SI LAS PRUEBAS OFRECIDAS Y DESAHOGADAS EN EL JUICIO DE ORIGEN DEBEN O NO SUBSISTIR.

315 Cfr. Época: Novena Época, Registro: 169399, Instancia: Tribunales Colegiados de Circuito, Tipo de Tesis: Aislada, Fuente: Semanario Judicial de la Federación y su Gaceta, Tomo XXVII, Junio de 2008, Materia(s): Civil, Tesis: XI.2o.154 C,

- **Acto reclamado: Si el que se señala en vía de amparo directo no es de los que prevé el artículo 158 -actualmente 170- de la Ley de Amparo, no debe tenerse como acto destacado.**

Si en una demanda de amparo directo, se señala como acto reclamado, alguno que no reviste las características que prevé el artículo 170 de la Ley de Amparo, ello obliga a no tenerlo como acto reclamado destacado y, por tanto, no podrá ser objeto de estudio en la ejecutoria correspondiente, al menos que se hubiera hecho valer concepto de violación al respecto.[316]

De los criterios anteriores podemos desprender que para considerar un acto reclamado destacado tienen que tratarse de:

- Norma jurídica general.
- Actos administrativos, decretos y acuerdos de carácter general.
- Violaciones procesales, señalando como acto destacado la sentencia respectiva, relacionada con esa violación procesal.
- Si el que se señala en vía de amparo directo no es de los que prevé el artículo 170 de la Ley de Amparo, no debe tenerse como acto destacado.

En este último punto el artículo 158, de ley en la fecha de la tesis, corresponde al 170 de la ley actual (170 -174 se establece la procedencia del juicio de amparo directo) establece la procedencia del juicio de amparo directo, señalando que deberán agotarse previamente los recursos ordinarios que se establezcan en la ley de la materia, por virtud de los cuales aquellas sentencias definitivas o laudos y resolu-

---

Página: 1287. VIOLACIONES PROCESALES. CUANDO SE RECLAMA LO RESUELTO EN UNA APELACIÓN INTERMEDIA, DEBE SEÑALARSE COMO ACTO DESTACADO LA SENTENCIA RESPECTIVA Y COMO RESPONSABLE A LA AUTORIDAD DE SEGUNDA INSTANCIA QUE LA EMITIÓ.

316 Cfr. Época: Octava Época, Registro: 213966, Instancia: Tribunales Colegiados de Circuito, Tipo de Tesis: Aislada, Fuente: Semanario Judicial de la Federación, Tomo XII, Diciembre de 1993, Materia(s): Común, Tesis: XXI.2o.31 K, Página: 786. ACTO RECLAMADO. SI EL QUE SE SEÑALA EN VIA DE AMPARO DIRECTO NO ES DE LOS QUE PREVE EL ARTICULO 158 DE LA LEY DE AMPARO, NO DEBE TENERSE COMO ACTO DESTACADO.

ciones puedan ser modificados o revocados, salvo el caso en que la ley permita la renuncia de los recursos.

Este procede en los siguientes supuestos:

- Contra sentencias definitivas, laudos y resoluciones que pongan fin al juicio, dictadas por Tribunales Judiciales, Administrativos, Agrarios o del Trabajo, ya sea que la violación se cometa en ellos, o que cometida durante el procedimiento, afecte las defensas del quejoso trascendiendo al resultado del fallo.
- Sentencias definitivas o laudos: Los que decidan el juicio en lo principal.
- Resoluciones que pongan fin al juicio: Las que sin decidirlo en lo principal lo den por concluido.
- En materia penal: Las sentencias condenatorias, absolutorias y de sobreseimiento, podrán ser impugnadas por la víctima u ofendido del delito[317].
- Cuestiones sobre constitucionalidad de normas generales (Cuando dentro del juicio surjan): Que sean de reparación posible por no afectar derechos sustantivos ni constituir violaciones procesales relevantes, sólo podrán hacerse valer en el amparo directo que proceda contra la resolución definitiva.
- Contra sentencias definitivas y resoluciones que pongan fin al juicio dictadas por Tribunales de lo Contencioso Administrativo cuando éstas sean favorables al quejoso, para el único efecto de hacer valer conceptos de violación en contra de las normas generales aplicadas. (En estos casos, el juicio se tramitará únicamente si la autoridad interpone y se admite el recurso de revisión en materia contencioso administrativa previsto por el artículo 104 de la Constitución Política de los Estados Unidos Mexicanos).[318]

---

317 Cfr. Ley de Amparo, Artículo 170.
318 Cfr. Ibíd.

I.1.16. Criterios Sostenidos por Nuestro Máximo Tribunal en Materia Administrativa

- **Amparo directo adhesivo en materia administrativa: La autoridad demandada en el juicio contencioso administrativo federal o local, carece de legitimación para promoverlo, en su carácter de tercero interesado.**

Del artículo 107, fracción III, inciso a), párrafo segundo, de la Constitución Política de los Estados Unidos Mexicanos, así como de la interpretación sistemática de los artículos 7 y 182 de la Ley de Amparo, se concluye que las autoridades demandadas en el juicio contencioso administrativo federal o local, carecen de legitimación para promover el amparo adhesivo en materia administrativa, en su carácter de tercero interesado en el juicio de amparo directo, pues el único supuesto en el que las personas morales públicas pueden solicitar amparo, es cuando la norma general, acto u omisión afecte su patrimonio respecto de las relaciones jurídicas en las que se encuentran en un plano de igualdad con los particulares, supuesto en el que no actúan en funciones de autoridad, sino como personas morales de derecho privado; lo que no ocurre cuando en el procedimiento referido intervienen como parte demandada en defensa de la legalidad del acto administrativo emitido en ejercicio de sus funciones de derecho público, pero no despojado de imperio.[319]

- **Violación a las leyes del procedimiento: En materia administrativa el agraviado no está obligado a su preparación antes de combatirla en la demanda de amparo.**

Conforme al artículo 161 de la Ley de Amparo, sólo en algunos casos, dentro de los juicios civiles, debe impugnarse la violación pro-

---

319 Época: Décima Época, Registro: 2006609, Instancia: Segunda Sala, Tipo de Tesis: Jurisprudencia, Fuente: Gaceta del Semanario Judicial de la Federación, Libro 7, Junio de 2014, Tomo I, Materia(s): Común, Tesis: 2a./J. 36/2014 (10a.), Página: 627, AMPARO DIRECTO ADHESIVO EN MATERIA ADMINISTRATIVA. LA AUTORIDAD DEMANDADA EN EL JUICIO CONTENCIOSO ADMINISTRATIVO FEDERAL O LOCAL, CARECE DE LEGITIMACIÓN PARA PROMOVERLO, EN SU CARÁCTER DE TERCERO INTERESADO.

cesal que causa indefensión en el curso mismo del procedimiento a través del medio ordinario de defensa que la ley prevé, para poder después reclamar aquélla en el amparo directo que se promueva contra la sentencia. Ahora bien, si el indicado precepto no exige preparar las violaciones procesales en los juicios administrativos, el agraviado no está obligado a hacerlo antes de combatirlas en la demanda de garantías.[320]

- **Amparo directo contra leyes: El consentimiento de la norma general reclamada, por falta de impugnación de aplicaciones anteriores, tiene su fundamento en el artículo 73, fracción XII, de la Ley de Amparo (materia administrativa).**

El citado precepto prevé los principios generales del consentimiento tácito en la aplicación de una norma, cuyo sistema no es exclusivo del juicio de amparo indirecto, por lo que si bien en el amparo directo contra leyes no es una causa para sobreseer, no impide la aplicación de tales principios para analizar el consentimiento de la disposición de observancia general reclamada y, en su caso, la declaración de inoperancia, toda vez que en el juicio de garantías en vía directa no existe precepto alguno que regule expresamente dicho consentimiento.[321]

- **Suspensión en amparo directo en materia civil o administrativa: El quejoso puede escoger el tipo de garantía para que aquélla surta sus efectos.**

---

320 Época: Novena Época, Registro: 170987, Instancia: Segunda Sala, Tipo de Tesis: Jurisprudencia, Fuente: Semanario Judicial de la Federación y su Gaceta, Tomo XXVI, Octubre de 2007, Materia(s): Administrativa, Tesis: 2a./J. 198/2007, Página: 437, VIOLACIÓN A LAS LEYES DEL PROCEDIMIENTO. EN MATERIA ADMINISTRATIVA EL AGRAVIADO NO ESTÁ OBLIGADO A SU PREPARACIÓN ANTES DE COMBATIRLA EN LA DEMANDA DE AMPARO.

321 Época: Novena Época, Registro: 173623, Instancia: Segunda Sala, Tipo de Tesis: Jurisprudencia, Fuente: Semanario Judicial de la Federación y su Gaceta, Tomo XXV, Enero de 2007, Materia(s): Administrativa, Tesis: 2a./J. 1/2007, Página: 489. AMPARO DIRECTO CONTRA LEYES. EL CONSENTIMIENTO DE LA NORMA GENERAL RECLAMADA, POR FALTA DE IMPUGNACIÓN DE APLICACIONES ANTERIORES, TIENE SU FUNDAMENTO EN EL ARTÍCULO 73, FRACCIÓN XII, DE LA LEY DE AMPARO (MATERIA ADMINISTRATIVA).

El artículo 173 de la Ley de Amparo establece que cuando se trate de sentencias definitivas o de resoluciones que pongan fin al juicio, dictadas en juicios del orden civil o administrativo, la suspensión se decretará a instancia del agraviado y, en su caso, surtirá efectos si otorga caución bastante para responder de los daños y perjuicios que pueda ocasionar a tercero. En ese sentido, como el citado precepto no precisa en qué forma debe otorgarse dicha garantía, debe entenderse que el quejoso puede optar por cualquiera de los medios admitidos por la ley.[322]

- **Autoridad Ordenadora y Ejecutora para Efectos del Amparo Directo.**

La fracción II del artículo 5 de la Ley de Amparo, contempla como parte en el juicio de garantías a la autoridad responsable, sin precisar sobre la naturaleza de ordenadora o ejecutora que ésta puede tener en virtud de su vinculación con el acto reclamado, por ello es menester atender a la etimología de la palabra autoridad "autócratas" que en su origen excluía totalmente la idea de poder y de fuerza, propias de los vocablos latinos "*protestas*" e "*imperium*".

Así, para los fines de la materia de amparo, es evidente que la palabra autoridad tiene el matiz de poder o fuerza consubstancial tanto a entidades como a funcionarios para hacer cumplir sus determinaciones. La autoridad en nuestros días se entiende como el órgano del Estado investido de facultades de decisión o de ejecución que dicta, promulga, publica, ordena, ejecuta o trata de ejecutar la ley o el acto reclamado, como violatorio de garantías o del sistema de distribución de competencias entre la Federación y los Estados, que está obligada a rendir el informe justificado correspondiente y a quien corresponde defender la constitucionalidad de dicha ley o acto.

Hasta mil novecientos noventa y siete, en el sistema jurídico mexicano se sostuvo que el concepto de autoridad para efectos del ampa-

---

322 Época: Novena Época, Registro: 181838, Instancia: Tribunales Colegiados de Circuito, Tipo de Tesis: Jurisprudencia, Fuente: Semanario Judicial de la Federación y su Gaceta, Tomo XIX, Marzo de 2004, Materia(s): Común, Tesis: VI.3o. J/37, Página: 1507, SUSPENSIÓN EN AMPARO DIRECTO EN MATERIA CIVIL O ADMINISTRATIVA. EL QUEJOSO PUEDE ESCOGER EL TIPO DE GARANTÍA PARA QUE AQUÉLLA SURTA SUS EFECTOS.

ro comprendía a todas aquellas personas que disponían de la fuerza pública, en virtud de circunstancias legales o de hecho y que, por lo mismo, estaban en posibilidad material de obrar como individuos que ejercieran actos públicos, por el hecho de ser pública la fuerza de que disponían; este criterio fue interrumpido por la Suprema Corte de Justicia de la Nación, para ahora establecer que en cada caso se debe analizar si se satisfacen o no los presupuestos para determinar cuándo una autoridad puede ser considerada o no, como autoridad responsable para efectos del amparo, porque con independencia de que pueda ejercer la fuerza pública de manera directa o por conducto de otras autoridades, como órgano de Estado perteneciente a la administración pública centralizada o paraestatal, ejerce facultades decisorias que le están atribuidas en la ley, de manera unilateral, a través de los cuales crea, modifica o extingue situaciones jurídicas que afectan la esfera de los gobernados.

Así, las características distintivas que debe tener una autoridad a fin de ser considerada como tal para los efectos del amparo, son:

- La existencia de un ente de hecho o de derecho que establece una relación de supra a subordinación con un particular.
- Que esa relación tenga su nacimiento en la ley, lo que dota al ente de una facultad administrativa, cuyo ejercicio es irrenunciable, al ser de naturaleza pública la fuente de esa potestad.
- Que con motivo de esa relación emita actos unilaterales a través de los cuales cree, modifique o extinga por sí o ante sí, situaciones jurídicas que afecten la esfera legal del particular.
- Que para emitir esos actos no requiera acudir a los órganos judiciales ni precise del consenso de la voluntad del afectado[323].

Como puede observarse, estas características no restringen el concepto de autoridad a aquellos organismos que forman parte de la administración pública en sus distintos órdenes (federal, estatal o

---

[323] Época: Novena Época, Registro: 167306, Instancia: Tribunales Colegiados de Circuito, Tipo de Tesis: Jurisprudencia, Fuente: Semanario Judicial de la Federación y su Gaceta, Tomo XXIX, Mayo de 2009, Materia(s): Común, Tesis: I.3o.C. J/58, Página: 887, AUTORIDAD ORDENADORA Y EJECUTORA PARA EFECTOS DEL AMPARO DIRECTO.

municipal); se trata de cualquier ente público, en donde se incluyen organismos centralizados, paraestatales, autónomos, cualquiera que sea su denominación.

También puede observarse que no siempre los entes que conforman directamente la administración pública serán autoridad para los efectos del amparo ya que para determinar la calidad de autoridad responsable es indispensable analizar las características particulares de aquel a quien se le imputa el acto reclamado y la naturaleza de éste.

No todo acto, aun emitido por una autoridad, puede ser considerado como acto de autoridad para los efectos del juicio de amparo, porque los titulares de organismos públicos realizan cotidianamente acciones que pueden afectar a un particular, sin generar necesariamente una relación de supra a subordinación.

Luego, dado que la ley de la materia no establece algún concepto de autoridad responsable ordenadora, se recurre a las raíces etimológicas de la palabra ordenadora, la que proviene del latín "ordinator-ordinatoris", es el que pone orden, el que ordena, el que arregla; es un derivado del verbo "ordinare", ordenar, poner en regla, regular; el sufijo "-dor", indica al sujeto o agente que realiza la acción del verbo; así, para los efectos del amparo la autoridad ordenadora será el órgano del Estado investido de facultades de decisión que expide la ley o dicta una orden o mandato que se estima violatorio de garantías o del sistema de distribución de competencias entre la Federación y los Estados y sobre el cual está obligado a rendir un informe previo o justificado, dentro del plazo legal, en el que expresará si son o no ciertos los actos que se le imputan[324].

Esto es, se trata de aquella autoridad del Estado que por razón de su jerarquía tiene la facultad para emitir un mandato o una orden que debe cumplirse por la autoridad subalterna y en contra de un gobernado. Por otra parte, la ley de la materia tampoco proporciona el concepto de autoridad ejecutora para los efectos del amparo, por lo que se recurre al origen de la palabra ejecutora, que proviene del latín "*exsecutio-exsecutionis*", acabamiento, ejecución, cumplimiento [en especial de una sentencia], ya constatado en español hacia el año mil cuatrocientos treinta y ocho; este vocablo se compone de la pre-

---

324 Ibíd.

posición latina "ex", que indica origen, procedencia; también puede usarse como un refuerzo que añade idea de intensidad; y el verbo "*sequor*", seguir; el verbo "*exsequor*" significa seguir hasta el final, seguir sin descanso, acabar, terminar totalmente una tarea.

Así, la autoridad ejecutora es aquella que cuenta con autoridad propia para cumplir algo, ir hasta el final; luego, para los efectos del amparo, será la que ejecuta o trata de ejecutar la ley o el acto reclamado, es decir, aquella que lleva a cabo el mandato legal o la orden de la autoridad responsable ordenadora o decisoria, hasta sus últimas consecuencias porque es la que tiene el carácter de subalterna que ejecuta o trata de ejecutar o ya ejecutó el acto reclamado dictado por la autoridad ordenadora, ya que conforme a las facultades y obligaciones que la ley le confiere le corresponde el cumplimiento de la sentencia, esto es, la actuación inmediata tendente a acatar el fallo definitivo acorde a las consideraciones y resolutivos que contenga.

Por ello, cuando la autoridad señalada en la demanda de amparo directo no es el órgano jurisdiccional que emitió la sentencia definitiva, laudo o resolución que puso fin a juicio, sólo puede considerársele autoridad responsable si tiene el carácter de ejecutora formal y material del acto que se reclame de acuerdo con la ley o con los términos del acto ordenador.

Si una autoridad es señalada como responsable y no tiene conforme a la ley funciones de ejecutora formal y material y los actos que se le atribuyen no están ordenados en el mandato del órgano jurisdiccional que dictó la sentencia definitiva, laudo o resolución que puso fin a juicio, debe considerarse que no obró en cumplimiento de éste, sino que lo hizo de propia autoridad; de ahí que no tenga el carácter de autoridad responsable ejecutora, para los efectos del juicio de amparo directo.[325]

El citado precepto prevé los principios generales del consentimiento tácito en la aplicación de una norma, cuyo sistema no es exclusivo del juicio de amparo indirecto, por lo que si bien en el amparo directo contra leyes no es una causa para sobreseer, no impide la aplicación de tales principios para analizar el consentimiento de la disposición de observancia general reclamada y, en su caso, la declaración de ino-

---

325 Ibíd.

perancia, toda vez que en el juicio de garantías en vía directa no existe precepto alguno que regule expresamente dicho consentimiento.[326]

El artículo 173 de la Ley de Amparo establece que cuando se trate de sentencias definitivas o de resoluciones que pongan fin al juicio, dictadas en juicios del orden civil o administrativo, la suspensión se decretará a instancia del agraviado y, en su caso, surtirá efectos si otorga caución bastante para responder de los daños y perjuicios que pueda ocasionar a tercero. En ese sentido, como el citado precepto no precisa en qué forma debe otorgarse dicha garantía, debe entenderse que el quejoso puede optar por cualquiera de los medios admitidos por la ley.[327]

- **Notificaciones impugnadas como violación a las leyes del procedimiento en materia administrativa: El agraviado no está obligado a su preparación antes de promover amparo directo contra la sentencia definitiva o resolución que ponga fin al juicio contencioso administrativo.**

De la interpretación literal, sistemática y teleológica de los artículos 107, fracción III, inciso a), de la Constitución Política de los Estados Unidos Mexicanos y 161 de la Ley de Amparo, se concluye que las violaciones procesales derivadas de juicios seguidos ante Tribunales Administrativos pueden plantearse en la demanda de amparo directo, sin necesidad de agotar los recursos previstos en la ley que rija el procedimiento contencioso administrativo, en virtud de que dichos numerales no exigen su preparación antes de combatirlas en la

---

326 Época: Novena Época, Registro: 173623 , Instancia: Segunda Sala, Tipo de Tesis: Jurisprudencia, Fuente: Semanario Judicial de la Federación y su Gaceta, Tomo XXV, Enero de 2007, Materia(s): Administrativa, Tesis: 2a./J. 1/2007, Página: 489, AMPARO DIRECTO CONTRA LEYES. EL CONSENTIMIENTO DE LA NORMA GENERAL RECLAMADA, POR FALTA DE IMPUGNACIÓN DE APLICACIONES ANTERIORES, TIENE SU FUNDAMENTO EN EL ARTÍCULO 73, FRACCIÓN XII, DE LA LEY DE AMPARO (MATERIA ADMINISTRATIVA).

327 Época: Novena Época, Registro: 181838, Instancia: Tribunales Colegiados de Circuito, Tipo de Tesis: Jurisprudencia, Fuente: Semanario Judicial de la Federación y su Gaceta, Tomo XIX, Marzo de 2004, Materia(s): Común, Tesis: VI.3o. J/37, Página: 1507, SUSPENSIÓN EN AMPARO DIRECTO EN MATERIA CIVIL O ADMINISTRATIVA. EL QUEJOSO PUEDE ESCOGER EL TIPO DE GARANTÍA PARA QUE AQUÉLLA SURTA SUS EFECTOS.

demanda de garantías, pues este requisito sólo debe satisfacerse en algunos casos, dentro de los juicios civiles, en los que debe impugnarse la violación procesal que causa indefensión en el curso mismo del procedimiento a través del medio ordinario de defensa que la ley prevé, para poder después reclamar aquélla en el amparo directo promovido contra la sentencia.

Así, en el amparo directo planteado contra la sentencia definitiva o resolución que ponga fin al juicio contencioso administrativo, es posible analizar como violación a las leyes del procedimiento, los conceptos de violación en los que se impugnan las notificaciones realizadas durante la sustanciación del juicio ordinario, que afecten las defensas del quejoso y trasciendan al resultado del fallo, sin necesidad de que hayan sido preparadas las violaciones alegadas mediante un incidente de nulidad, siendo incorrecto declarar aquéllos como inoperantes por este motivo, en virtud de que eso significaría soslayar el espíritu del Constituyente y del legislador en lo relativo a hacer más expedito el procedimiento contencioso administrativo y así cumplir con el principio de justicia establecido en el artículo 17 constitucional.[328]

- **Amparo directo contra leyes: El consentimiento de la norma general reclamada, por falta de impugnación de aplicaciones anteriores, tiene su fundamento en el artículo 73, fracción XII, de la Ley de Amparo (materia administrativa).**

Conforme a los artículos 107, fracción III, inciso a), último párrafo, de la Constitución Política de los Estados Unidos Mexicanos; 170, fracción I, 171 y 172 de la Ley de Amparo, vigente a partir del 3 de abril de 2013, en todas la materias, salvo los casos de excepción previstos en la propia ley (actos que afecten derechos de menores o incapaces, al estado civil, al orden o estabilidad de la familia, a eji-

[328] Época: Novena Época, Registro: 167444, Instancia: Segunda Sala, Tipo de Tesis: Jurisprudencia, Fuente: Semanario Judicial de la Federación y su Gaceta, Tomo XXIX, Abril de 2009, Materia(s): Administrativa, Tesis: 2a./J. 37/2009, Página: 685, NOTIFICACIONES IMPUGNADAS COMO VIOLACIÓN A LAS LEYES DEL PROCEDIMIENTO EN MATERIA ADMINISTRATIVA. EL AGRAVIADO NO ESTÁ OBLIGADO A SU PREPARACIÓN ANTES DE PROMOVER AMPARO DIRECTO CONTRA LA SENTENCIA DEFINITIVA O RESOLUCIÓN QUE PONGA FIN AL JUICIO CONTENCIOSO ADMINISTRATIVO.

datarios, comuneros, trabajadores, núcleos de población ejidal o comunal, o quienes por sus condiciones de pobreza o marginación se encuentren en clara desventaja social para emprender un juicio, en asuntos penales promovidos por el inculpado y cuando se alegue que la ley aplicada o que se debió aplicar en el acto procesal, es contraria a la Constitución o a Tratados Internacionales), el quejoso está obligado a preparar las violaciones procesales, previo a la presentación de la demanda de amparo directo, a través de la interposición del recurso correspondiente durante la tramitación del juicio de origen; sin embargo, en materia administrativa no es exigible ese requisito, cuando aquéllas se cometieron antes de la entrada en vigor de la ley mencionada, esto es, durante la vigencia de la abrogada, la cual no lo exigía, pues de lo contrario se impondría al quejoso una obligación con base en una ley que aún no estaba vigente, no obstante que el precepto constitucional citado, reformado mediante decreto publicado en el Diario Oficial de la Federación el 6 de junio de 2011, vigente a partir del 3 de octubre siguiente, preveía esa obligación.[329]

De la interpretación literal, sistemática y teleológica de los artículos 107, fracción III, inciso a), de la Constitución Política de los Estados Unidos Mexicanos y 161 de la Ley de Amparo, se concluye que las violaciones procesales derivadas de juicios seguidos ante Tribunales Administrativos pueden plantearse en la demanda de amparo directo, sin necesidad de agotar los recursos previstos en la ley que rija el procedimiento contencioso administrativo, en virtud de que dichos numerales no exigen su preparación antes de combatirlas en la demanda de garantías, pues este requisito sólo debe satisfacerse en algunos casos, dentro de los juicios civiles, en los que debe impugnarse la violación procesal que causa indefensión en el curso mismo del procedimiento a través del medio ordinario de defensa que la

---

[329] Época: Décima Época, Registro: 2006275, Instancia: Tribunales Colegiados de Circuito, Tipo de Tesis: Jurisprudencia, Fuente: Gaceta del Semanario Judicial de la Federación, Libro 5, Abril de 2014, Tomo II, Materia(s): Común, Tesis: I.16o.A. J/3 (10a.), Página: 1409, VIOLACIONES PROCESALES EN MATERIA ADMINISTRATIVA. EL QUEJOSO NO ESTÁ OBLIGADO A PREPARARLAS, PREVIO A LA PRESENTACIÓN DE LA DEMANDA DE AMPARO DIRECTO, SI SE COMETIERON ANTES DE LA ENTRADA EN VIGOR DE LA LEY DE LA MATERIA, PUBLICADA EN EL DIARIO OFICIAL DE LA FEDERACIÓN EL 2 DE ABRIL DE 2013.

ley prevé, para poder después reclamar aquélla en el amparo directo promovido contra la sentencia. Así, en el amparo directo planteado contra la sentencia definitiva o resolución que ponga fin al juicio contencioso administrativo, es posible analizar como violación a las leyes del procedimiento, los conceptos de violación en los que se impugnan las notificaciones realizadas durante la sustanciación del juicio ordinario, que afecten las defensas del quejoso y trasciendan al resultado del fallo, sin necesidad de que hayan sido preparadas las violaciones alegadas mediante un incidente de nulidad, siendo incorrecto declarar aquéllos como inoperantes por este motivo, en virtud de que eso significaría soslayar el espíritu del Constituyente y del legislador en lo relativo a hacer más expedito el procedimiento contencioso administrativo y así cumplir con el principio de justicia establecido en el artículo 17 constitucional.[330]

- **Violaciones de procedimiento en materia administrativa: Si la demanda de amparo directo se interpone durante la vigencia de la reforma del artículo 107, fracción III, inciso a), constitucional (en vigor a partir del 4 de octubre de 2011), pero la violación alegada se produce en una época anterior, el quejoso no está obligado a su preparación.**

De conformidad con el mencionado precepto constitucional vigente a partir del 4 de octubre de 2011, las partes se encuentran obligadas a preparar las violaciones de procedimiento antes de promover el juicio de amparo directo, salvo en tratándose de asuntos en los que se afecten derechos de menores o incapaces, o al estado civil, o al orden o estabilidad de la familia, así como en materia penal cuando promueva el sentenciado; sin embargo, aun cuando la demanda de amparo directo se interponga con posterioridad a la entrada en vigor de dicha

---

330 Época: Novena Época, Registro: 167444, Instancia: Segunda Sala, Tipo de Tesis: Jurisprudencia, Fuente: Semanario Judicial de la Federación y su Gaceta, Tomo XXIX, Abril de 2009, Materia(s): Administrativa, Tesis: 2a./J. 37/2009, Página: 685, NOTIFICACIONES IMPUGNADAS COMO VIOLACIÓN A LAS LEYES DEL PROCEDIMIENTO EN MATERIA ADMINISTRATIVA. EL AGRAVIADO NO ESTÁ OBLIGADO A SU PREPARACIÓN ANTES DE PROMOVER AMPARO DIRECTO CONTRA LA SENTENCIA DEFINITIVA O RESOLUCIÓN QUE PONGA FIN AL JUICIO CONTENCIOSO ADMINISTRATIVO.

reforma, pero la violación procesal alegada en materia administrativa se haya producido con anterioridad a aquélla, no es jurídicamente factible exigir en tal caso que el quejoso debiera prepararla, a través del medio de defensa previsto en la ley del acto, precisamente porque la violación aludida se ubica en una época anterior, en la que por jurisprudencia de la Segunda Sala de la Suprema Corte de Justicia de la Nación, el actor (impetrante de amparo) no estaba obligado a preparar violación procesal alguna en materia administrativa; de modo tal que en ese supuesto el Tribunal Colegiado debe atender el concepto de violación respectivo, y resolver lo que en derecho proceda acerca de la violación de procedimiento en él planteada.[331]

- **Amparo directo adhesivo en materia administrativa: La autoridad demandada en el juicio contencioso administrativo federal o local, carece de legitimación para promoverlo, en su carácter de tercero interesado.**

Del artículo 107, fracción III, inciso a), párrafo segundo, de la Constitución Política de los Estados Unidos Mexicanos, así como de la interpretación sistemática de los artículos 7 y 182 de la Ley de Amparo, se concluye que las autoridades demandadas en el juicio contencioso administrativo federal o local, carecen de legitimación para promover el amparo adhesivo en materia administrativa, en su carácter de tercero interesado en el juicio de amparo directo, pues el único supuesto en el que las personas morales públicas pueden solicitar amparo, es cuando la norma general, acto u omisión afecte su patrimonio respecto de las relaciones jurídicas en las que se encuentran en un plano de igualdad con los particulares, supuesto en el que no actúan en funciones de autoridad, sino como personas morales de

---

[331] Época: Décima Época, Registro: 2004135, Instancia: Tribunales Colegiados de Circuito, Tipo de Tesis: Jurisprudencia, Fuente: Semanario Judicial de la Federación y su Gaceta, Libro XXII, Julio de 2013, Tomo 2, Materia(s): Común, Tesis: VI.1o.A. J/5 (10a.), Página: 1270, VIOLACIONES DE PROCEDIMIENTO EN MATERIA ADMINISTRATIVA. SI LA DEMANDA DE AMPARO DIRECTO SE INTERPONE DURANTE LA VIGENCIA DE LA REFORMA DEL ARTÍCULO 107, FRACCIÓN III, INCISO A), CONSTITUCIONAL (EN VIGOR A PARTIR DEL 4 DE OCTUBRE DE 2011), PERO LA VIOLACIÓN ALEGADA SE PRODUCE EN UNA ÉPOCA ANTERIOR, EL QUEJOSO NO ESTÁ OBLIGADO A SU PREPARACIÓN.

derecho privado; lo que no ocurre cuando en el procedimiento referido intervienen como parte demandada en defensa de la legalidad del acto administrativo emitido en ejercicio de sus funciones de derecho público, pero no despojado de imperio.[332]

- **Notificaciones impugnadas como violación a las leyes del procedimiento en materia administrativa: El agraviado no está obligado a su preparación antes de promover amparo directo contra la sentencia definitiva o resolución que ponga fin al juicio contencioso administrativo.**

Conforme a los artículos 107, fracción III, inciso a), último párrafo, de la Constitución Política de los Estados Unidos Mexicanos; 170, fracción I, 171 y 172 de la Ley de Amparo, vigente a partir del 3 de abril de 2013, en todas la materias, salvo los casos de excepción previstos en la propia ley (actos que afecten derechos de menores o incapaces, al estado civil, al orden o estabilidad de la familia, a ejidatarios, comuneros, trabajadores, núcleos de población ejidal o comunal, o quienes por sus condiciones de pobreza o marginación se encuentren en clara desventaja social para emprender un juicio, en asuntos penales promovidos por el inculpado y cuando se alegue que la ley aplicada o que se debió aplicar en el acto procesal, es contraria a la Constitución o a Tratados Internacionales), el quejoso está obligado a preparar las violaciones procesales, previo a la presentación de la demanda de amparo directo, a través de la interposición del recurso correspondiente durante la tramitación del juicio de origen; sin embargo, en materia administrativa no es exigible ese requisito, cuando aquéllas se cometieron antes de la entrada en vigor de la ley mencionada, esto es, durante la vigencia de la abrogada, la cual no lo exigía, pues de lo contrario se impondría al quejoso una obligación con base en una ley que aún no estaba vigente, no obstante que el pre-

---

332 Época: Décima Época, Registro: 2006609, Instancia: Segunda Sala, Tipo de Tesis: Jurisprudencia, Fuente: Gaceta del Semanario Judicial de la Federación, Libro 7, Junio de 2014, Tomo I Materia(s): Común Tesis: 2a./J. 36/2014 (10a.), Página: 627,AMPARO DIRECTO ADHESIVO EN MATERIA ADMINISTRATIVA. LA AUTORIDAD DEMANDADA EN EL JUICIO CONTENCIOSO ADMINISTRATIVO FEDERAL O LOCAL, CARECE DE LEGITIMACIÓN PARA PROMOVERLO, EN SU CARÁCTER DE TERCERO INTERESADO.

cepto constitucional citado, reformado mediante decreto publicado en el Diario Oficial de la Federación el 6 de junio de 2011, vigente a partir del 3 de octubre siguiente, preveía esa obligación.[333]

- **Amparo directo en materia administrativa: Alcance de la expresión "sentencia favorable al quejoso", prevista en el artículo 170, fracción II, de la ley de la materia, para efectos de su procedencia.**

De la interpretación literal del referido precepto se colige que: el amparo directo solamente procederá contra sentencias definitivas y resoluciones que pongan fin al juicio, dictadas por Tribunales de lo Contencioso Administrativo, cuando éstas sean favorables al quejoso, para el único efecto de hacer valer conceptos de violación contra las normas generales aplicadas; su trámite y resolución están condicionados a que la autoridad interponga el recurso de revisión en materia contenciosa administrativa previsto por el artículo 104, fracción III, de la Constitución Política de los Estados Unidos Mexicanos y se admita éste; el Tribunal Colegiado de Circuito que corresponda debe resolver primero lo relativo al mencionado recurso de revisión y, sólo en el caso de que sea considerado procedente y fundado, se avocará al estudio de las cuestiones de constitucionalidad planteadas en el juicio de amparo. Ahora bien, dicho precepto legal no señala las características que debe revestir una sentencia para que sea considerada favorable al quejoso.

Por tanto, ante tal falta de precisión legislativa, el referido numeral debe interpretarse conforme a los artículos 17 de la Constitución Federal y 25, numeral 1, de la Convención Americana sobre Derechos Humanos, esto es, de manera restrictiva, para tomar la expresión

---

333 Época: Décima Época ,Registro: 2006275 , Instancia: Tribunales Colegiados de Circuito , Tipo de Tesis: Jurisprudencia, Fuente: Gaceta del Semanario Judicial de la Federación, Libro 5, Abril de 2014, Tomo II, Materia(s): Común, Tesis: I.16o.A. J/3 (10a.), Página: 1409, VIOLACIONES PROCESALES EN MATERIA ADMINISTRATIVA. EL QUEJOSO NO ESTÁ OBLIGADO A PREPARARLAS, PREVIO A LA PRESENTACIÓN DE LA DEMANDA DE AMPARO DIRECTO, SI SE COMETIERON ANTES DE LA ENTRADA EN VIGOR DE LA LEY DE LA MATERIA, PUBLICADA EN EL DIARIO OFICIAL DE LA FEDERACIÓN EL 2 DE ABRIL DE 2013.

"sentencia favorable al quejoso", compatible con el derecho humano de acceso a la justicia, por lo que debe entenderse que esa frase, en un primer plano, se refiere a aquellas sentencias donde el Tribunal de lo Contencioso Administrativo declare la nulidad lisa y llana por vicios de fondo, en tanto que anula absolutamente el acto impugnado e impide a la autoridad demandada emitir uno nuevo en perjuicio del particular y, en uno segundo, a las sentencias donde el actor en el juicio contencioso administrativo obtuvo todo lo que pidió, es decir, consiguió la totalidad de sus pretensiones, con independencia de la nulidad que se decrete.[334]

- **Notificaciones impugnadas como violación a las leyes del procedimiento en materia administrativa: El agraviado no está obligado a su preparación antes de promover amparo directo contra la sentencia definitiva o resolución que ponga fin al juicio contencioso administrativo.**

De la interpretación de los artículos 107, fracción III, inciso a), de la Constitución Política de los Estados Unidos Mexicanos y 161 de la Ley de Amparo, se concluye que las violaciones procesales derivadas de juicios seguidos ante Tribunales Administrativos pueden plantearse en la demanda de amparo directo, sin necesidad de agotar los recursos previstos en la ley que rija el procedimiento contencioso administrativo, en virtud de que dichos numerales no exigen su preparación antes de combatirlas en la demanda de garantías, pues este requisito sólo debe satisfacerse en algunos casos, dentro de los juicios civiles, en los que debe impugnarse la violación procesal que causa indefensión en el curso mismo del procedimiento a través del medio ordinario de defensa que la ley prevé, para poder después reclamar aquélla en el amparo directo promovido contra la sentencia.

---

[334] Época: Décima Época, Registro: 2004840, Instancia: Tribunales Colegiados de Circuito, Tipo de Tesis: Jurisprudencia, Fuente: Semanario Judicial de la Federación y su Gaceta, Libro XXVI, Noviembre de 2013, Tomo 1, Materia(s): Común, Tesis: VI.3o.A. J/7 (10a.), Página: 736.AMPARO DIRECTO EN MATERIA ADMINISTRATIVA. ALCANCE DE LA EXPRESIÓN "SENTENCIA FAVORABLE AL QUEJOSO", PREVISTA EN EL ARTÍCULO 170, FRACCIÓN II, DE LA LEY DE LA MATERIA, PARA EFECTOS DE SU PROCEDENCIA.

Así, en el amparo directo planteado contra la sentencia definitiva o resolución que ponga fin al juicio contencioso administrativo, es posible analizar como violación a las leyes del procedimiento, los conceptos de violación en los que se impugnan las notificaciones realizadas durante la sustanciación del juicio ordinario, que afecten las defensas del quejoso y trasciendan al resultado del fallo, sin necesidad de que hayan sido preparadas las violaciones alegadas mediante un incidente de nulidad, siendo incorrecto declarar aquéllos como inoperantes por este motivo, en virtud de que eso significaría soslayar el espíritu del constituyente y del legislador en lo relativo a hacer más expedito el procedimiento contencioso administrativo y así cumplir con el principio de justicia establecido en el artículo 17 constitucional.[335]

- **Competencia en el amparo: Se surte a favor de los Juzgados de Distrito en Materia Administrativa si los actos reclamados contienen medidas inherentes a la organización y/o control de un centro penitenciario, aun cuando el quejoso esté recluido en él.**

Si los actos reclamados en el juicio de amparo indirecto únicamente contienen medidas de carácter disciplinario y de seguridad que deben regir dentro de un centro penitenciario, no pueden considerarse de naturaleza penal, pues no provienen del proceso que se instruyó al sentenciado, ni del juzgador penal ante el cual se siguió la causa instaurada en su contra, sino que se trata de medidas emanadas de facultades atribuidas a las autoridades administrativas encargadas de él.

En congruencia con lo anterior, se concluye que la competencia para conocer del juicio de amparo en el que se reclaman medidas inherentes a la organización y/o control de dicho centro, como lo son las órdenes emitidas por la autoridad administrativa para trasladar a un interno de una celda a otra o para cambiarlo a un área diferente, den-

---

[335] Época: Novena Época, registro: 167444 , Instancia: Segunda Sala, Tipo de Tesis: Jurisprudencia, Fuente: Semanario Judicial de la Federación y su Gaceta, Tomo XXIX, Abril de 2009, Materia(s): Administrativa, Tesis: 2a./J. 37/2009 , Página: 685, NOTIFICACIONES IMPUGNADAS COMO VIOLACIÓN A LAS LEYES DEL PROCEDIMIENTO EN MATERIA ADMINISTRATIVA. EL AGRAVIADO NO ESTÁ OBLIGADO A SU PREPARACIÓN ANTES DE PROMOVER AMPARO DIRECTO CONTRA LA SENTENCIA DEFINITIVA O RESOLUCIÓN QUE PONGA FIN AL JUICIO CONTENCIOSO ADMINISTRATIVO.

tro del mismo centro penitenciario, se surte a favor de los Juzgados de Distrito en Materia Administrativa, sin que ello exima a la autoridad jurisdiccional a suplir la queja deficiente en términos del artículo 76 Bis, fracción II, de la Ley de Amparo, si al impugnar los actos mencionados el peticionario de garantías está privado de su libertad.[336]

- **Violación a las leyes del procedimiento: En materia administrativa el agraviado no está obligado a su preparación antes de combatirla en la demanda de amparo.**

Conforme al artículo 161 de la Ley de Amparo, sólo en algunos casos, dentro de los juicios civiles, debe impugnarse la violación procesal que causa indefensión en el curso mismo del procedimiento a través del medio ordinario de defensa que la ley prevé, para poder después reclamar aquélla en el amparo directo que se promueva contra la sentencia. Ahora bien, si el indicado precepto no exige preparar las violaciones procesales en los juicios administrativos, el agraviado no está obligado a hacerlo antes de combatirlas en la demanda de garantías.[337]

- **Amparo directo contra leyes. El consentimiento de la norma general reclamada, por falta de impugnación de aplicaciones anteriores, tiene su fundamento en el artículo 73, fracción XII, de la Ley de Amparo (materia administrativa).**

---

336 Cfr. Época: Novena Época, Registro: 168716, Instancia: Primera Sala, Tipo de Tesis: Jurisprudencia, Fuente: Semanario Judicial de la Federación y su Gaceta, Tomo XXVIII, Octubre de 2008, Materia(s): Administrativa, Tesis: 1a./J. 43/2008, Página: 96, COMPETENCIA EN EL AMPARO. SE SURTE A FAVOR DE LOS JUZGADOS DE DISTRITO EN MATERIA ADMINISTRATIVA SI LOS ACTOS RECLAMADOS CONTIENEN MEDIDAS INHERENTES A LA ORGANIZACIÓN Y/O CONTROL DE UN CENTRO PENITENCIARIO, AUN CUANDO EL QUEJOSO ESTÉ RECLUIDO EN ÉL.

337 Época: Novena Época Registro: 170987,Instancia: Segunda Sala, Tipo de Tesis: Jurisprudencia, Fuente: Semanario Judicial de la Federación y su Gaceta , Tomo XXVI, Octubre de 2007, Materia(s): Administrativa, Tesis: 2a./J. 198/2007, Página: 437, VIOLACIÓN A LAS LEYES DEL PROCEDIMIENTO. EN MATERIA ADMINISTRATIVA EL AGRAVIADO NO ESTÁ OBLIGADO A SU PREPARACIÓN ANTES DE COMBATIRLA EN LA DEMANDA DE AMPARO.

El citado precepto prevé los principios generales del consentimiento tácito en la aplicación de una norma, cuyo sistema no es exclusivo del juicio de amparo indirecto, por lo que si bien en el amparo directo contra leyes no es una causa para sobreseer, no impide la aplicación de tales principios para analizar el consentimiento de la disposición de observancia general reclamada y, en su caso, la declaración de inoperancia, toda vez que en el juicio de garantías en vía directa no existe precepto alguno que regule expresamente dicho consentimiento.[338]

- **Violaciones procesales en materia administrativa: Al quejoso le corresponde la carga procesal de prepararlas mediante su impugnación en el curso del procedimiento, pues de lo contrario no se encontrará en condiciones de invocarlas en el amparo directo.**

El artículo 161 de la Ley de Amparo sólo define, para los juicios civiles, como regla y a manera de imperativo del interés del quejoso, la carga de preparar la violación procesal, impugnándola en el curso del procedimiento mediante el recurso ordinario y dentro del término que la ley respectiva señale, lo que sería indicativo, prima facie, de que esa carga no puede fijarse al quejoso en amparo en materia administrativa; empero, sólo una lectura restrictiva del mencionado artículo llevaría a tal conclusión.

Para establecer la postura de que el artículo 161 también cobra aplicación en el amparo administrativo, es menester partir de la idea de que los principios que rigen a las materias civil y fiscal son idénticos, debido a que los juicios de esos órdenes guardan analogía, al predominar el sello del estricto derecho y por regularse, en ambos, los recursos a través de los cuales es posible combatir las violaciones cometidas durante el procedimiento, de manera tal que tanto en el orden civil como en el administrativo, reviste especial relevancia el

---

338 Época: Novena Época , registro: 173623, Instancia: Segunda Sala, Tipo de Tesis: Jurisprudencia, Fuente: Semanario Judicial de la Federación y su Gaceta, Tomo XXV, Enero de 2007, Materia(s): Administrativa, Tesis: 2a./J. 1/2007, Página: 489, AMPARO DIRECTO CONTRA LEYES. EL CONSENTIMIENTO DE LA NORMA GENERAL RECLAMADA, POR FALTA DE IMPUGNACIÓN DE APLICACIONES ANTERIORES, TIENE SU FUNDAMENTO EN EL ARTÍCULO 73, FRACCIÓN XII, DE LA LEY DE AMPARO (MATERIA ADMINISTRATIVA).

consentimiento del afectado en función con la violación procesal de que se trate, cuando no agote el ejercicio de los recursos procedentes.

Confirma dicha afirmación la interpretación sistemática de la Ley de Amparo, al partirse ante todo del principio de definitividad que rige el juicio de garantías, porque si el amparo es un juicio constitucional de carácter extraordinario o, gráficamente dicho, un "proceso sobre otro proceso", aquí se consagra el principio de definitividad, conforme al cual únicamente será procedente el amparo respecto de actos que no sean susceptibles de modificación, revocación o invalidación por recurso ordinario alguno.

Luego, si la definitividad representa el cauce de la materia civil, esto significa que la preparación de las violaciones procesales se impone asimismo en el renglón fiscal.

Por lo demás, debe estimarse que la propia Constitución asemeja a la materia civil y a la administrativa, pues el artículo 14 de la Constitución, precepto que consagra las garantías de seguridad jurídica que, por excelencia, imperan en las sentencias, no sólo es aplicable al rubro civil, sino también al administrativo; situación que se repite en la Ley de Amparo al momento de emplear la fórmula "en otras materias", en la redacción de la fracción VI de su artículo 76 bis, de ahí que la intención del legislador ha sido darle igual tratamiento a las materias de estricto derecho; por ende, la preparación de las violaciones procesales es una condición para que sea procedente su invocación en los conceptos de violación que se hagan valer en el amparo directo administrativo, ya que el proceder negligente o descuidado del quejoso no debe soslayarse por el simple hecho de que el artículo 161 en paráfrasis no ocupe sacramentalmente la frase "en los juicios civiles y administrativos."[339]

---

[339] Época: Novena Época, registro: 176417, Instancia: Tribunales Colegiados de Circuito, Tipo de Tesis: Jurisprudencia, Fuente: Semanario Judicial de la Federación y su Gaceta, Tomo XXII, Diciembre de 2005, Materia(s): Administrativa, Tesis: VI.3o.A. J/54, Página: 2555, VIOLACIONES PROCESALES EN MATERIA ADMINISTRATIVA. AL QUEJOSO LE CORRESPONDE LA CARGA PROCESAL DE PREPARARLAS MEDIANTE SU IMPUGNACIÓN EN EL CURSO DEL PROCEDIMIENTO, PUES DE LO CONTRARIO NO SE ENCONTRARÁ EN CONDICIONES DE INVOCARLAS EN EL AMPARO DIRECTO.

- **Suspensión en amparo directo en materia civil o administrativa: El quejoso puede escoger el tipo de garantía para que aquélla surta sus efectos.**

El artículo 172 de la Ley de Amparo establece que cuando se trate de sentencias definitivas o de resoluciones que pongan fin al juicio, dictadas en juicios del orden civil o administrativo, la suspensión se decretará a instancia del agraviado y, en su caso, surtirá efectos si otorga caución bastante para responder de los daños y perjuicios que pueda ocasionar a tercero. En ese sentido, como el citado precepto no precisa en qué forma debe otorgarse dicha garantía, debe entenderse que el quejoso puede optar por cualquiera de los medios admitidos por la ley.[340]

I.1.17. Delitos de las Autoridades Responsables

Delitos de las autoridades responsables, quejosos y abogados contenidos en el Artículo 261.

Se impondrá una pena de dos a seis años de prisión y multa de treinta a trescientos días:

> I. Al quejoso, a su abogado autorizado o a ambos, si con el propósito de obtener una ventaja procesal indebida, en la demanda afirme hechos falsos u omita los que le consten en relación con el acto reclamado, siempre que no se reclamen actos que importen peligro de privación de la vida, ataques a la libertad personal fuera de procedimiento, incomunicación, deportación o expulsión, proscripción o destierro, extradición, desaparición forzada de personas o alguno de los prohibidos por el artículo 22 de la Constitución Política de los Estados Unidos Mexicanos, así como la incorporación forzosa al Ejército, Armada o Fuerza Aérea nacionales; y
>
> II. Al quejoso o tercero interesado, a su abogado o a ambos, si en el juicio de amparo presenten testigos o documentos falsos.

---

340 Época: Novena Época, Registro: 181838, Instancia: Tribunales Colegiados de Circuito, Tipo de Tesis: Jurisprudencia, Fuente: Semanario Judicial de la Federación y su Gaceta, Tomo XIX, Marzo de 2004, Materia(s): Común, Tesis: VI.3o. J/37, Página: 1507, SUSPENSIÓN EN AMPARO DIRECTO EN MATERIA CIVIL O ADMINISTRATIVA. EL QUEJOSO PUEDE ESCOGER EL TIPO DE GARANTÍA PARA QUE AQUÉLLA SURTA SUS EFECTOS.

Artículo 262. Se impondrá pena de tres a nueve años de prisión, multa de cincuenta a quinientos días, destitución e inhabilitación de tres a nueve años para desempeñar otro cargo, empleo o comisión públicos, al servidor público que con el carácter de autoridad responsable en el juicio de amparo o en el incidente de suspensión:

I. Al rendir informe previo o con justificación exprese un hecho falso o niegue la verdad;

II. Sin motivo justificado revoque o deje sin efecto el acto que se le reclama con el propósito de que se sobresea en el amparo, sólo para insistir con posterioridad en la emisión del mismo;

III. No obedezca un auto de suspensión debidamente notificado, independientemente de cualquier otro delito en que incurra;

IV. En los casos de suspensión admita, por notoria mala fe o negligencia inexcusable, fianza o

contrafianza que resulte ilusoria o insuficiente; y

V. Fuera de los casos señalados en las fracciones anteriores, se resista de cualquier modo a dar cumplimiento a los mandatos u órdenes dictadas en materia de amparo.[341]

Sujeto Activo Común a Todos los Tipos- Artículo 262- :

- Servidor público decretado como autoridad responsable.

1.- Rendición de Informes Falsos:

- Rendir un informe previo o con justificación.
- Expresar un hecho falso o negar la verdad.
- El incidente para la objeción de documentos falsos.

2.- Revocación Injustificada del Acto Reclamado:

- Sin motivo justificado.
- Revocar o dejar sin efecto el acto que se reclama, con la intención de sobreseer el juicio de amparo.
- Insistencia en el acto reclamado.
- Insistencia en la emisión del acto reclamado y la repetición del mismo.

---

341 Ley de Amparo, Artículo 261 y 262.

3.- Desacato de la Suspensión:

- No obedecer.

4.- Admisión de Fianza o Contra Fianza Ilusoria o Insuficiente.

5.- Desacato de las Resoluciones de Amparo.[342]

Pena:

La sanción establecida para el servidor público que con el carácter de autoridad responsable en el juicio de amparo o en el incidente de suspensión que realice la conducta prohibida será de tres a nueve años de prisión, multa de cincuenta a quinientos días, destitución e inhabilitación de tres a nueve años para desempeñar otro cargo, empleo o comisión públicos.

Se trata pues de una pena acumulativa consistente en prisión, multa, destitución e inhabilitación.

Correlacionado el artículo 262 de la Ley de Amparo, transcrito anteriormente, con los artículos 24, 25, y 29 del Código Penal Federal artículo 25, sanción privativa de libertad.[343]

---

342 Cfr. Yema Gutiérrez Kaleb Haidar, Delitos de las Autoridades Responsables contenidos en el Artículo 262 de la Ley de Amparo, Tirant lo Blanch, México 2015, pp. 104-106.

343 Cfr. Ibidem, p.107.

II. Conclusiones

El juicio de amparo cuenta con antecedentes, romanos, españoles, franceses, ingleses y estadounidenses.

En México el origen del juicio de amparo nombrado Institución Protectora del Imperio y Supremacía Constitucional y del respeto a la esfera jurídica de los gobernados por pate de las autoridades es del año de 1840 en que el jurista oriundo de Yucatán Manuel Crescencio García Rejón y Alcalá lo ideo.

Tenemos entonces que la actual regulación de amparo, en cuanto a su procedencia está establecida en el artículo 1 de la Ley.

Tiene una adecuada regulación en Ley. Que permite su tramitación de manera eficiente y ágil, permitiendo a los particulares un medio de defensa adecuado, trámites cortos y de inmediata atención.

La Constitución (derechos humanos y tratados internacionales) es el objeto de la tutela que el amparo brinda al gobernado. Cumpliendo una doble finalidad: En primer lugar, preservar la Constitución Política, en segundo salvaguarda la esfera jurídica del gobernado contra todo acto de poder público o en la anulación en el caso particular del acto que invada la esfera de la competencia de la autoridad federal, de los Estados o la Ciudad de México.

La importancia de la figura del amparo en materia administrativa es cada vez es mayor derivado de la competencia y de la forma que permite a los particulares o quejosos en general combatir las resoluciones o actos emitidos por la autoridad.

En cuanto a la precisión de la materia administrativa pudiéramos concluir que es sumamente amplia, tal como lo es la actuación de la administración pública en su totalidad, así como de los Tribunales en la Materia.

Prevé, los derechos humanos y tratados internacionales, de suma importancia en la aplicación de políticas públicas y actos de la administración.

Cuenta con los siguientes antecedentes en materia administrativa:

Como un punto final podemos dividir la historia del amparo administrativo en cuatro periodos: Su establecimiento, el recurso de súplica;

implementación del amparo directo e indirecto; creación de Tribunales Administrativos en los Estado y creación de los Tribunales Agrarios.

Para conocer el amparo en la materia es importante conocer el concepto mismo de derecho administrativo, que en opinión de muchos juristas deriva de la unión de los conceptos de administración y derecho.

Como refieren los administrativistas la concepción u objetivo del derecho administrativo es sumamente compleja, más sin embargo pudiéramos establecer algunas como punto de referencia:

- Tal como señala Béjar Rivera: "El fin último del derecho administrativo radica en la tutela del interés personal, en su dimensión colectiva, es decir el bien común, que constituye la finalidad misma del Estado."
- Pues como lo señala la frase atribuida al maestro alemán Frosthoff: "El Derecho Administrativo es el Derecho Constitucional Aplicado".

La Constitución Política establece con precisión la procedencia del amparo en materia administrativa.

Es importante referir que la actual regulación del amparo incluye los actos emitidos por particulares, así como la violación en tratados internacionales y derechos humanos.

Abordando a la materia que ocupa la presente investigación que es la aplicación de la figura jurídica descrita anteriormente a la materia administrativa; esta resulta a juicio del suscrito de una importancia trascendental, no mayor ni menor que las demás; mas sin embargo con una denotación especial ya que en su fin último persigue el bien común, que es el profesionalizar el actuar de la administración quien debe de resguardar, y tutelar los derechos consagrados en nuestra Carta Magna, convenios internacionales, derechos humanos, garantía individúales y demás disposiciones del sistema normativo; quien desafortunadamente de manera repetitiva, se pudiera réferi que enfoca su actuar en contra del principio fundamental de su existir que es el bien común, afectando la esfera jurídica de los gobernados con su impreciso, ilegal, y actuar no ético, contra los particulares y contra otros entes públicos, dejando de lado si esto fuera mal intencionado o no.

Esta figura tiene cada vez mayor importancia con los avances sociales y tecnológicos, e intervención estatal en su implementación y regulación. Así como el sano desarrollo de cualquier actividad desarrollada por los particulares, en la que en el ámbito de su competencia se ve involucrado el Estado en cualquiera de sus niveles o poderes.

En cuanto a los actos administrativas tenemos que los mismos son complejos estableciendo para su validez ciertos requisitos claros, abracando un sin número de actividades o supuestos que sería complicado describirlos en su totalidad, más sin embargo podemos establecer parámetros generales tal como ha quedado desarrollado en la presente investigación jurídica.

Las autoridades legislativas o las judiciales realizan también el acto administrativo cumpliendo funciones de autoridad administrativa.

Es importante destacar el actuar de los particulares como autoridad, regulados por la ley y que pudiera encuadrar en la hipótesis de procedencia del amparo administrativo de acuerdo a los siguientes supuestos:

Para los efectos de esta ley, los particulares tendrán la calidad de autoridad responsable cuando realicen actos equivalentes a la misma, que afecten derechos en los términos de la regulación, y cuyas funciones estén determinadas por una norma general. Retomando el contenido del artículo 5, fracción II, segundo párrafo, de la ley de amparo, otorga a los particulares la calidad de autoridades responsables, siempre y cuando cumplan con diversos requisitos.

El juicio de amparo en materia administrativa, puede ser directo e indirecto, cuenta con la figura de la suspensión, en ambos supuestos, situación de suma importancia en la materia y con sus particularidades en el amparo directo e indirecto.

El amparo indirecto, comprende actos de autoridades federales, estatales, municipales, o de la Ciudad de México, quienes al llevar su función administrativa o de gobierno, dictan o ejecutan actos de autoridad que los gobernados estiman ilegales y por tanto violatorios de sus derechos fundamentales.

El amparo directo, procede contra sentencias y resoluciones que pongan fin al juicio dictadas por Tribunales Judiciales, Administrativos, Agrarios o del Trabajo.

En el amparo indirecto y directo procede la suspensión.

Este juicio cuenta con medios de impugnación, eficientes en su regulación como son, la revisión, la queja y la reclamación, mismos que se definen brevemente a continuación:

A. Amparo Directo en Revisión y Amparo en Revisión: Procede contra las sentencias que pronuncien en amparo los Jueces de Distrito procede revisión. Conocerá la Suprema Corte de Justicia.
B. Recurso de Queja: Por principio este recurso procede contra aquellas resoluciones que no admiten recurso de revisión, así como aquellas que se dictan durante la tramitación del proceso y que no sea reparables en la sentencia definitiva.
C. Recurso de Reclamación: Es el medio de defensa en el juicio de garantías que la ley concede a las partes para impugnar los acuerdos y providencias que se pronuncien, durante el trámite de asuntos de carácter jurisdiccional, por el Presidente de la Suprema Corte de Justicia de la Nación, por los Presidentes de sus Salas o de los Tribunales Colegiados de Circuito, con objeto de poner un asunto en estado de resolución.

Refiriendo que los últimos criterios en materia a administrativa son cada vez más proteccionistas de las garantías individuales, los derechos humanos y tratados internacionales, forzando a la administración pública a actuar de acuerdo al estado de derecho; resultando a juicio del suscrito en el medio más eficaz previsto en la legislación para defender nuestros derechos contra su actuar en sus tres niveles y poderes dentro de los supuestos previstos en la Ley.

III. Referencias Bibliográficas

Adolf Merkl, Teoría General del Derecho Administrativo, Ediciones Coyoacán, México 2014.

Adolfo J. Treviño Garza, Tratado de Derecho Contencioso Administrativo, Editorial Porrúa, México 2014.

Alberto Pérez Dayán, Teoría General del Acto Administrativo, Editorial Porrúa, México 2014.

Alejandro Cano Vega, El Recurso de Queja en la Nueva Ley de Amparo, Gallardo Editores, México 2015.

Andrés Serra Rojas, Derecho Administrativo, Editorial Porrúa, México 2006.

Ángel Durán Pérez, Formularios Judiciales en Materia de Amparo, Gallardo Ediciones, México 2015.

Diccionario Jurídico Mexicano, Instituto de Investigaciones Jurídicas de la UNAM, Tomo I, Editorial Porrúa, México 2007.

Diccionario Jurídico Mexicano, Instituto de Investigaciones Jurídicas de la UNAM, Tomo II, Editorial Porrúa, México 2007.

Diccionario Jurídico Mexicano, Instituto de Investigaciones Jurídicas de la UNAM, Tomo III, Editorial Porrúa, México 2007.

Diccionario Jurídico Mexicano, Instituto de Investigaciones Jurídicas de la UNAM, Tomo IV, Editorial Porrúa, México 2007.

Emilio Margain Manautou, De lo Contencioso Administrativo, de Anulación o de Ilegitimidad, Editorial Porrúa, México 2006.

Felipe Tena Ramírez, Conferencia pronunciada por su autor, el día 28 de junio de 1960, en el salón de actos del I. y N. Colegio de Abogados de México.

Fernando Silva García, Juan N. Silva Meza, Derechos Fundamentales, Editorial Porrúa, México 2009.

Gabino Eduardo Castrejón García, Diccionario de Derecho Administrativo Constitucional, Cárdenas, Velasco Editores S.A. de C.V., México 2006.

Gabino Fraga, Derecho Administrativo, Editorial Porrúa, 45 Edición, México 2006.

Hans Kelsen, Derecho y Lógica, Ediciones Coyoacán, México D.F. 2012.

Hernán Alejandro Olano García, Interpretación y Neoconstitucionalismo, Editorial Porrúa, Instituto Mexicano de Derecho Procesal Constitucional, México 2006.

Jaime Rodríguez Arana Muñoz, José Antonio Moreno Molina, Alma Patricia Domínguez Alonso, Luis José Béjar Rivera, Karlos Navarro, Henry Alexander Mejía, Ernesto Jinesta Lobo, Estado de Derecho y Responsabilidad Administrativa, Unión Europea, España, México, El Salvador, Nicaragua y Costa Rica, Editorial UBIJUS, Universidad Panamericana, México 2013.

Jesús Eduardo Sánchez López, Incumplimiento de Sentencias en el Juicio Contencioso Administrativo, Flores Editor y Distribuidor, México 2010.

Jesús Javier Herrera Gómez, El Contencioso Administrativo Federal, México 2007.

Jorge Fernández Ruiz (Coordinador), Diccionario de Derecho Administrativo, Segunda Edición, Instituto de Investigaciones Jurídicas de la UNAM, Editorial Porrúa, México 2007.

José Luis Soberanes Fernández, Historia del Derecho Mexicano, Editorial Porrúa México 2003.

Luis Bazdrech, El Juicio de Amparo, Curso General, Editorial Trillas, 8ª Edición, México 2014.

Luis José Béjar Rivera, Derecho Administrativo, Perspectivas Contemporáneas, Universidad Panamericana, Editorial Porrúa, México 2010.

Luis José Béjar Rivera, El Acto Administrativo y Su Finalidad, Editorial Porrúa, México 2011.

Manuel Lucero Espinosa, Teoría y Práctica del Contencioso Administrativo Federal, Editorial Porrúa, México 2006.

Marc Carrillo, Roberto Romboli, La Reforma del Recurso de Amparo, Fundación Coloquio Jurídico Europeo, Editorial Fontamara, Madrid-México, México 2013.

Miguel Carbonell, Constitución Política de los Estados Unidos Mexicanos Comentada, Editorial Porrúa, México 2007.

Mónica Cristina Sánchez Valverde, Regulación del Juicio de Amparo a través de los Acuerdos Generales Emitidos por el Poder Judicial de la Federación, Editorial Tirant Lo Blanch, México 2014.

Oscar Hernández Mateos, México y la Apariencia del Buen Derecho en Materia der Amparo, Flores Editor y Distribuidor, México 2013.

Pilar Zambrano, La Inevitable Creatividad en la Interpretación Jurídica, una aproximación Iusfilosofica a la Tesis de la Discrecionalidad, Universidad Nacional Autónoma de México, México 2009.

Raúl Chávez Castillo, Juicio de Amparo, Editorial Porrúa, México 2006.

Raúl Chávez Castillo, Ley de Amparo Comentada, Editorial Porrúa, México 2007.

Raúl Chávez Castillo, Practica Forense del Juicio de Amparo, Editorial Porrúa, México 2006.

Raúl Chávez Castillo, Tratado Teórico Práctico del Juicio de Amparo, Editorial Porrúa, México 2004.

Raúl Chávez Castillo, Derecho Procesal de Amparo, Editorial Porrúa, México 2004.

Ricardo de la Luz Félix Tapia, Juicio de Amparo, Doctrina, Ley, Practica y Jurisprudencia, Editorial Porrúa, Instituto Internacional del Derecho y del Estado, México 2006.

Rodolfo Campos Montejo, El Nuevo Juicio de Amparo, Editorial Bosch, México 2014.

Rodolfo Monarque Ureña, Iván Novia Cruz, La Suspensión en el Juicio de Amparo, Planteamiento Esquemático, México 2009.

Suprema Corte de Justicia de la Nación, Derechos Humanos Parte General, México 2016, p.VII.

Suprema Corte de Justicia de la Nación, El Pensamiento Jurídico de México en el Derecho Constitucional, Suprema Corte de Justicia de la Nación, Noviembre 2015, p.113.

Suprema Corte de Justicia de la Nación, Argumentación Jurisprudencial, Memorias del II Congreso Internacional de Argumentación Jurídica, México 2013.

Suprema Corte de Justicia de la Nación, Introducción a la Retórica y la Argumentación, Sexta Edición México 2010.

Suprema Corte de Justicia de la Nación, Ley de Amparo y su Interpretación por el Poder Judicial de la Federación, México 2015.

Suprema Corte de Justicia de la Nación, Poder Judicial de la Federación, Colección de las Garantías Individuales, Las Garantías Individuales, Parte General, México 2010.

Suprema Corte de Justicia de la Nación, Poder Judicial de la Federación, Colección de las Garantías Individuales, Las Garantías Sociales, México 2010.

Suprema Corte de Justicia de la Nación, Poder Judicial de la Federación, Colección de las Garantías Individuales, Las Garantías de Libertad, México 2010.

Suprema Corte de Justicia de la Nación, Poder Judicial de la Federación, Colección de las Garantías Individuales, Las Garantías de Igualdad, México 2010.

Suprema Corte de Justicia de la Nación, Poder Judicial de la Federación, Colección de las Garantías Individuales, Las Garantías de Seguridad Jurídica, México 2010.

Suprema Corte de Justicia de la Nación, La Corte Internacional de Justicia y la Protección de los Derechos del Individuo: El Caso Avena, México 2013.

Suprema Corte de Justicia de la Nación, Poder Judicial de La Federación, Manual del Justiciable, Elementos de Teoría General del Proceso, México 2010.

Ulises Schmill Ordoñez, Los Lenguajes de la Jurisprudencia, la Sociología y la Ética, Editorial Tirant lo Blanch, Valencia 2016.

Vicente Roberto Del Arenal Martínez, La Técnica en el Juicio de Amparo, Flores Editor y Distribuidor, IIDE, México 2015.

ELECTRÓNICAS

Suprema Corte de Justicia de La Nación, Sistema de Consulta de Tesis Jurisprudenciales y Aisladas IUS, http://ius.scjn.gob.mx.

Los Órganos Constitucionales Autónomos en México, Susana Thalía Pedroza De La LLave, pp. 181 -194. Http://bibliohistorico.jurídicas.unam.mx/libros/1/306 /7.Pdf.

Exposición de motivos inactivas Suprema Corte de Justicia de la Nación.

https://www.sitios.scjn.gob.mx/leyamparo/sites/default/files/2.%20Iniciativa%20de%2022%20sep%202011_0.pdf. Iniciativa de 22 de septiembre de 2011.
https://www.sitios.scjn.gob.mx/leyamparo/sites/default/files/1.%20Iniciativa%2015%20feb%202011.pdf; iniciativa 15 de feb de 2011.

LEGISLATIVAS

Constitución Política de los Estados Unidos Mexicanos.
Ley de Amparo.
Código Penal Federal.
Código Federal de Procedimientos Penales.
Código Civil Federal.
Código Federal de Procedimientos Civiles.
Ley Orgánica del Tribunal Federal de Justicia Administrativa.
Ley Orgánica del Tribunal Federal de Justicia Fiscal y Administrativa.
Ley Federal de lo Contencioso Administrativo.
Ley Federal de Responsabilidades de los Servidores Públicos.
Ley Federal de Responsabilidades Administrativas de los Servidores Públicos.
Ley General de Responsabilidades Administrativas.
Ley Federal de Procedimiento Administrativo.